HAL 9000

100 MÉCHANTS
QUI ONT MARQUÉ L'HISTOIRE !

YNNIS ÉDITIONS
38 rue Notre-Dame-de-Nazareth – 75003 Paris
ynnis-editions.fr

Président : Cedric Littardi
Directeur éditorial et artistique : Sébastien Rost
Édition : Stéphanie Chaptal
Correction : Mélissa Veludo
Conception graphique : Camille Pradère
Illustration de couverture : Andy « Criki » Parisi
Coordination éditoriale : Jeanne Bucher
Direction d'écriture : François Rey
Auteurs : Hélène Almeras, Lilie Bagage, Marie Casabonne, Bénédicte Coudière, François Rey
Iconographie : Mélissa Fontaine Cam, Stéphanie Chaptal, Jeanne Bucher, Sébastien Rost
Fabrication : centSucres
Marketing & communication : Célia Bourrel

ISBN : 978-2-37697-516-8

Dépôt légal : octobre 2024

Achevé d'imprimer en septembre 2024 par FINIDR (République tchèque)

Les images qui ponctuent ces pages sont uniquement publiées à des fins illustratives des propos des auteurs.

100 MÉCHANTS
QUI ONT MARQUÉ L'HISTOIRE !

Hélène Almeras
Lilie Bagage
Marie Casabonne
Bénédicte Coudière
François Rey

YNNIS

« Vous ne pouvez pas vous cacher, je vous vois.
Il n'y a pas de vie dans le néant. Seulement la mort. »
Sauron, *La Communauté de l'anneau.*

INTRODUCTION

« Mais pourquoi est-il aussi méchant ? » demandait la voix enfantine à la fin de la pub pour Orangina Rouge réalisée par Alain Chabat en 1997. Question à laquelle la bouteille armée d'une tronçonneuse répondait un simple mais tonitruant « parce que ». Une question qui s'applique à toute une catégorie de personnages de la culture populaire.

Pourquoi sont-ils aussi méchants ? Et surtout, pourquoi est-ce que nous, spectateurs, lecteurs, joueurs, les aimons autant ?

Si nous aimons nous identifier au héros, celui que nous admirons dans l'ombre, c'est le méchant. On aime le détester et on se déteste de l'aimer. Il y a un effet cathartique dans notre passion pour ces personnages. Si chacun d'entre nous descendait dans la rue pour tout casser, la vie serait quand même moins cool… alors que devant un écran ou en tournant des pages, que risquons-nous ? Comme lorsque nous regardons un film d'horreur, le méchant que l'on va suivre, admirer, incarner au cours d'une série, d'un roman ou d'un jeu vidéo ne peut nous atteindre. Notre connexion avec lui, ou avec elle, se fait dans un cadre posé dont les règles sont établies. Une fois l'écran éteint ou la bande dessinée reposée, il ne peut plus rien nous arriver d'affreux maintenant (même si certains restent imprégnés dans nos mémoires pendant des jours, des semaines, voire des années). Notre rapport à ces figures criminelles et dangereuses est également personnel. Chacun est libre de penser ce qu'il veut et de ressentir ou non une affinité avec les méchants de la liste qui va suivre (enfin… presque tous, tout de même).

La figure du méchant dans la fiction nous questionne. Elle nous interroge sur notre humanité. Elle nous aide à faire la différence entre le bien et le mal. Parfois, il lui arrive même de développer notre empathie… car tous ne sont pas d'affreux personnages ou des démons irrécupérables. Thanos, le Titan fou de l'univers Marvel, n'est-il pas devenu un tyran par amour ? Caprica Six, l'envoûtante cylon de *Battlestar Galactica*, ne cherche-t-elle pas à faire perdurer son espèce ? Plutôt que les gens qui se retrouvent à sa table, Hannibal Lecter n'est-il pas la victime de sa diète alimentaire ? « Plus le méchant est réussi, plus le film le sera », pour reprendre une citation d'Alfred Hitchcock. C'est vrai[1]. Un bon antagoniste aura toujours une profondeur, une motivation, un trauma, comme Tetsuo, l'adolescent torturé d'*Akira*. Parfois, c'est tout simplement une passion sans faille pour le chaos qui va le faire sortir du lot.

Pourquoi sont-ils aussi méchants, donc ?

Nous avons souhaité répondre à cette question et comprendre leur place particulière dans la culture populaire à travers 100 portraits de ces arché(sales)types que nous avons sélectionnés pour vous. Comme toute liste de ce genre, la nôtre n'est pas exhaustive et forcément subjective. Mais, avec Hélène Almeras, Lilie Bagage, Marie Casabonne et Bénédicte Coudière, ce sont 100 êtres pervers, sadiques, malveillants et diaboliques que nous aimons détester. 100 hommes, femmes, créatures… voire un superordinateur ou une voiture qui, chacun à leur façon, pourrissent la vie de leur entourage et provoquent en nous effroi, colère, dégoût, mais aussi admiration, empathie et soutien.

Mauvaise lecture !

François Rey

[1] En même temps, qui serions-nous pour oser contredire Alfred Hitchcock ?

SOMMAIRE

Introduction 4

Alex DeLarge – *L'Orange mécanique* p.8

Alex Forrest – *Liaison fatale* p.10

Amon Goeth – *La Liste de Schindler* p.12

Amy Elliott Dunne – *Gone Girl* p.14

Annie Wilkes – *Misery* p.16

Anton Chigurth – *No Country for Old Men* p.18

Azula – *Avatar, le dernier maître de l'air* p.20

Barbe Bleue p.22

Black Beard – *One Piece* p.24

Baron Vladimir Harkonnen – *Dune* p.26

Biff Tannen – *Retour vers le futur* p.28

Big Brother - *1984* p.30

Blofeld - *La saga James Bond* p.32

Bowser – *Super Mario Bros* p.34

Capitaine Vidal – *Le Labyrinthe de Pan* p.36

Caprica Six – *Battlestar Galactica* p.38

Catherine Tramell – *Basic Instinct* p.40

Cersei Lannister – *Le Trône de fer* p.42

Christine – *Christine* p.44

Cruella D'Enfer – *Les 101 Dalmatiens* p.46

Darkness – *Legend* p.48

Dark Vador – *Star Wars* p.50

Desty Nova – *Gunnm* p.52

Diablo – *Diablo* p.54

Docteur Caligari – *Le Cabinet du Dr Caligari* p.56

Dracula – *Dracula* p.58

« Dupont » Georges Lajoie – *Dupont-Lajoie* p.60

Fantômas – *Fantômas* p.62

Folcoche – *Vipère au poing* p.64

Frank – *Il était une fois dans l'Ouest* p.66

Frank Booth – *Blue Velvet* p.68

Freezer – *Dragon Ball* p.70

Freddy Krueger – *Les Griffes de la nuit* p.72

Ganondorf – *The Legend of Zelda* p.74

Le Grand Méchant Loup p.76

Griffith – *Berserk* p.78

Gustavo Fring – *Breaking Bad* p.80

Hal – *2001, l'odyssée de l'espace* p.82

Hannibal Lecter – *Le Silence des agneaux* p.84

Hans Landa – *Inglourious Basterds* p.86

L'Homme à la cigarette – *X-Files* p.88

L'Homme invisible – *L'Homme invisible* p.90

Iago – *Othello* p.92

Immortan Joe – *Mad Max: Fury Road* p.94

Infirmière Ratched – *Vol au-dessus d'un nid de coucou* p.96

Ivan Drago – *Rocky IV* p.98

Jennifer Check – *Jennifer's Body* p.100

Johann Liebert – *Monster* p.102
John Doe – *Se7en* p.104
Khan – *Star Trek* p.106
Kriss de Valnor – *Thorgal* p.108
Kyung-Chul – *J'ai rencontré le diable* p.110
Lady Macbeth – Macbeth p.112
Lee Woo-Jin – *Old Boy* p.114
Light Yagami – *Death Note* p.116
Long John Silver – *L'Île au trésor* p.118
M – *M le Maudit* p.120
M. Bison – *Street Fighter* p.122
Le Maître – *Doctor Who* p.124
Maléfique – *La Belle au bois dormant* p.126
La marquise de Merteuil – *Les Liaisons dangereuses* p.128
Michael Myers – *Halloween : La Nuit des masques* p.130
Milady de Winter – *Les Trois Mousquetaires* p.132
Morgane - Les légendes arthuriennes p.134
Moriarty – *Le Dernier Problème* p.136
M. Burns – *Les Simpson* p.138
Nancy Downs – *The Craft : Dangereuse alliance* p.140
Negan – *The Walking Dead* p.142
Norma Desmond – *Boulevard du crépuscule* p.144
Nyarlathotep – *Nyarlathotep* p.146
O-Ren Ishii – *Kill Bill* p.148
Orochimaru – *Naruto* p.150
Patrick Bateman – *American Psycho* p.152
Pennywise – *Ça* p.154
Raspoutine – *Hellboy* p.156
Rastapopoulos – *Les aventures de Tintin et Milou* p.158
Regina George – *Mean Girls* p.160
La méchante reine – *Blanche Neige* p.162
Retsudo Yagyû – *Lone Wolf & Cub* p.164
Révérend Harry Powell – *La Nuit du chasseur* p.166
Revolver Ocelot – *Metal Gear Solid* p.168
Le Roi-Liche – *World of Warcraft* p.170
Sarah Kerrigan – *StarCraft* p.172
Satan p.174
Sauron – *Le Seigneur des Anneaux* p.176
Scar – *Le Roi Lion* p.178
Scorpion – *L'Inspecteur Harry* p.180
Sephiroth – *Final Fantasy VII* p.182
Skeletor – *Les Maîtres de l'univers* p.184
La sorcière de l'Ouest – *Le Magicien d'Oz* p.186
Strelnikov – *Docteur Jivago* p.188
T-1000 – *Terminator 2 : Le Jugement dernier* p.190
Tetsuo Shima – *Akira* p.192
Thanos – *Captain Marvel* p.194
Thulsa Doom – *Conan le Barbare* p.196
Tom Ripley – *Monsieur Ripley* p.198
Vautrin – *La Comédie humaine* p.200
Vecna – *Stranger Things* p.202
Voldemort – *Harry Potter à l'école des sorciers* p.204
Wesker – *Resident Evil* p.206
Remerciements p.208

1962

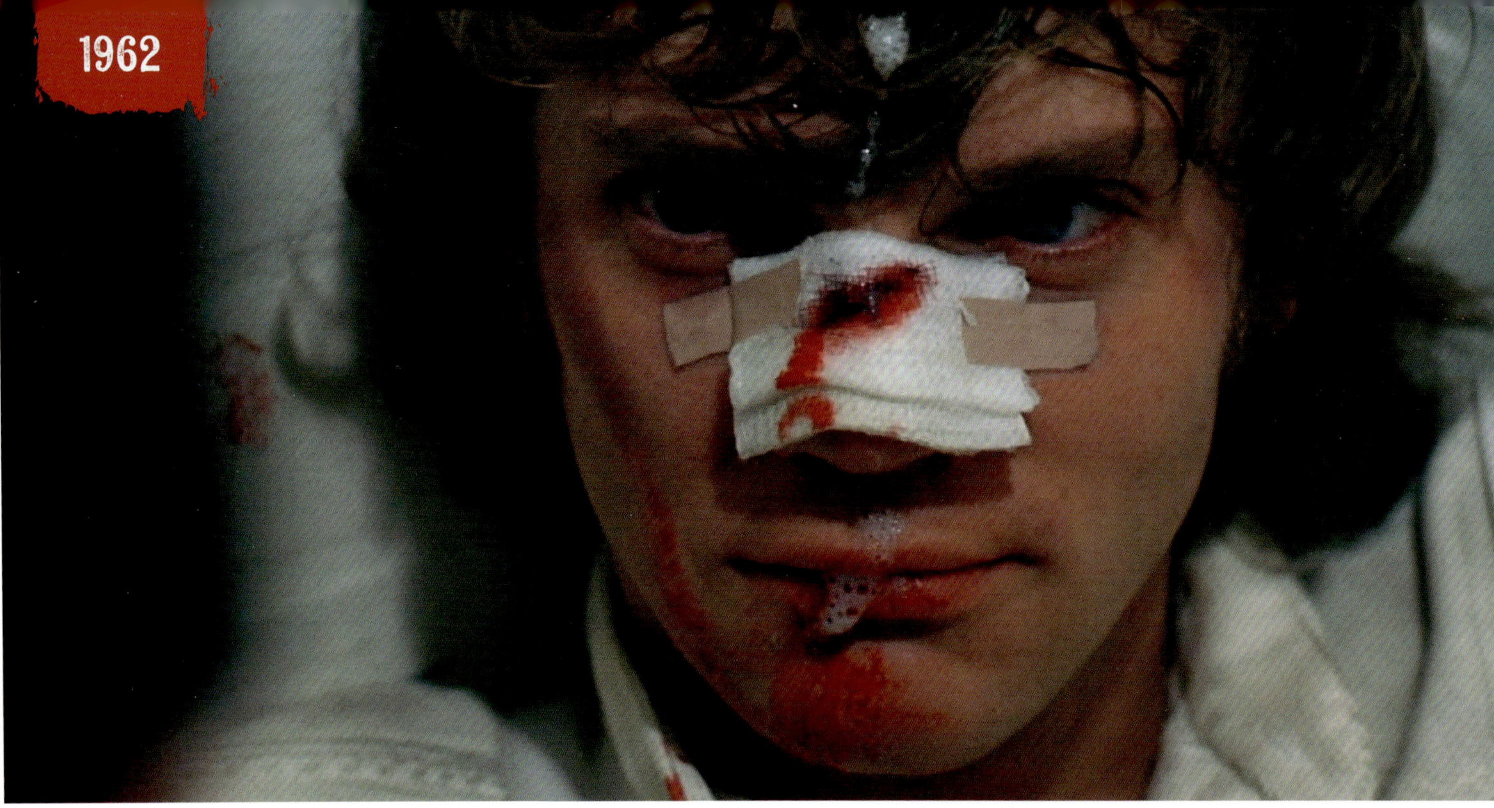

ALEX DELARGE

VIOLENCE ET DÉCADENCE

Nom : Alexander « Alex » DeLarge.
Œuvres : *L'Orange mécanique* (roman, 1962, Anthony Burgess), *Orange mécanique* (film, 1971, Stanley Kubrick).
Interprète : Malcolm McDowell.

Dans une Angleterre futuriste qui ne comprend plus sa jeunesse alors en perdition, Alex DeLarge, adolescent violent et pervers, va devenir la figure christique d'une bataille royale contre le système. *« No future »* ?

Narrateur et protagoniste unique de *L'Orange mécanique*, roman d'Anthony Burgess publié en 1962, c'est à travers la vision d'Alex DeLarge que nous découvrons, arpentons et expérimentons le monde dans lequel il évolue. Dans l'adaptation au cinéma que réalisera Stanley Kubrick en 1971, cette vision se joint à une prise à témoin avec le spectateur depuis l'incroyable travelling arrière qui part depuis sa pupille dans le premier plan du film.

Alex DeLarge est un adolescent typique populaire. Il s'habille à la mode, fréquente des lieux branchés (le Korova Milk Bar, le disquaire…), a du succès avec les filles et lorsqu'il rentre chez lui, il fait face à des parents qui ne le comprennent pas. Alex pourrait passer pour un petit ange.

Pourtant, dans la grande dualité propre à son âge, Alex DeLarge est un caïd. Lorsqu'il est de sortie avec son gang, les droogies, dont il est le leader incontesté, Alex endosse une tenue blanche immaculée et des rangers aussi noires que le chapeau melon qu'il porte fièrement. Un mélange parfait entre l'establishment et le classicisme britannique, et le mouvement punk alors en pleine éclosion. Ce garçon capable de se faire aimer par tous par son visage angélique, qui se fond dans la masse par ses activités génériques, est en réalité un être individualiste et foncièrement mauvais.

Alex embrasse la violence (ou « Ultra-violence » comme il aime l'appeler), avec les compromis et conséquences qu'elle exige ; du moins tant qu'elle ne le force pas

à sortir de sa zone de confort et du cocon familial. L'ultra-violence est un art qu'il élève au même rang que les arts classiques qu'il affectionne, comme la musique classique qu'il écoute en boucle, de Mozart à Beethoven. Le compositeur allemand est d'ailleurs son préféré, Alex se permettant de l'appeler familièrement par son prénom. De « Ludwig van », la *Neuvième Symphonie* est sa composition favorite et ses deuxième et quatrième mouvements tiennent un rôle particulier dans la vie d'Alex, et par extension dans le déroulement d'*Orange mécanique*. La musique, et particulièrement la *Neuvième*, procure à Alex autant d'extase qu'il peut en trouver dans l'ultra-violence et le sexe.

Les actes d'Alex DeLarge n'ont pas d'explications ni de motivations. Il n'y a ni but ni origine sociale ou philosophique à ses actions à l'exception d'une chose : une rébellion sous-jacente dans la prise de plaisir, aussi malsaine soit-elle. Pour Alex, si les hommes sont libres d'êtres bons, alors il devrait en être de même avec ceux qui souhaitent être dépravés, violents… méchants ! C'est une dualité que l'on retrouve visuellement dans le costume des droogies, tout de blanc et noir vêtus, telle une représentation humanoïde du yin et du yang. Il suffit de voir la façon dont Alex tombe de haut lorsque les figures parentales (ses parents, son contrôleur judiciaire) l'abandonnent à la suite de ses mauvais agissements pour se rendre compte que le mal était une évidence qui se doit d'être acceptable pour lui. Les lois étatiques sont donc une entrave à la liberté individuelle et pour Alex, tuer, violer, voler est d'une certaine façon le meilleur moyen de s'affirmer en tant qu'individu au sein d'un État totalitaire ; car c'est le point de vue qu'il en a… et que le lecteur/spectateur va découvrir à mesure que le récit progresse. La vie d'Alex (et l'un des messages principaux du roman/film) est un combat constant entre le libre arbitre et le pouvoir qui nous contrôle.

La dystopie d'Anthony Burgess introduit un État aux apparences lisses et aseptisées que le film de Stanley Kubrick restitue avec brio. Le pouvoir en place renferme et dissimule une violence bien plus grande que celle contenue dans le corps et l'esprit de l'adolescent. Alex vit sous le joug d'un État dont les dirigeants ont les pleins pouvoirs et privent leurs citoyens de tout libre arbitre. À la suite du passage à tabac d'un écrivain politique et du viol de sa conjointe[1], puis du meurtre d'une artiste spécialisée dans l'art moderne, Alex est trahi par son gang et envoyé en prison. Afin de bénéficier d'un aménagement de peine, le jeune garçon se porte volontaire pour être cobaye du programme Ludovico. Attaché à un fauteuil, les paupières immobilisées par des pinces, Alex est drogué et subit une avalanche d'images violentes et sexuelles pendant deux semaines. Thérapie par inversion, le Ludovico cherche à provoquer par des stimuli une aversion pour les images qui défilent à l'écran (la violence/le sexe) par un violent réflexe pavlovien. C'est lorsque la *Neuvième*, la bande-son de ses actes amoraux, est diffusée en étant jouée par des instruments électroniques (alors que l'ado ne jure que par les instruments classiques) sur des images de l'Allemagne nazie que le changement opère. Alex ne peut désormais plus prodiguer des actes de violence, éprouver du désir… ni même écouter « ce bon vieux Ludwig van » sans ressentir un dégoût d'une grande violence. Alex DeLarge devient donc une victime du système et d'un État qui, par souci d'enrayer les crimes, est prêt à transgresser les dernières barrières de la moralité.

Kubrick ne l'excuse ni ne le libère pour autant des conséquences de ses actes. Karma oblige, l'écrivain politique agressé précédemment est placé sur la route du jeune homme et le pousse au suicide en le forçant à écouter la *Neuvième*. Un acte raté qui offre aux opposants du gouvernement une récupération politique des plus opportunes. Guéri du Ludovico, Alex peut désormais combattre l'État totalitaire par son utilité plutôt que par une rébellion sous-jacente. Devenu complice du système, Alex est libre car il a fait un choix, élément indissociable de la moralité, quel que soit ce dernier. L'adolescent, qui n'en restera pas moins dépravé, est également heureux pour la première fois. Comme le faisait chanter « Ludwig van » à ses chœurs de la *Neuvième* : « Tous les êtres boivent la joie […], tous les bons, tous les méchants, suivent sa trace parsemée de roses[2]. »

François Rey

[1] En 1944, la femme d'Anthony Burgess est violée et battue à mort par quatre GI déserteurs qui croisent son chemin. C'est ce traumatisme qui poussera Burgess à écrire *L'Orange mécanique*.

[2] Le quatrième mouvement de *La Neuvième Symphonie* de Beethoven reprend et magnifie le poème *Hymne à la joie* (1786) de Friedrich von Schiller.

ALEX FORREST

EXTRÊME OBSESSION

Nom : Alexandra « Alex » Forrest.
Œuvre : *Liaison fatale* (1987, Adrian Lyne).
Interprète : Glenn Close.

Les troubles psychologiques ont longtemps été diabolisés, au point de devenir des caractéristiques récurrentes d'antagonistes. Leur « folie » justifiant à elle seule les actes souvent violents. Dans *Liaison fatale*, ces troubles se mêlent à la figure de la femme blessée et possessive…

Sorti en 1987, le film *Liaison fatale* met en scène la relation extra-conjugale de Dan Gallagher avec Alexandra Forrest, le temps d'un week-end. Mais ce qui devait être une passade vire au cauchemar quand sa maîtresse d'un soir jette définitivement son dévolu sur lui. Commence alors un enfer car elle est prête à tous les extrêmes pour détruire la vie de Dan et l'avoir rien qu'à elle.

Il est souvent fait mention de troubles psychologiques pour justifier les actions de plusieurs antagonistes dans différentes œuvres. Schizophrénie, afflictions mentales, ou, dans le cas d'Alex Forrest, ce que l'on peut envisager comme des troubles de la personnalité borderline. Si on prend la définition médicale, il s'agit d'un trouble qui exacerbe la peur du rejet et de l'abandon et surtout de la solitude. Les personnes atteintes iraient d'ailleurs jusqu'à des actes autodestructeurs pour ne surtout pas se retrouver seules, incapables parfois de communiquer avec des mots leur mal-être.

Dans *Liaison fatale*, Alex Forrest en présente toutes les caractéristiques. Son but est de détruire la famille de Dan Gallagher pour l'avoir pour elle toute seule, même si cela implique de mentir, de le harceler ou d'enlever sa fille. Pour cela, Alex va avoir recours à tous les moyens à sa disposition. Elle va tenter de se suicider pour retenir Dan auprès d'elle alors qu'il devait retourner voir sa famille ; le suivre pour se projeter dans sa vie, connaître ses habitudes ; tenter de

s'excuser de son comportement pour finalement lui proposer de passer un moment en tête à tête. Et ce n'est que le début...

Alex ne semble pas avoir conscience des excès qu'elle commet pour se rapprocher de Dan. Plus il décline ses appels, plus son téléphone sonne. S'il répond mais refuse de la voir, elle continue à l'appeler avec insistance. Faute de réussir à attirer son attention, Alex va continuer à s'enfoncer dans ses pulsions borderline. La liste de ses actes s'allonge : mensonge et manipulation en annonçant qu'elle porte l'enfant de Dan; violation de domicile en entrant dans sa maison pendant son absence... Elle veut à tout prix faire partie de sa vie, même si cela signifie entrer par effraction dans son quotidien.

Mais Alex va aller plus loin encore. Puisque Dan ne veut pas l'écouter, Alexandra Forrest va voir la famille de Dan. Elle annonce à sa femme sa liaison et sa grossesse, va chercher Ellen, sa fille, à l'école, pour attirer son attention et que Dan lui parle... Elle n'a aucune limite pour assouvir son obsession, pour que l'objet de ses désirs soit intégralement et uniquement à elle. Plus le film avance, plus son ombre plane sur le moindre plan, la moindre scène. On s'interroge sur comment elle va parvenir à se glisser dans les interstices de la vie de Dan, si ce qu'elle raconte est la réalité ou non. Est-elle vraiment enceinte? Veut-elle vraiment se suicider ou juste attirer son attention?

Liaison fatale fait partie de ces films qui ont marqué leur génération. Il a façonné l'image de la maîtresse possessive et prête à tout, de l'homme victime des obsessions féminines qui doit protéger sa famille à tout prix. Le film a aussi contribué, sans forcément poser de diagnostic, à marginaliser les pathologies mentales en en faisant des caractéristiques d'antagonistes. La série de 2023 (disponible sur Paramount +) creuse d'ailleurs beaucoup plus l'aspect psychologique du personnage, modifiant la fin du film et reprenant la narration d'une façon différente. Dans la série, tout commence avec le procès de Dan, accusé d'avoir tué Alex, puis l'enquête de sa fille, désormais étudiante en psychologie, pour saisir ce qu'il s'est vraiment passé. La série oscille alors entre plusieurs points de vue, passé et présent, pour donner une autre ampleur au personnage, lui apporter de la nuance et s'extraire de certains clichés sexistes datant de 1987.

Série ou film, Alexandra Forrest a longtemps marqué les mémoires, tantôt jugée dérangeante, tantôt sulfureuse. Et elle continue de le faire, son influence souvent visible dans ce type de personnage possessif à l'extrême et prêt à tout.

Bénédicte Coudière

Dans la série télévisée de 2023, la brune Lizzie Caplan remplace la blonde Glenn Close dans le rôle d'Alex Forrest.

AMON GOETH
L'IMPOSSIBLE REPRÉSENTATION ?

Nom : Amon Leopold Goeth.
Œuvres : *La Liste de Schindler* (livre, 1982, Thomas Keneally), *La Liste de Schindler* (film, 1993, Steven Spielberg).
Interprète : Ralph Fiennes.

Personnage ayant réellement existé, Amon Goeth, commandant nazi extrêmement cruel, est l'antagoniste principal de *La Liste de Schindler*. Un personnage qui pose la question de la représentation du nazisme et de la Shoah dans la fiction.

Amon Leopold Goeth (ou Göth) fut un commandant nazi qui dirigea notamment le camp de concentration de Płaszów, en Pologne. Connu pour sa brutalité et sa cruauté, il fut surnommé « le Boucher d'Hitler ». Après la guerre, il fut reconnu coupable de l'exécution de milliers de personnes, condamné à mort et pendu.

Au-delà de ces quelques éléments biographiques, impossible d'étudier le personnage d'Amon Goeth sans se replonger dans la polémique sur la représentation de l'Holocauste au cinéma, lancée par Claude Lanzmann[1] au moment de la sortie du film de Steven Spielberg *La Liste de Schindler*. Selon le réalisateur de *Shoah*, dans une tribune intitulée « Holocauste, la représentation impossible » dans *Le Monde* du 3 mars 1994, toute représentation de la Shoah hors du cadre documentaire serait vouée à l'échec. Le réalisateur français reproche à son homologue américain de vouloir rendre compte de l'horreur absolue de l'Holocauste par le biais artistique de la fiction, ce qui représente selon lui une transgression éthique. L'Holocauste représentant un drame en soi, il serait déplacé de le mettre en scène et de le dramatiser. Une transgression d'autant plus critiquée par Lanzmann que Spielberg s'attache à adapter le roman de Thomas Keneally racontant l'action d'Oskar Schindler, un industriel allemand membre du parti nazi qui sauva près de 1300 Juifs, alors qu'entre 5 et 6 millions de Juifs sont morts lors de l'Holocauste.

[1] Réalisateur de *Shoah*, documentaire monumental sur l'Holocauste, d'une durée de 9 h 30, sorti en 1985 et auquel Claude Lanzmann consacra 12 ans de sa vie.

Dès lors, comment représenter la barbarie nazie dans un film de fiction ? Comment Steven Spielberg a-t-il appréhendé ces enjeux de narration et de représentation, et l'écriture du personnage d'Amon Goeth ? N'apparaissant qu'au bout de 50 minutes de film, Amon Goeth semble être la personnification des caractéristiques d'un bourreau nazi combinée à un caractère instable et complexe, ce qui en fait un parfait antagoniste. Plusieurs scènes d'exécutions sommaires témoignent de sa cruauté et de son manque de considération pour la vie humaine. Il fait exécuter une ingénieure juive qui tente de l'alerter à propos d'une malfaçon dans la construction d'un baraquement. Pour se distraire, il tire sur les travailleurs depuis le balcon de sa chambre, qui surplombe le camp. Son caractère imprévisible le rend redoutable. « Plus on fréquente le commandant, plus on voit qu'il n'y a pas de règles à suivre avec lui. On ne peut pas se dire : *Si je suis ces règles, je n'ai rien à craindre* », explique Helen Hirsch, son employée de maison, à Oskar Schindler lors d'une discussion dans la cave de la maison de Goeth.

Spielberg, néanmoins, refuse toute essentialisation du personnage et ne fait pas d'Amon Goeth une figure du mal absolu. Le réalisateur rappelle sans cesse que Goeth n'est qu'un homme – et que ce sont des hommes qui ont mis en place ce terrible système d'extermination de leurs semblables. Goeth se pose donc des questions, réfléchit parfois au sens de ses actions, à sa relation ambiguë avec son employée de maison Helen Hirsch. Après une discussion au cours de laquelle Schindler tente de le convaincre que la véritable puissance viendrait du pardon et non du fait de tuer, Goeth tente d'adopter une nouvelle ligne de conduite. Il décide de ne pas punir les travailleurs du camp qui commettent

des fautes – aussi minimes soient-elles – qui leur auraient habituellement valu la mort. Cette mansuétude nouvelle est hélas de courte durée. Congédiant sans punition un jeune garçon qui n'a pas nettoyé correctement sa baignoire, Goeth se ravise finalement et le tue en lui tirant dessus depuis son balcon.

Ainsi, Amon Goeth est un personnage complexe et multidimensionnel, interprété avec brio par Ralph Fiennes, dont c'est le premier grand rôle au cinéma – qui lui valut une nomination pour l'Oscar du meilleur second rôle. Par son refus de tout manichéisme, Steven Spielberg n'iconise pas pour autant Oskar Schindler et n'en fait pas un héros qui serait le contrepoint absolu de Goeth. Le réalisateur n'hésite pas à montrer son personnage principal comme un industriel nazi qui profite de son pouvoir pour prospérer et séduire les femmes. La guerre lui permet de s'enrichir en faisant travailler dans ses usines de la main-d'œuvre juive à très bas coût. Jusqu'à la scène de la petite fille au manteau rouge – seule touche de couleur du film – qui va lui faire prendre conscience de l'horreur qui se joue et va le pousser à mettre en place un système pour sauver autant de vies que possible.

La mise en scène de Spielberg tend également vers le naturalisme dont sont empreints ses personnages. La caméra à l'épaule – une première pour le réalisateur – favorise l'immersion. Les sons diégétiques, notamment les dialogues en allemand non traduits, renforcent cette volonté de réalisme. Enfin, le choix du noir et blanc comme procédé de mise à distance et les encarts de texte informatif, à valeur documentaire, qui jalonnent le film ne cessent de rappeler la réalité et l'horreur de l'Holocauste et des actions de Goeth. Spielberg inclut également la scène de pendaison du commandant nazi, condamné à mort pour crimes contre l'humanité, même s'il ne s'agit pas dans *La Liste de Schindler* de rendre compte de l'Holocauste dans son entièreté, mais de raconter l'histoire de survivants.

Marie Casabonne

2013

AMY ELLIOTT DUNNE

AMAZING AMY

Noms : Amy Elliott Dunne, Amazing Amy.
Œuvres : *Gone Girl* (livre, 2013, Gillian Flynn), *Gone Girl* (film, 2014, David Fincher).
Interprète : Rosamund Pike.

Amy Elliott Dunne, épouse de Nick Dunne, disparaît le jour de leur cinquième anniversaire de mariage. Nick est le principal suspect, mais au fil de l'enquête, il semble qu'Amy n'est peut-être pas l'innocente victime que toute l'Amérique veut retrouver...

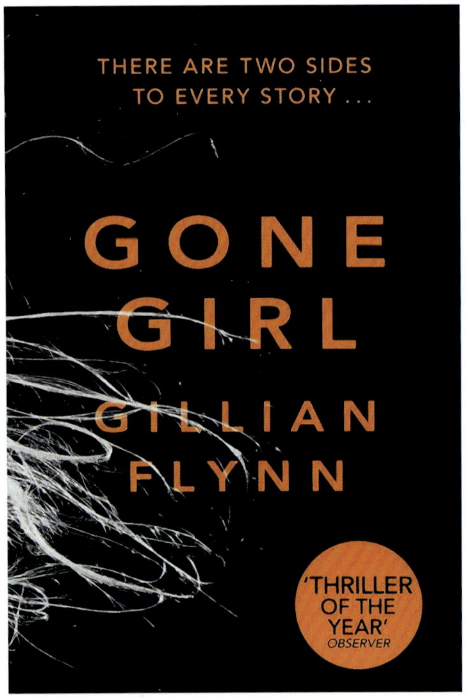

Depuis toujours, Amy Elliott vit dans l'ombre de son alter ego, Amazing Amy, héroïne d'une série de livres pour enfants créée par ses parents et dont les aventures se vendent à travers les États-Unis. Plus douée, plus brillante, Amazing Amy réussit toujours mieux que la vraie Amy. Celle-ci a donc grandi et forgé son image d'elle-même avec pour modèle un personnage de fiction à qui tout réussit. De quoi lui donner des exigences et des attentes très hautes : la vie d'Amy se doit d'être parfaite, sur tous les plans. Et bien évidemment, son couple et son compagnon doivent être eux aussi à la hauteur de la fiction qu'Amy s'invente.

Car pour Amy, tout n'est que fiction. Sa vie entière est basée sur l'image qu'elle renvoie : à ses parents, à son entourage, mais aussi aux journalistes et au public qui la comparent à Amazing Amy – souvent à son désavantage. Amy Elliott parvient à surpasser son homologue en acceptant la demande en mariage de Nick, faite devant une poignée de journalistes lors d'une soirée donnée en l'honneur d'Amazing Amy.

En épousant Nick Dunne, Amy Elliott devient Amy Elliott Dunne. Mais son véritable changement d'identité est intervenu lorsqu'elle a rencontré Nick deux ans plus tôt. Quand Amy rencontre Nick, c'est l'histoire parfaite : ils sont beaux, intelligents, tous les deux écrivent pour gagner leur vie. Ils forment le parfait couple de New-Yorkais, principalement parce qu'Amy décide qu'ils seront ce couple. Qu'ils seront mieux que les autres couples. Qu'ils ne deviendront jamais « comme les autres ».

Si leur relation fonctionne aussi bien, c'est parce qu'Amy se réinvente sans cesse. Pour Nick, Amy change et devient la *« cool girl »*, la fille cool, la petite-amie parfaite, celle dont rêvent tous les hommes et qu'elle définit dans un monologue devenu iconique[1]. « Le plus beau des compliments : c'est une fille cool. La fille cool est sexy. La fille cool est sympa. La fille cool est marrante. La fille cool ne s'énerve jamais contre son homme. Elle sourit d'un air résigné et tendre, puis présente sa bouche pour qu'il la baise. » En quelques répliques, Amy résume ce qu'une femme peut être prête à faire pour plaire à un homme et le garder. Quitte à renier sa personnalité et ses goûts. Amy avoue néanmoins qu'elle s'est volontairement conformée à ces injonctions pour façonner Nick et le transformer en « l'homme de ses rêves ».

Et pourtant, malgré tous les efforts d'Amy, quelques années et une récession plus tard, Nick a perdu son boulot et le couple glamour quitte New York. Direction le Missouri natal de Nick, où celui-ci doit s'occuper de sa mère atteinte d'un cancer. Après sa mort, ils ne retournent pas à New York. Un sacrifice après l'autre, toujours investie dans son rôle de *cool girl* et d'épouse parfaite, Amy achète un bar, que Nick gère avec sa sœur.

Alors qu'elle lui avait fait promettre qu'ils ne seraient jamais un couple comme les autres, Amy se retrouve piégée dans un mariage qui se délite, avec un homme qui ne fait plus d'efforts. Et qui la trompe. Car Nick a rencontré une nouvelle *cool girl*, plus jeune, plus sexy, plus marrante. Plus cool. Une histoire tristement banale, à l'opposé de celle qu'Amy avait écrite pour eux. Alors qu'une personne normale déciderait de divorcer – ou au moins d'amorcer une discussion ou d'entamer une thérapie de couple avec son partenaire –, Amy sort de son rôle d'épouse parfaite souffrant en silence pour se réinventer. Encore.

Au milieu du film, Amy tombe le masque pour révéler son plan et sa vraie nature : intelligente, manipulatrice, calculatrice, froide. Blessée et trahie, Amy a décidé de se venger en mettant en scène sa propre disparition pour faire accuser son mari. Par son métier – elle écrit des tests de personnalité pour des magazines – et son avatar Amazing Amy, Amy Elliott Dunne sait adapter et changer son comportement quand elle le veut. Selon Gillian Flynn, autrice du roman *Gone Girl*, Amy connaît tous les archétypes féminins et ne craint pas de jouer différents rôles afin d'obtenir ce qu'elle veut. Et d'accuser qui elle veut.

Nick n'est pas le premier. Deux des anciens compagnons d'Amy ont déjà fait les frais de ses mensonges et manipulations. Se plaçant toujours dans le rôle de la victime, Amy a accusé quelques années auparavant Tommy O'Hara de viol et Desi Collings (qu'elle rejoint puis tue dans sa cavale, afin de se ménager une porte de sortie) de harcèlement.

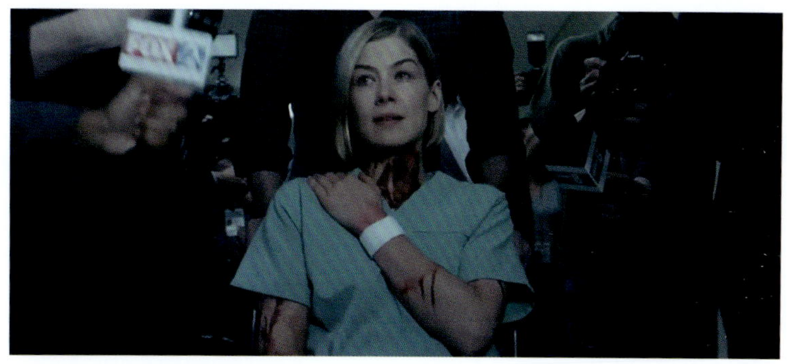

Lors des différentes étapes de sa fuite, Amy se fait passer pour une femme tantôt battue, tantôt violée et séquestrée, jusqu'à revenir couverte de sang pour tomber dans les bras de Nick devant les caméras qui campent devant leur maison depuis sa disparition.

Amy Elliott Dunne ne perd jamais. Après avoir accumulé les faux pas le faisant paraître suspect, Nick a lui aussi manipulé l'opinion en jouant le mari éploré devant les caméras afin d'assurer sa défense. Pris à son propre piège, il ne peut plus quitter Amy à son retour, d'autant plus que celle-ci annonce qu'elle est enceinte, comme ultime développement de l'histoire tordue qu'elle ne cesse d'écrire.

Si Amy Elliott Dunne est une antagoniste particulièrement perverse et calculatrice, elle obtient paradoxalement l'empathie du spectateur – et des spectatrices. L'accès à son (faux) journal intime et à ses pensées soulève une réflexion sur le couple, les rôles genrés et les injonctions que subissent les femmes. Amy Elliott Dunne fonctionne comme une antihéroïne qui exprime une colère féminine, certes démesurée, mais cathartique. Une colère qui gronde, souvent réprimée, sous l'image parfaitement maîtrisée de la *cool girl*.

Marie Casabonne

[1] Une scène clé du film de David Fincher, dans lequel le monologue est légèrement différent de celui du roman de Gillian Flynn.

ANNIE WILKES

LE REVERS DE LA CÉLÉBRITÉ

Nom : Annie Wilkes.
Œuvres : *Misery* (1987, Stephen King), *Misery* (1990, Rob Reiner).
Interprète : Kathy Bates, dans le film de 1990.

Née entre les pages d'un roman mêlant thriller et huis clos horrifique, elle a été classée sixième méchante « la plus iconique de toute l'histoire du cinéma » par l'American Film Institute. Place à Annie Wilkes, « l'admiratrice numéro un » qu'aucun auteur ne rêve d'avoir.

Anne Marie (dite « Annie ») Wilkes est un personnage de fiction créé initialement par Stephen King, maître du fantastique et de l'horreur. Grande méchante au croisement de multiples inspirations, Annie a cela d'effrayant que sa violence est à la fois physique et psychologique. On la rencontre dans *Misery*, roman publié en 1987 qui connaîtra un succès fulgurant et attirera très rapidement l'attention d'Hollywood, en témoigne l'adaptation cinématographique réalisée par Rob Reiner en 1990.

Pour comprendre la psychologie d'Annie, rien de mieux que de s'intéresser à son passé. Infirmière diplômée, Wilkes a exercé dans plusieurs hôpitaux, notamment un dans lequel plusieurs bébés sont décédés dans d'étranges circonstances. Dans *Misery*, l'auteur Paul Sheldon apprend qu'Annie aurait, avant de tomber sur lui, assassiné plusieurs dizaines de patients sans être inquiétée. Selon King, la véritable infirmière tueuse d'enfants Genene Jones qui a sévi au Texas aurait été l'une de ses inspirations pour façonner le personnage d'Annie.

Tout comme Jones, Annie Wilkes est d'abord présentée comme compétente et bienveillante, prête à aider son prochain. Quand Sheldon a un accident de voiture qui lui brise les jambes, Annie le recueille chez elle et semble prête à l'aider afin qu'il traverse au mieux sa convalescence. Mais très vite, l'infirmière se rend compte que Sheldon a, dans son dernier manuscrit, tué Misery, le personnage de sa romance à succès. Wilkes, grande fan du travail de

Sheldon et plus encore de *Misery*, dévoile alors son véritable visage. L'infirmière bienveillante se transforme en une monstrueuse tortionnaire : elle attache Sheldon au lit, l'oblige à brûler son manuscrit et le séquestre afin qu'il en écrive un autre, dans lequel il racontera le retour de sa bien-aimée Misery.

Là encore, King s'inspire de sa propre expérience de vie en matière de célébrité pour donner corps à la folie d'Annie. En 1984, décidé à changer de registre, l'auteur publie un roman de *fantasy*, *Les Yeux du Dragon* qui, pour ses fans les plus durs, l'éloigne de son genre de prédilection. C'est à cette époque que King commence à percevoir les dangers de cet amour-haine que lui portent ses plus fidèles lecteurs. Il citera notamment la nouvelle *L'Homme qui aimait Dickens* (d'Evelyn Waugh, parue en 1933) comme autre source d'inspiration, un court récit dans lequel un maton tombe amoureux des histoires de Dickens et force un des prisonniers à les lui lire. King s'était alors demandé ce qui arriverait si le prisonnier n'était autre que Dickens lui-même.

Les psychologues analyseront le comportement fanatique d'Annie Wilkes comme typique d'une personne touchée par un trouble de la personnalité limite (dit aussi « borderline »). Ce dernier se caractérise par une impulsivité extrême, de l'hypersensibilité et des relations aux autres particulièrement instables. D'autres troubles y sont généralement associés, touchant à l'alimentation (Sheldon se rend compte qu'Annie s'empiffre) et à l'addiction (Annie est dépendante de l'écriture de Sheldon, elle attend avec impatience ses nouvelles pages), des phases de dépression (représentées par les moments où Annie s'automutile), mais aussi des crises de colère disproportionnées (comme dans le roman, quand Sheldon fait remarquer qu'il manque une touche à sa machine à écrire et qu'Annie lui sectionne le pouce).

Après moult échecs dans ses tentatives d'échapper à sa tortionnaire, le pauvre auteur récupère de quoi provoquer un incendie et met le feu à son nouveau manuscrit. Annie Wilkes entre alors dans une rage folle. S'ensuit une scène de lutte, climax de l'intrigue, durant laquelle Annie succombe. *Enfin*. Un soulagement immense pour tous les lecteurs et spectateurs de *Misery*, et bien évidemment pour le personnage de Sheldon, libéré de cette emprise malsaine. Un an et demi plus tard cependant, Sheldon publie son nouveau livre et il ne peut s'empêcher de penser que son expérience avec Annie Wilkes aura aidé à son succès... Encore une référence de King à sa vie personnelle. L'auteur s'inspire en effet de ses problèmes d'addiction pour *Misery*. Accro à l'alcool et à la cocaïne, King a confié que pendant un temps, il avait le sentiment de ne pas pouvoir écrire quelque chose de valable sans être sous drogues. Angoissé par l'idée que le sevrage lui confisque ses capacités de dramaturge, il crée le tandem Sheldon-Wilkes afin d'exorciser ses propres démons. L'écrivain séquestré par Annie lui ressemble étrangement ; à la fois enfermé dans un succès médiatique et torturé par cette fan qui exerce malgré tout une influence notable sur son art. « Annie Wilkes est de la cocaïne », dira King. « Ma “fan numéro un”. Et elle ne voulait pas partir... »

Heureusement pour lui et pour Sheldon, Annie finira par être vaincue dans une scène cathartique, la tête fracassée sur une machine à écrire. La revanche d'un écrivain sur ses propres faiblesses, grâce à une méchante qui fait encore partie, presque 40 ans après sa création, des antagonistes les plus marquants que la littérature et le cinéma aient connus.

Lilie Bagage

QUAND KATHY DEVIENT ANNIE

Kathy Bates (*Titanic, Six Feet Under*) est le premier et unique choix de Rob Reiner pour interpréter Annie Wilkes dans son adaptation de *Misery*. Comédienne de théâtre avant tout, Bates est frustrée de ne pas pouvoir répéter autant qu'elle le voudrait, son partenaire à l'écran (James Caan, dans la peau de Sheldon) étant plus instinctif en matière de jeu. On suggère alors à Bates de s'appuyer sur cette frustration pour incarner Annie, conseil qui fera des merveilles, car en 1991, l'actrice recevra un Oscar pour son incroyable prestation.

2005

ANTON CHIGURH
LE MAL INÉLUCTABLE

Nom : Anton Chigurh.
Œuvres : *Non, ce pays n'est pas pour le vieil homme* (roman, 2005, Cormac McCarthy), *No Country for Old Men* (film, 2007, Joel et Ethan Coen),
Interprète : Javier Bardem.

Coupe de cheveux ringarde, silhouette sombre et massive, bonbonne d'oxygène au bras, Anton Chigurh est un antagoniste aussi énigmatique que terrifiant. Sans pitié ni empathie, Chigurh est un tueur efficace, méthodique. Mais il est aussi un symbole, celui du mal inarrêtable.

Personnage créé par Cormac McCarthy dans son roman *No Country for Old Men* (traduit par *Non, ce pays n'est pas pour le vieil homme*) publié en 2005, Anton Chigurh apparaît sous les traits de Javier Bardem dans sa version cinéma, réalisée par les frères Coen. Adaptation fidèle du roman, le film de Joel et Ethan Coen a été un succès public et critique multiprimé[1], qui a permis à l'acteur Javier Bardem de recevoir, entre autres, le Golden Globe, l'Oscar et le BAFTA du meilleur acteur dans un second rôle.

Chasseur de primes envoyé au Texas, près de la frontière mexicaine, Anton Chigurh doit récupérer un sac contenant 2,4 millions de dollars trouvé par hasard par Llewelyn Moss (Josh Brolin) après un deal ayant visiblement mal tourné.

Dans le roman comme dans son adaptation cinématographique, Anton Chigurh échappe à toute caractérisation, ce qui sert l'aspect énigmatique du personnage et son effet sur le spectateur. La singularité de Chigurh est avant tout basée sur son observation. Au-delà de sa coupe de cheveux d'une autre époque, Chigurh se distingue par ses vêtements. Dans une région de cow-boys où tout le monde arbore chemises à carreaux, chapeaux et santiags, Chigurh porte une veste en jean et un pantalon noirs, ainsi que

[1] Liste non exhaustive : 2 Golden Globes (meilleur scénario, meilleur second rôle pour Javier Bardem), 4 Oscars (meilleur film, meilleur réalisateur, meilleur scénario adapté et meilleur second rôle pour Javier Bardem), 3 BAFTA (meilleur réalisateur, meilleure photographie pour Roger Deakins et meilleur second rôle pour Javier Bardem)...

des bottes en alligator, pointues et à talons, qui ajoutent à l'inquiétante étrangeté qui se dégage du personnage. S'il semble si étranger au monde qui l'entoure, ce n'est pas un hasard : les frères Coen ont voulu créer un personnage « qui avait l'air de venir tout droit de Mars ».

On ignore tout du passé de Chigurh. Et celui-ci entend bien conserver ce mystère, refusant de répondre à toute question sur sa provenance. Le nom d'Anton Chigurh reste lui aussi mystérieux et ne trahit pas d'origine particulière. Javier Bardem a par ailleurs travaillé pour perdre son accent espagnol pour rendre la diction de son personnage le plus neutre possible, loin de l'accent texan local.

Tuant toutes les personnes (ou presque) se trouvant sur son passage, Anton Chigurh partage bon nombre des caractéristiques du *boogeyman*[2]. À l'instar d'un Michael Myers ou même d'un Terminator, véritables forces inéluctables, Chigurh marche toujours calmement, ne court jamais derrière ses victimes, lesquelles ne se doutent parfois de rien.

Ses mouvements sont lents, méthodiques, précis. Son arme de prédilection est pour le moins étonnante : un pistolet d'abattage à air comprimé. Habituellement destinée aux animaux, cette arme constitue un moyen pour lui de se placer au-dessus de ses victimes en les déshumanisant. Faisant peu de cas de la vie humaine, Chigurh tue souvent des innocents, de manière aléatoire. Ou pire encore, en se servant du destin pour cacher son libre arbitre, comme lorsqu'il joue littéralement à pile ou face le sort d'un employé de station-service ou lorsqu'il retrouve Carla Jean, la femme de Llewelyn Moss, pour la tuer comme il l'avait promis à son mari.

[2] Mot anglais pour « croque-mitaine ». Dans la culture populaire, il désigne un tueur invincible et destructeur... un véritable « croque-mitaine » pour ses ennemis, tels Freddy Krugger ou... John Wick. Voir le portrait de Michael Myers page 130.

Le *sound design* du film renforce la tension dans les mises à mort. Lorsqu'il tue le shérif adjoint en l'étranglant avec ses menottes, on entend le bruit d'un train qui passe, accentuant ainsi cette idée de force inarrêtable. Dans cette scène clé du film est contenue l'essence du personnage. Ombre noire, floue, en arrière-plan, derrière le policier assis à son bureau, Chigurh se lève calmement. Il lève ses jambes pour passer ses mains menottées devant lui, puis s'avance en silence derrière le policier pour passer la chaîne des menottes autour de son cou. Le calme et la froideur de Chigurh dans ce qu'on a vu de lui jusqu'à présent, jusque dans la préparation du meurtre, contrastent avec l'air sur son visage au moment de tuer le shérif adjoint. Un éclair de pure folie, de rage et de plaisir mêlés déforme son visage. Après quoi il se relève pour aller se laver les mains dans le plus grand des calmes une fois son meurtre accompli.

Si le personnage demeure une énigme, tout comme ses motivations, il faut également s'intéresser à ses opposants pour mieux le comprendre. Et notamment au shérif Ed Tom Bell (Tommy Lee Jones). Dans ce néo-western noir, Bell est un homme vieillissant et désabusé – un des *« old men »* du titre, en somme – qui ne comprend plus le monde dans lequel il vit. Durant toute sa carrière de shérif, il a pu voir l'évolution de la société. Et surtout, de sa violence. Il décide donc de prendre sa retraite pour s'éloigner du chaos et aspirer à une vie simple et calme avec sa femme. Quand son cousin lui demande pourquoi il a décidé de prendre sa retraite, Bell répond : « Je ne sais pas. Je me sens dépassé. J'ai toujours pensé qu'en vieillissant, Dieu finirait par entrer dans ma vie d'une manière ou d'une autre, mais ça n'a pas été le cas. Et je ne lui en veux pas. » Face à cette quête de sens de Bell apparaît Chigurh pour toute réponse. Les deux personnages fonctionnent en miroir, comme les deux faces d'une même pièce. Un rapprochement qui se fait dans la mise en scène du film, notamment lorsqu'ils inspectent le mobil-home de Llewelyn Moss à quelques minutes d'écart, s'assoient sur le canapé et se reflètent dans l'écran de télé en face d'eux.

Le shérif Bell représente un passé idéalisé, sa morale et ses valeurs, tandis que Chigurh personnifie le nihilisme, la violence et le chaos du monde moderne. Une incarnation du mal inarrêtable qui parcourt l'œuvre de Cormac McCarthy.

Western aux valeurs morales inversées, *No Country for Old Men* s'achève sur la mort de Moss, la retraite – et donc le renoncement – de Bell et la victoire de Chigurh, qui même s'il est rattrapé par le destin et manque de mourir dans un accident de voiture, réussit à s'en sortir et à s'échapper, preuve que le mal ne meurt jamais.

Marie Casabonne

2005

AZULA

Nom : Azula.
Œuvres : La série animée *Avatar : Le dernier maître de l'air* (2005-2008), le film *Le Dernier Maître de l'air* (M. Night Shyamalan, 2010), la série Netflix *Avatar : Le dernier maître de l'air* (depuis 2024).
Créateurs : Michael Dante DiMartino et Bryan Konietzko.

L'ASCENSION ET LA CHUTE D'UN PRODIGE

À seulement 14 ans, elle s'imagine déjà gouvernant le monde, foudroyant ses ennemis à l'aide d'éclairs bleutés qu'elle fait jaillir de ses doigts… Elle en fait le serment : rien ni personne ne se mettra en travers de son chemin.

Malgré une apparition tardive dans l'intrigue, Azula peut être considérée comme l'antagoniste principale de la série d'animation *Avatar : Le dernier maître de l'air*. Fille d'Ozai, seigneur impitoyable de la nation du Feu, sœur détestée (et détestable !) du prince Zuko, Azula brille d'emblée par son potentiel de grande méchante de l'histoire. Son introduction mémorable dans le premier épisode de la saison 2 est savamment préparée par le regard de Zuko et le souvenir qu'il a de cette cadette au sadisme déjà bien développé… Lorsque le prince affronte son père en duel et que ce dernier le bat à plates coutures avant de le bannir du royaume, Azula assiste à la scène avec un sourire malsain. Si Zuko est proche de leur mère (Ursa) par la compassion qu'il est capable de témoigner,

Azula, elle, est en adoration devant Ozai. Elle hérite très tôt de ses compétences en matière de combat, de politique et de stratégie, à tel point que le seigneur du Feu l'envisage comme son héritière au détriment du frère aîné. Tout comme son père, la princesse du Feu est impitoyable et fait montre d'une grande intelligence tactique. C'est elle qui, plus tard, fera tomber la capitale du royaume de la Terre (Ba Sing Se) de l'intérieur en se faisant passer pour une guerrière Kyoshi et en réalisant un coup d'État. Elle tendra plusieurs fois des pièges à l'Avatar et à ses amis, et même une coalition de leurs pouvoirs contre elle ne suffira pas à la vaincre, car elle trouvera un moyen de s'échapper grâce à une diversion cruelle : en blessant Iroh, son propre oncle, devenu le protecteur de Zuko depuis son bannissement. Azula fait partie de ces personnages jusqu'au-boutistes qui, pour remporter une victoire, n'ont peur de rien, pas même de s'en prendre à leur propre famille.

En plus d'être retorse et d'avoir d'immenses facultés stratégiques, Azula est aussi très impressionnante au combat singulier. Depuis son plus jeune âge, Ozai l'a entraînée pour qu'elle devienne sa meilleure arme, mais la princesse possédait déjà en elle un feu prometteur : elle est capable de canaliser la foudre. Elle commande la « flamme bleue », un feu hautement énergétique qui nécessite, pour être dompté, de contrôler (voire de refouler) toute émotion en soi afin de pouvoir le diriger vers ses ennemis. Le nom même d'Azula a été choisi pour faire référence à la couleur bleutée caractéristique de cette flamme (*« azul »* signifiant « bleu » en espagnol). De sa génération, l'adolescente semble d'ailleurs être la seule capable d'exécuter ce prodige avec autant de facilité. Son frère Zuko, dont les facultés de maître du Feu se révéleront tardivement, peine à en appeler à la foudre : lui est en perpétuelle lutte interne avec ses émotions, *a contrario* d'Azula, que la froideur pathologique aide à viser la perfection.

Et c'est d'ailleurs cette recherche insatiable de perfection qui constitue, chez elle, sa plus grande force et sa plus grande faiblesse. Élevée dans l'intransigeance la plus totale, la princesse de la nation du Feu n'accepte pas l'erreur et encore moins l'échec. Ainsi, quand Ozai se prépare à devenir le maître du monde (roi Phénix) et qu'il transmet l'administration de la nation à sa fille, Azula prend ce geste comme un affront : son propre père, son modèle de puissance, préfère la laisser en arrière plutôt que de lui permettre d'être à ses côtés, sur le devant de la scène. Et lorsque Mai et Ty Lee, ses acolytes de toujours, se détournent d'elle, la trahissant au profit de son frère Zuko et de l'Avatar (que Zuko a finalement rejoint comme allié), c'est la goutte d'eau qui fait déborder le vase : Azula n'a pas d'autre choix que de prendre conscience de son échec, ce qui finit de la briser mentalement. La folie la transforme. Durant toute la fin de la troisième saison

Elizabeth Yu incarne Azula dans la série en *live action* de Netflix.

(dernière de la série), la princesse perd littéralement pied, cédant à la schizophrénie. En proie à des hallucinations, de plus en plus paranoïaque et n'étant plus maîtresse de ses mouvements, son ultime combat contre son frère et Katara est une épreuve qui lui sera fatale.

Après la victoire de l'Avatar sur Ozai, Zuko s'assoit sur le trône de la nation du Feu et fait enfermer sa sœur dont l'instabilité mentale demeure irrésolue. Si dans les *comics* qui succèdent à la série le frère libère la sœur afin qu'ils s'associent pour retrouver leur mère disparue, cette nouvelle aventure ne sera jamais synonyme de rédemption pour la princesse du Feu, qui mettra de nouveau toute son énergie dans une rébellion violente visant à renverser le règne du frère jalousé. Aaron Ehasz (*showrunner* de la série d'origine) avait pourtant exprimé sa volonté de bâtir un arc de rédemption pour le personnage d'Azula, un arc qui aurait été plus long et complexe que pour Zuko (dont la rédemption était envisagée dès le début). Pour Azula, son frère aurait été la bouée de sauvetage ; prêt à la pardonner, l'aimant envers et contre tout, Zuko se serait battu pour elle (tout comme l'oncle Iroh s'était battu pour lui). La quatrième saison de la série n'ayant jamais vu le jour, la rédemption d'Azula n'aura pas lieu. Toutefois, on peut se demander aujourd'hui si elle aurait vraiment été souhaitable car après tout, Azula captive par le simple fait qu'elle soit irrécupérable. Tout au long du récit, le personnage sombre dans les abysses sculptés par ses mauvais choix (et ceux, pires encore, de son père abusif). Cruelle de bout en bout, pleinement consciente de ses excès, Azula les embrassera jusqu'à la chute… Un final de grande méchante comme on les aime, indubitablement marquant et libérateur.

Lilie Bagage

Dominique Thomas et Lola Créton dans le film *Barbe Bleue* de Catherine Breillat.

BARBE-BLEUE

LE BOURREAU DES CŒURS

Nom : Barbe-Bleue.
Œuvres notables : *Les Contes de ma mère L'Oye* (1697) de Charles Perrault, pour sa version littéraire. Au cinéma, *La Huitième Femme de Barbe-Bleue* (1938) d'Ernst Lubitsch.

En 1697, Charles Perrault fixe par écrit des contes issus de la tradition orale. Depuis, son *Barbe-Bleue* demeure sans conteste la référence de ce personnage mystérieux qui n'en finit pas de susciter des discussions, donnant lieu à des adaptations multiples en littérature, au cinéma, en musique classique et même dans la chanson populaire. Mais qui est Barbe-Bleue ?

Aujourd'hui, Barbe-Bleue est l'image du tueur en série, féminicide par excellence. Mais ce qui le pousse à tuer reste sujet à de nombreux débats, chaque époque apportant un éclairage nouveau.

Chez Perrault, il est d'abord présenté comme très riche, seulement ensuite par son anomalie physique, presque amusante, mais qui le rend « si laid et si terrible aux yeux des femmes » qu'elles prennent peur et le rejettent. À ce moment de la description, il ne passe pas encore pour un méchant et les femmes ont l'air de s'arrêter à l'apparence. Le lecteur pourrait alors prendre le personnage en pitié ; le rejet dont il est injustement victime pourrait être l'origine de sa cruauté. Or, on ajoute que « ce qui les dégoûtait encore, c'est qu'il avait déjà épousé plusieurs femmes et qu'on ne savait ce qu'elles étaient devenues ». En jouant ainsi sur la présentation de son héros, Perrault brouille les pistes avant que l'on puisse en suspecter la véritable identité meurtrière.

Cependant, Barbe-Bleue montre tant de trésors et de plaisir à ses voisines qu'elles finissent séduites par ce caractère libéral et la vie fastueuse qu'il promet. Sont-elles vénales, naïves ? Cherche-t-il à les amadouer pour cacher quelque chose ?

Toujours est-il que lorsqu'il part plusieurs semaines, il laisse toute liberté à sa nouvelle épouse, lui confie tout son or, lui donne toutes ses clés. Il lui interdit uniquement d'entrer dans un petit cabinet insignifiant. Cabinet dont il lui décrit précisément l'emplacement et dont il donne également la clé. En prononçant l'interdit, il donne les moyens de le transgresser.

Qui est-il donc ? Un naïf qui accorde bêtement sa confiance et s'expose toujours à de nouvelles déceptions ? Un homme blessé par le rejet des femmes et qui teste volontairement leur fidélité jusqu'à ce qu'il ait trouvé la bonne ? Ou un pervers qui met en scène un plan diabolique pour piéger ses victimes, les pousser à la faute et les punir ensuite ?

Tout se passe dans le cabinet de curiosités. Si celui-ci représente son jardin secret, alors l'épouse qui y entre dès qu'il a le dos tourné se montre indiscrète. Au-delà de ça, comme il représente surtout la tentation, le fait qu'elle y pénètre devient symbole d'infidélité. La petite clé serait alors une évocation du sexe masculin, et la tache de sang, depuis toujours, est le signe de la « faute » des femmes.

Ici, l'épouse, qui n'a pas de nom, cède à sa curiosité, certes, mais lui, en voulant l'égorger pour la punir, cède à sa colère. Barbe-Bleue pourrait bien être l'archétype de ce péché capital. Il est même le plus menteur des deux dans cette histoire puisqu'il cache un secret monstrueux, une âme cruelle et sanguinaire qu'il camoufle en jetant de l'or aux yeux de ses épouses. Finalement, le cabinet représente l'âme profonde, la vérité cachée ; et la curiosité de l'épouse n'est pas le vilain défaut de l'indiscrétion, mais bien celui qui permet de découvrir cette vérité. Dès lors, la clé agit comme un révélateur : elle ouvre le cabinet pour dévoiler les crimes de Barbe-Bleue comme elle révèle la désobéissance de l'épouse.

La couleur de la barbe inspirant la peur (une peur bleue !) peut être un signe extérieur de la véritable identité de l'homme.

N'oublions pas que Perrault est plutôt du côté des modernes que des anciens dans leurs querelles. Il propose deux moralités à ce conte. La première, la plus commune, porte sur la curiosité des femmes, vilain défaut. Mais la seconde rectifie cette lecture simpliste, précisant qu'elle demande d'avoir un peu d'« esprit sensé » pour comprendre qu'ici, c'est l'époux qui est en tort.

Qui a bien pu inspirer ce personnage sanguinaire ? Plusieurs théories existent. La première voit une filiation avec un conte breton du VIe siècle racontant l'histoire de Conomor, un tyran qui refuse d'avoir un successeur et trucide ses épouses quand elles attendent un enfant. Les nombreuses similitudes entre les deux histoires en font une théorie solide. Une deuxième prétend que Barbe-Bleue serait inspiré de Gilles de Rais, au XVe siècle, ancien compagnon de Jeanne d'Arc, connu pour avoir occis beaucoup de jeunes garçons. Mais les points communs sont trop peu nombreux pour retenir cette explication. Une troisième possibilité serait le célèbre Henri VIII, roi d'Angleterre, et ses six épouses, dont deux furent exécutées.

Avant Perrault, de nombreuses versions existent en occitan, en italien où le héros mange des cadavres, en Bretagne où il mange des enfants, etc. Chez les frères Grimm[1] on le retrouve dans le conte facétieux *L'Oiseau d'Ourdi* où les scènes sont bien plus explicites et violentes : on assiste au meurtre des deux premières épouses égorgées, démembrées, dans les moindres détails.

[1] Jakob et Wilhelm Grimm, in *Contes de l'enfance et du foyer*, XIXe siècle.

Gravure colorisée de *Barbe Bleue*, publiée pour la première fois dans *Les Contes de Perrault*, dessins par Gustave Doré (1862).

Dans toutes ces versions issues de la tradition, Barbe-Bleue est un homme cruel, un meurtrier dont les crimes sont punis à la fin.

La postérité du conte est infinie, il serait impossible d'en détailler les œuvres tant il y a matière. Tous les genres se le sont approprié. Dès les débuts du cinéma, en 1901, Méliès[2] propose un film grandiloquent de dix minutes avec costumes et décors inspirés des illustrations de Gustave Doré (et un placement de produit peu discret du champagne Mercier). Il est question d'un mariage forcé, d'un homme colérique, d'un petit diable qui pousse l'épouse à ouvrir le cagibi. Mais ce diablotin n'est pas son mauvais génie à elle, c'est celui de Barbe-Bleue, ce qui fait bien de lui un manipulateur assoiffé de sang.

En 1938, Ernst Lubitsch réalise une comédie romantique intitulée *La Huitième Femme de Barbe-Bleue*[3]. Un homme, divorcé plusieurs fois, rencontre une jeune femme dans un magasin de vêtements. Chacun achète une moitié de pyjama : lui le haut, elle le bas. Dans cette version, c'est la femme qui porte le pantalon et mène l'homme, n'ayant plus rien de cruel et de violent, par le bout du nez.

Dans son opéra de 1911, Béla Bartók[4] offre une lecture où Barbe-Bleue n'est pas un monstre et où l'ouverture de sept portes et la découverte de ce qui se cache derrière est une allégorie des âges de la vie. Enfin, Anatole France[5] prend le contrepied du personnage et fait le récit d'un mari aimant dont les six épouses se sont jouées et et que la septième tue pour profiter de son argent.

Hélène Alméras

[2] Georges Méliès, *Barbe-Bleue*, 1901.
[3] Ernst Lubitsch, *La Huitième Femme de Barbe-Bleue*, 1931.
[4] Béla Bartók, *Le Château de Barbe-Bleue*, 1911.
[5] Anatole France, *Les Sept Femmes de la Barbe-Bleue et autres contes merveilleux*, 1921, Éd. Calmann-Levy.

1997

BLACK BEARD

LE MARSHALL

Nom : Black Beard.
Œuvre : *One Piece* (1997).
Créateur : Eiichirô Oda.

Plus connu sous le nom de Marshall D. Teach, celui que l'on surnomme Black Beard se distingue par de nombreuses caractéristiques, la plus remarquable étant son ingestion de deux fruits du démon… Mais il est aussi un pirate sans foi ni loi prêt à tout pour atteindre son objectif.

La série d'Eiichirô Oda jouit d'une longévité exceptionnelle. Avec plus de 1000 épisodes de l'*anime*, d'une centaine de tomes du manga, *One Piece* a arpenté de nombreux chemins narratifs et ses lecteurs ont découvert pléthore de personnages. Du fait de cette longévité, les objectifs des protagonistes évoluent, les révélations sur le passé des uns et des autres mettent du temps à se dévoiler et certains personnages restent énigmatiques. S'il n'est pas question ici de vous révéler tous les secrets de la série, il est un personnage sur lequel nous allons nous arrêter : Black Beard, Barbe Noire.

Son homonyme bien réel semble être un archétype indispensable à toute bonne histoire de piraterie. Légende des mers, pirate ayant terrorisé l'océan Atlantique et la mer des Caraïbes au XVIIIe siècle, le personnage originel se fond avec ses répliques dans la *pop culture*. *One Piece* ne fait pas exception. Au point que le nom de Barbe Noire dans le manga est Marshall D. Teach, faisant encore plus référence au pirate, dont le patronyme était Edward Teach.

Si l'objectif de Barbe Noire dans *One Piece* reste assez nébuleux et qu'on ne commence à en saisir la portée que dans les chapitres qui sortent au moment où ces lignes sont écrites, il est une chose que nous pouvons dire : Barbe Noire est prêt à tout pour atteindre son objectif. Le meurtre et la manipulation font partie de son éventail d'actions. D'une certaine façon, il est l'opposé de Luffy, et ce, de bien des façons. Certaines scènes teintées d'humour présentent leurs goûts culinaires différents (Luffy déteste la tarte aux cerises alors que Barbe Noire l'adore, par exemple). Ces scènes

Jeune, avec Marco, membre de l'équipage de Barbe Blanche.

légères contribuent à montrer l'opposition entre les personnages, à accentuer leurs différences et leurs ressemblances. Il est cependant l'incarnation de ce qu'on attend d'une caricature de pirate : trapu, porté par des petites jambes, une grande barbe noire, il finit aussi par porter un manteau de capitaine, deux pistolets et une bouteille de rhum à la ceinture. Tous les symboles du pirate, donc, mais il s'éloigne de la caricature par la vilenie de ses actions.

Barbe Noire se démarque des autres antagonistes de la série. Il ne partage pas les idéaux des autres pirates, recherche quelque chose avec avidité, mais on ignore encore ce dont il s'agit. Son obsession n'a d'égal que son arrogance. Il possède le pouvoir de deux fruits du démon différents, chose qui n'aurait jamais dû être possible (le fruit des Ténèbres et le fruit du Tremblement). Mais la liste de ses agissements est longue : trahison, kidnapping, invasion, meurtre...

Bien que craignant la mort, Barbe Noire veut devenir le roi des pirates et est prêt à tout pour y parvenir. Pour cela, il n'hésite pas à s'associer aux autres et à les trahir ; et même à s'associer au Gouvernement Mondial pour arrêter les autres pirates. Au fil des 1000 épisodes, des 108 tomes, le lecteur voit évoluer le personnage de Barbe Noire. Celui-ci ne s'éloigne jamais vraiment de son

homonyme réel, mais parvient à marquer les esprits, à nous interroger sur son but, sur sa duplicité, sur ses objectifs. Le fait de conserver le secret de son réel objectif pendant très longtemps cultive l'attrait pour le personnage malgré ses exactions : on veut savoir pourquoi il fait cela, lui trouver une raison, quelque chose de concret auquel se raccrocher.

Eiichirô Oda parvient d'ailleurs avec beaucoup d'habileté à donner corps à ses personnages. Que ce soit par leur apparence à l'écran, par leur présence à l'image ou par leurs actes. Avec une œuvre d'une telle longévité, Barbe Noire est loin d'être le seul antagoniste de la série. Mais il se démarque par sa singularité, par le fait qu'il trahit même les pirates en s'associant au Gouvernement, qu'il n'est d'accord qu'avec lui-même malgré sa fascination pour Barbe Blanche, premier capitaine dont il a été sous les ordres.

S'il est parfois difficile de s'y retrouver dans l'univers foisonnant de *One Piece*, la figure emblématique de Barbe Noire se découpe et surplombe les mers, menaçante et inquiétante.

Bénédicte Coudière

BARON HARKONNEN

TOUT POUR L'ÉPICE ?

Nom : Baron Vladimir Harkonnen.
Œuvres : ***Dune*** **(roman, 1965),** ***Les Enfants de Dune*** **(roman, 1976),** ***Dune*** **(film, 1984, David Lynch),** ***Dune*** **et** ***Dune : Deuxième partie*** **(films, 2021 et 2024, Denis Villeneuve),** ***Frank Herbert's Dune*** **(série, 2000, John Harrison).**
Interprètes : **Kenneth McMillan (1984), Stellan Skarsgård (2021-2024), Ian McNeice (2000).**

Cycle devenu incontournable de la science-fiction, *Dune* nous a transmis des personnages iconiques. De Paul Atréides au baron Harkonnen, ils se livrent une guerre sans merci, à la recherche du pouvoir et des épices de la planète aride Arrakis...

Dune est une œuvre colossale. Sortie dans les années 1960, le propos de Frank Herbert s'étend sur de nombreux livres, eux-mêmes réinterprétés en films, en BD et en jeux vidéo. Si *Dune* foisonne de références, de thèmes et de personnages, deux choses sont fondamentales : l'épice tant convoitée et la rivalité mortelle qui existe entre les maisons Harkonnen et Atréides. Puisque le récit est écrit du point de vue des Atréides, il est assez aisé d'en déduire que les Harkonnen sont les antagonistes de cette histoire. Mais tout n'est pas soit blanc, soit noir et c'est aussi là la force de *Dune* : jouer sur les interstices, questionner et mettre en garde. Dans ce désert de nuances, l'intrigue de *Dune* se tisse et se défait au fur et à mesure des volumes.

Maître de la maison Harkonnen, le baron dirigeait auparavant le fief d'Arrakis, avant d'être évincé au profit des Atréides. Nourrissant une grande rancune à l'égard du duc Leto Atréides, le baron complote pour détruire la maison nouvellement responsable de la planète aux épices. Mercenaires, corruption, trahisons, tous les moyens sont bons pour détruire ses ennemis. La rivalité entre les deux maisons pousse ses différents représentants dans des retranchements toujours plus extrêmes.

Le baron porte littéralement sur lui le poids de ses actes, possédant une importante surcharge pondérale. Ce surpoids le force à se déplacer grâce à des suspenseurs qui le font léviter à quelques centimètres au-dessus du sol. Calculateur, cruel, avide de pouvoir et de contrôle, le portrait que l'on fait du baron est sombre, tant il est prêt à tout pour détruire ses ennemis au profit de sa propre maison. Il se met en scène, exacerbe ses déviances et ses vices pour qu'on le sous-estime et ainsi cacher un esprit affûté et des plans qu'il façonne en anticipant avec finesse les réactions de ses opposants.

D'une certaine façon, il représente une forme de décadence, faisant écho à l'industriel sale, au fascisme, comme l'évoque Frank Herbert. Prédateur, oppresseur, exploitant, il n'a d'autre but que de se gorger du pouvoir que représente l'épice et son exploitation. Il n'a alors que faire des individus, les utilisant comme des outils ou des nuisibles selon ce à quoi ils peuvent lui servir, même s'ils sont de sa propre maison. D'une certaine façon, on pourrait se représenter le baron Harkonnen comme une personnification de l'appétit dévorant sur tous les plans possibles : affamé de pouvoir, de sexe (principalement avec de jeunes hommes), de vice et de décadence, d'une économie luxuriante (qui se manifeste par l'exploitation de l'épice plus que par des espèces sonnantes et trébuchantes), il est une bouche ouverte et goulue qui tente de dévorer le monde.

Le personnage se développe en opposition aux Atréides, que ce soit du point de vue des valeurs ou de la représentation (l'auteur évoque des structures sombres, un vocabulaire de ce champ lexical). Sans tomber dans la caricature, le baron Harkonnen évolue au sein de *Dune* : au début figure puissante et imposante (dans tous les sens du terme), source de nombreux événements allant des meurtres de la famille Atréides à l'invasion d'Arrakis, il échappe à plusieurs tentatives d'assassinat, même par sa propre famille en la personne de son neveu Feyd-Rautha Harkonnen qui devait lui succéder. D'une certaine manière, l'avènement de Paul signifie aussi celui du baron, puisque Atréides et Harkonnen sont alors du même sang à partir de lui. Il traverse même la mort, devenant vie-mémoire plus terrifiante encore et plus dangereuse pour ses descendants que lorsqu'il était en vie.

Kenneth McMillan est le baron Harkonnen dans le *Dune* de David Lynch (1984).

Stellan Skargård incarne le baron Harkonnen pour le *Dune* de Denis Villeneuve (2021).

À travers *Dune*, le propos de Frank Herbert est double : offrir une épopée grandiose se déployant à l'échelle de la planète ; mais aussi un propos plus actuel, qui a su traverser les âges. Car oui, le baron Harkonnen est un homme de peu de scrupules, aux crimes multiples, avide de pouvoir, cherchant à asseoir la renommée et l'importance de sa maison. Mais Paul peut aussi être considéré comme un tyran génocidaire, se glissant dans ce rôle qu'on lui a attribué plus ou moins contre son gré, en réponse aux actes des Harkonnen et de l'empereur, de la prophétie des Bene Gesserit annonçant le messie, de ceux qui l'entourent et lui insufflent, par leurs croyances, ce statut.

Bénédicte Coudière

1985

BIFF TANNEN

L'ABUSEUR TOURNÉ EN RIDICULE

Nom : Buford (surnommé « Biff ») Howard Tannen.
Œuvres : *Retour vers le futur* (Robert Zemeckis, 1985) et ses suites (sorties en 1989 et 1990).
Interprète : Thomas F. Wilson.

Au cinéma, il existe assez peu d'antagonistes dont la méchanceté a la capacité de traverser l'espace et le temps. Biff Tannen est l'un de ceux-là : constant dans sa violence, quelles que soient l'époque et la réalité.

Biff Tannen, emblématique antagoniste créé par Robert Zemeckis et Bob Gale pour la trilogie *Retour vers le futur*, a tout pour être détesté : dès les premières minutes du premier film, sa brutalité envers George McFly, le harcèlement qu'il lui fait subir depuis des années sont mis en scène, laissant voir au spectateur les prémices des affrontements futurs – et passés ? – entre Marty (McFly fils) et ce monstre intimidant. Si Biff Tannen terrorise déjà George McFly au lycée, l'obligeant à faire ses devoirs à sa place, il le terrorise également durant sa vie d'adulte, accapare ses biens (la voiture qui finit en miettes, au grand dam de Marty) et cherchera en permanence à prendre de force le cœur de Lorraine Baines McFly (parfois avec succès, comme durant la version alternative de 1985 où Biff Tannen est allé jusqu'à se débarrasser définitivement de George ; d'autres fois moins, grâce à l'intervention de Marty en 1955 qui permet à son père de se dresser contre Biff).

Le personnage incarne tout entier la violence quotidienne qui écrase à grand bruit les plus faibles, ceux que la timidité et l'introversion poussent à s'incliner, incapables de rendre les coups. Biff Tannen est la figure du harceleur, celui qui obtient tout par l'intimidation et la force brute. Thomas F. Wilson, interprète de Biff, a d'ailleurs confié s'être inspiré de ses expériences personnelles pour construire le personnage, ayant été bousculé à maintes reprises durant son enfance par des camarades de classe.

Le nom même du personnage n'aurait pas été choisi par hasard. Tannen ferait référence à un certain Ned Tannen, ancien patron des studios Universal qui aurait un jour accusé Bob Gale (coscénariste de *Retour vers le futur*) d'être antisémite après la lecture du scénario du film *Crazy Day* (1978), et ce, malgré le fait que Bob Gale soit lui-même de confession juive. Les références à des personnalités réelles ne s'arrêtent pas là, puisque de l'aveu de Gale, la version alternative de Tannen (épisode II de la trilogie) est inspirée d'un certain Donald Trump... Dans le 1985 modifié, Biff Tannen est devenu un prédateur milliardaire à la tête de Hill Valley qui a transformé l'ancien hôtel de ville en centre commercial et s'est fait bâtir un hôtel-casino. Ce bâtiment très «bling-bling» rappelle l'hôtel-casino Trump Plaza dont la construction à Atlantic City a été achevée en 1984, soit cinq ans avant la sortie en salle du second opus. À cette époque, l'ex-président des États-Unis était avant tout célèbre pour ses investissements et sa présence grandissante dans les médias.

Retour vers le futur demeure avant tout une trilogie de comédie. Aussi, le manque de discernement et d'intelligence de Biff Tannen est souligné plusieurs fois avec humour. Les détournements involontaires par le personnage d'expressions pourtant bien connues en font partie. Le plus mémorable d'entre tous (improvisé par Thomas F. Wilson) restera sans aucun doute : *« Make like a tree and get outta here »* (littéralement : « Fais comme l'arbre et casse-toi »), jeu de mots raté de Biff, la véritable expression étant *« Make like a tree and leave! »* (*«leave»* est un homonyme en langue anglaise qui signifie à la fois «feuille» et «partir»). Dans la version française, Biff rate ce même jeu de mots avec une adaptation de l'expression : «Tu fais comme dans l'infanterie et tu te casses ailleurs!» (au lieu de «tu te tires ailleurs», pour «tirailleur»). À noter que dans sa version âgée de 2015, Biff Tannen semble avoir fait quelques progrès en matière de jugeote, car il comprend très vite comment utiliser la DeLorean pour retourner dans son passé, remettre l'almanach des sports à son double jeune et changer le cours de l'Histoire...

Malgré la légèreté de traitement, le personnage de Biff Tannen représente aussi une forme de violence héréditaire. À travers la trilogie sont notamment rencontrés son arrière-grand-père Buford «Molosse» Tannen (dans *Retour vers le futur III* et le Hill Valley de 1885), mais aussi son petit-fils Griff Tannen (dans *Retour vers le futur II*, alors que Marty voyage en compagnie de Doc pour l'année 2015), tous interprétés par Thomas F. Wilson. Un choix sans aucun doute réfléchi, car quoi de mieux qu'un seul et unique visage pour incarner une violence qui traverse les âges? Une violence que Marty McFly contrecarrera, de fait, en usant des mêmes armes à chaque confrontation : l'adresse, la ruse et surtout la ridiculisation. Pour demeurer un méchant mémorable de comédie, Tannen doit continuellement échouer, si possible la tête dans le fumier. Une règle du genre que le public apprécie.

Lilie Bagage

Thomas F. Wilson incarne également Buford « Molosse » Tannen, ancêtre de Biff au même tempérament dans *Retour vers le futur III*.

Big Brother surveille Winston (John Hurt), dans le film de Michael Radford.

BIG BROTHER

À VOTRE ÉCOUTE !

Nom : Big Brother, appelé B.B. en novlang.
Œuvre : *1984* (1949).
Créateur : George Orwell.

De la même manière qu'il existe un point Godwin, on pourrait parler d'un point Big Brother : chaque fois qu'il est question d'atteinte aux libertés individuelles et collectives, de surveillance des populations, d'appauvrissement de la pensée, de langue de bois, de communication politique abusive... son nom est brandi comme un épouvantail.

Mais qui est Big Brother ? Chef suprême du parti unique dont il est le créateur, sur quelle réalité s'appuie sa légende ?

Dans l'immense pays d'Océania, personne ne l'a vu en chair et en os depuis des années. Sa vie, objet d'une véritable hagiographie relatant ses exploits, comporte quelques incohérences, notamment son âge. Son nom n'est jamais mentionné. Il est Big Brother, le grand frère. Une idée de surnom géniale pour un tyran, non ? Le grand frère, c'est mon semblable, issu de la même famille et qui a une autorité protectrice. Il me guide et me protège. Il veille. Il est un modèle.

Physiquement, seul son visage est connu, immuable, sur une affiche placardée dans toutes les rues de Londres. Le même visage qui n'évolue pas, ne vieillit pas. Un regard scrutateur, sévère et bienveillant, une moustache éternellement noire que les ans n'atteignent pas, au point que Winston, le personnage principal, en arrive à se demander s'il existe encore ou s'il a déjà existé.

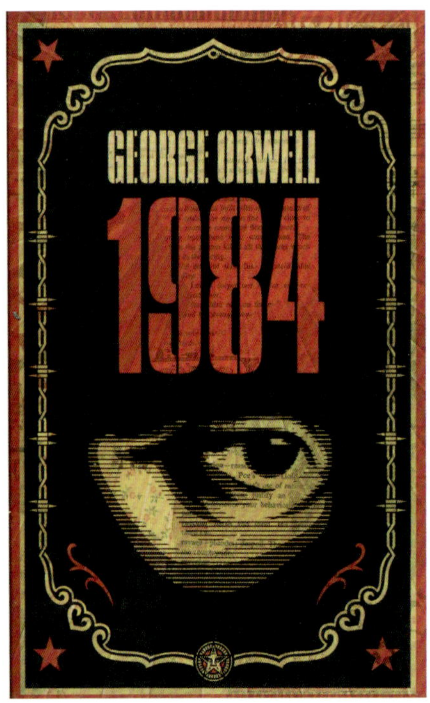

Le slogan qui accompagne le portrait joue sur le double sens du verbe « *watching* », « surveiller ». Dans un contexte familial, « *Big Brother is watching you* » est une phrase rassurante : l'aîné veille sur toi et te protège. Mais dans le régime totalitaire de *1984*, « *watching* » s'entend aussi au sens d'« observer », d'« épier ». L'affiche et sa légende permettent ainsi d'incarner en un visage le système de surveillance permanente de la population et de le faire passer pour protecteur, faisant oublier qu'il repose sur une organisation policière et des outils technologiques :

la Police de la Pensée, d'abord, vient arrêter quiconque a eu un geste ou une parole déviants ; les télécrans, ensuite, ces téléviseurs qui diffusent la propagande du parti mais filment et écoutent en même temps. Un système d'écoute pire que la Stasi.

Ainsi, Big Brother et son parti unique modèlent un univers totalitaire inspiré des régimes communiste, nazi, fasciste du XXe siècle : un visage à moustache comme Staline ou Hitler, le culte du chef, la surveillance, mais aussi la falsification du passé comme en URSS et la novlang (nouveau parler officiel qui substitue des mots faibles et positifs pour effacer idées négatives et critiques).

Mais Big Brother existe-t-il ? Voilà un paradoxe digne du chat de Schrödinger : il est et il n'est pas. Personnalité centrale dans la société d'Océania, il a un rôle essentiel dans le récit mais il n'est ni un personnage ni une personne. Son image et son nom sont partout, mais on ne le voit jamais. À la fois omniprésent et absent, il constitue un exemple concret du système de la double pensée qui conditionne les esprits.

Peut-être est-il une création, une idole. Il est en tout cas le seul élément stable et anormalement permanent de la société. Tous les autres repères sont fluctuants. Le régime réécrit sans cesse le passé et ces modifications ne rencontrent aucune opposition : un héros d'hier est effacé, il n'a jamais existé ; au milieu d'un discours, les alliés et les ennemis sont intervertis et ce nouvel ordre accepté sans contestation comme une réalité de toujours.

La vérité devient relative : peu importe ce qui est vrai ou ce que le parti affirmait avant, c'est ce qu'il dit aujourd'hui qui compte. Donc peu importe que Big Brother soit réel ou non. D'ailleurs, lorsque Winston demande s'il existe, les réponses sont floues, évasives : oui, Big Brother existe ; c'est Winston qui n'existe pas. Dans le dogme de la double pensée, les contradictions sont érigées en vérité arbitraire et intangible.

Finalement, Big Brother est plus une allégorie qu'un personnage. Certes, il est un élément important du ressort tragique du roman (figure mythique d'une société opprimée et soumise) mais sa réalité humaine demeure incertaine. En outre, pour Orwell et dans la culture populaire, il est devenu le symbole d'une autorité liberticide et répressive basée sur le contrôle des individus, de leurs gestes, leur corps, leurs sentiments et leur esprit. D'ailleurs, depuis 1998 en Angleterre (2000 en France), l'association Privacy International décerne le prix Big Brother à des acteurs tels que des gouvernements ou des entreprises qui œuvrent « le plus pour menacer la vie privée ».

Au cinéma, au-delà de plusieurs adaptations dont la plus récente date de 2023, il a inspiré des longs métrages dystopiques ou de science-fiction comme *Equilibrium*[1] ou *V pour Vendetta*[2].

[1] *Equilibrium*, 2002, film de Kurt Wimmer avec Christian Bale, Emily Watson.
[2] *V pour Vendetta*, 2006, de James McTeigue, avec Natalie Portman, Hugo Weaving.

On pense aussi évidemment à *Brazil*[3], bien que Terry Gilliam assure ne pas avoir lu le livre auparavant. En musique, Big Brother bénéficie d'une playlist pointue allant de David Bowie[4] à Muse[5] en passant par Eurythmics[6] et Bernard Lavilliers[7]. En 1999, il a donné son nom à la première émission de téléréalité créée aux Pays-Bas où des candidats sont enfermés dans une maison, épiés 24 heures sur 24 par des écrans au mur et voient leurs journées rythmées par les ordres qu'une voix leur dicte.

En France, ironie du sort, c'est en 2020, alors que le monde entier est confiné et que les libertés sont fortement restreintes, que le roman paraît enfin dans la Pléiade[8]. Et en 2021, sitôt tombé dans le domaine public, trois adaptations BD sortent en même temps[9].

Qu'on ait lu *1984* ou pas, Big Brother est partout, dans tous les esprits et toutes les discussions. Chacun de ses procédés fait écho au monde actuel : l'ultra-surveillance ne vient pas que d'États autoritaires mais d'entreprises privées (Big Data supplante Big Brother). La réécriture du passé est invoquée dans le phénomène de *cancel culture* ou quand des chefs-d'œuvre sont modifiés pour effacer des faits historiques qui blessent, en politique la novlang désigne un éminent niveau de langue de bois et les *fake news* nourrissent un magma de « vérités alternatives » troublant. Que peut bien se dire Big Brother quand il nous regarde ?

Hélène Almeras

[3] *Brazil*, 1985, de Terry Gilliam, avec Jonathan Pryce, Robert De Niro, Katherine Helmond.
[4] « Big Brother », in *Diamond Dogs*, 1974, album de David Bowie, projet pour un musical adapté de 1984.
[5] *The Resistance*, 2009, album de Muse, inspiré du roman de G. Orwell *1984*.
[6] « 1984 (for the love of Big Brother) », in l'album éponyme d'Eurythmics, sorti en 1984.
[7] « Big Brother », in *15e round*, 1977, album de Bernard Lavilliers.
[8] *Œuvres*, George Orwell, 2020, Bibliothèque de la Pléiade, n° 651.
[9] *1984* de George Orwell et Xavier Coste, 2021, Éd. Sarbacane/1984 de George Orwell et Fido Nesti, 2021, Éd. Grasset, traduction Josée Kamoun/1984 de Jean-Christophe Derrien et Rémi Torregrossa, 2021, Éd. Soleil.

1961

Donald Pleasence dans *On ne vit que deux fois.*

BLOFELD

LES SPECTRES SONT ÉTERNELS

Nom : Ernst Stavro Blofeld.
Œuvres : La saga *James Bond*, romans depuis *Opération Tonnerre* (1961), films depuis *Bons baisers de Russie* (1963).
Créateur : Ian Fleming.

Pour qu'un protagoniste puisse s'émanciper et prendre de l'envergure, il faut lui opposer un antagoniste à sa juste valeur. Et si celui-ci peut être récurrent, leurs affrontements ne peuvent que devenir homériques. Peu de méchants peuvent se vanter de répondre aussi bien à cette exigence que Ernst Stavro Blofeld.

Leader énigmatique et emblématique du S.P.E.C.T.R.E. (Service pour l'espionnage, le contre-espionnage, le terrorisme, la rétorsion et l'extorsion[1]), Blofeld, sous la plume de Ian Fleming, ne possède qu'une seule ambition : dominer le monde. Contrairement au SMERSH[2], dont l'auteur britannique s'inspire, Blofeld, à travers son organisation tentaculaire, ne suit aucun agenda politique. Sa stratégie consiste à semer la terreur et à proposer ses services aux plus offrants. Régulièrement en opposition avec la CIA et le MI6, Blofeld en vient à devenir l'ennemi juré de James Bond. C'est lui qui aura l'impact le plus marquant sur la vie de l'agent, puisque dans *Au service secret de Sa Majesté*[3], il sera responsable de la mort de Tracy, l'unique épouse que prendra 007.

Astuce de production, le duo Albert R. Broccoli & Harry Saltzman va justifier le changement d'acteur entre chaque film par une pirouette scénaristique : afin de conserver son anonymat, Blofeld recourt souvent à la chirurgie esthétique mais, ironiquement, oublie de changer de vêtements… Ainsi, après plusieurs films à n'apparaître que partiellement, on découvre enfin son visage, balafré et terrifiant, dans *On ne vit que deux fois* (1967), sous les traits de Donald Pleasence. Dans *Au service secret de*

[1] « Special Executive for Counter-intelligence, Terrorism, Revenge and Extortion » dans la version originale.

[2] Service de contre-espionnage soviétique lors de la Seconde Guerre mondiale, dont la signification est « mort aux espions ».

[3] 1964 pour le roman, 1969 pour le film de Peter Hunt.

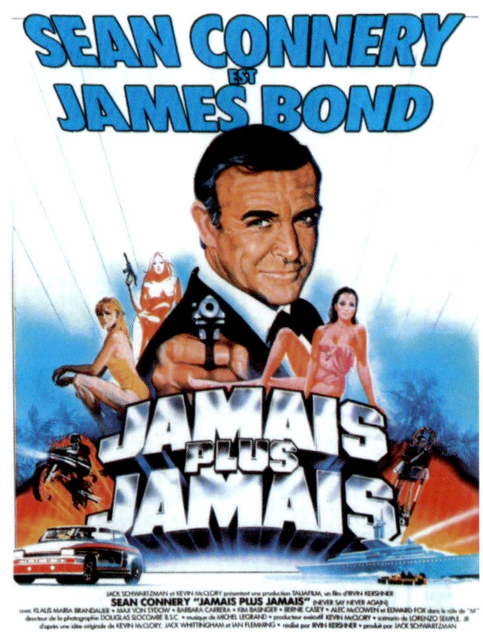

Même s'il n'est pas considéré comme faisant partie du canon de 007, *Jamais plus jamais* utilise aussi sa version de Blofeld, avec un Max von Sydow barbu.

Sa Majesté, il complotera depuis les sommets alpins, campé par Telly Savalas. Charles Gray fera de même dans *Les Diamants sont éternels* (1971), dernière apparition notable du personnage. Enfin, dans l'aventure officieuse *Jamais plus jamais* (1983), le génial Max von Sydow nous offre un Blofeld à contre-courant de ses prédécesseurs, mais tout aussi mortel.

Si le personnage de James Bond fut parodié à de nombreuses reprises, comme dans *Casino Royal*[4], Ernst Stavro Blofeld n'est pas en reste et ses caricatures ont elles aussi marqué les esprits de nombreux spectateurs. Le docteur Denfer, l'ennemi juré d'Austin Powers dans la saga homonyme[5], est un dérivé loufoque de Blofeld. Au cours des années 1980, dans la série animée *Inspecteur Gadget*[6], le docteur Gang n'a à première vue pas de lien direct avec Blofeld. Néanmoins, il dirige une organisation criminelle secrète (MAD) semblable au S.P.E.C.T.R.E. et les cadrages utilisés pour dissimuler son identité sont semblables à ceux que l'on peut retrouver dans les premiers *James Bond*. De plus, tout comme Blofeld, son animal de compagnie, un chat, ne laisse aucun doute sur les intentions des auteurs quant à sa filiation culturelle. Ces caricatures sont facilitées par les tropes dont le personnage aura imprégné le cinéma d'action et d'espionnage et, par extension, la culture populaire : la dissimulation du visage, le contrôle d'une organisation tentaculaire, des capacités intellectuelles supérieures en opposition à la force du protagoniste – tel un chaînon manquant entre Moriarty et Lex Luthor. Après lui, il sera difficile pour un méchant opérant dans l'ombre de se détacher de celle de Blofeld.

Terry Savalas dans *Au Service secret de sa majesté*.

Malgré ses gadgets et son invincibilité déroutante, ce n'est pas James Bond qui aura raison de Blofeld et du S.P.E.C.T.R.E. mais une série de procès sans fin. En 1958, à la suite du succès

Christoph Waltz dans *Mourir peut attendre*.

du téléfilm *Casino Royal*[7], Ian Fleming s'associe à deux amis et Kevin McClory, un réalisateur débutant de 32 ans, pour créer la société Xanadu Productions et initier l'écriture de plusieurs histoires, confiant du potentiel de 007 à l'écran. En 1959, dans le dos de ses associés, Fleming utilise le scénario d'*Opération Tonnerre* pour en tirer une nouvelle et la publier. S'ensuit une série de longs procès au terme desquels McClory obtient gain de cause : la justice reconnaît son travail, sa paternité du S.P.E.C.T.R.E. et d'Ernst Stavro Blofeld, et lui accorde les droits du script, pendant que Fleming garde ceux du roman. Mais un problème se pose : nous sommes déjà en 1964 et Broccoli & Saltzman en sont à leur troisième succès[8] et veulent lancer la production de leur *Opération Tonnerre*[9], se considérant comme légitimes puisqu'ils possèdent les droits d'adaptation des romans à l'écran. Un accord est signé. Kevin McClory voit son nom inclus au générique du film, ainsi que de tous ceux qui utiliseront Blofeld. Tout aurait pu en rester là si McClory n'avait pas joué les trouble-fête pendant 15 ans. En 1981, Broccoli et Saltzman en ont plus qu'assez. Si utiliser Blofeld les oblige à mentionner à chaque film un tel fauteur de troubles, alors mieux vaut se séparer de leur grand méchant. Sans le nommer (afin de se désolidariser de McClory), le leader du S.P.E.C.T.R.E. est tué par James Bond, qui le lâche dans une cheminée lors du prégénérique de *Rien que pour vos yeux*. Ce n'est qu'après le décès de Kevin McClory le 20 novembre 2006 et le rachat, neuf ans plus tard, de ses droits par la MGM à ses héritiers que Blofeld reviendra à l'écran sous les traits de l'Allemand Christoph Waltz, dans le bien nommé *Spectre*[10].

François Rey

[4] *Casino Royal*, 1967, coréalisé par Val Guest, Kenneth Hughes, John Huston, Joseph McGrath et Robert Parrish.
[5] *Austin Powers*, 1997, Jay Roach.
[6] *Inspecteur Gadget*, 1983-1986, Bruno Bianchi, Jean Chalopin, Andy Heyward.

[7] *Casino Royal*, 1954, William H. Brown, Jr. Épisode de la série d'anthologie *Climax!* (1954-1958). C'est la première fois que James Bond (Barry Nelson) apparaît à l'écran. Il y affronte Le Chiffre, interprété par Peter Lorre (voir p.122-M Le Maudit).
[8] *Goldfinger*, 1964, Guy Hamilton.
[9] *Thunderball*, 1965, Terence Young.
[10] *Spectre*, 2015, Sam Mendes.

Bowser's Fury.

BOWSER

LE PLUS CÉLÈBRE BOSS DES JEUX VIDÉO

Nom : Bowser (ou Kuppa au Japon).
Œuvre notable : Univers *Mario* (Nintendo), depuis *Super Mario Bros.* (1985).
Créateur : Shigeru Miyamoto.

Du haut de ses presque 40 ans, Bowser le roi des Koopas est un monument vidéoludique à lui tout seul. Ce portrait vous invite à plonger dans la psyché d'un boss de jeu vidéo, aussi carnivore et épicé que le suggère l'origine de son nom.

Impossible d'aborder les méchants de jeux vidéo sans parler de Bowser. Il faut dire que la créature de Shigeru Miyamoto a hérité d'une apparence mémorable, chimère entre le taureau et la tortue, et qu'elle se comporte comme un dragon, crachant des boules enflammées sur ses ennemis ! Bowser est le résultat, paraît-il, des talents de dessinateur très approximatifs de Miyamoto et de son désir de s'inspirer du Roi Taureau d'*Alakazam the Great*, un film d'animation japonais de 1960 produit par le studio Tôei Animation.

Dès ses débuts, le roi des Koopas (ces tortues bipèdes très présentes parmi les adversaires de Mario) a aussi été affublé d'une carapace et de bracelets à pointes qui feront de lui le boss le plus punk des univers vidéoludiques de Nintendo. Une crinière rouge feu apparaîtra plus tard sur sa tête, renforçant son aspect diabolique.

Comme souvent pour des personnages destinés à un univers adapté à la jeunesse, la caractérisation initiale de Bowser est simple (sans être simpliste) : féroce, colérique et brutal, Bowser est un roi sévère qui veut régner sur le monde, conquérir le Royaume Champignon et, au passage, épouser la princesse Peach dont il s'est épris depuis longtemps. D'ailleurs, cette dernière se retrouve très souvent au centre des enjeux, car si Mario le plombier affronte presque à chaque fois Bowser, c'est d'abord pour sauver cette princesse des griffes du roi des Koopas. Le rapt d'une princesse par un monstre géant amoureux pourrait rappeler King Kong grimpant en haut d'un building new-yorkais... mais la comparaison s'arrête là, car Bowser, conscient de sa force et de ses autres atouts physiques, n'est pas du genre à fuir les affrontements contre son adversaire de toujours, et c'est tant mieux ! Les combats contre Bowser ont longtemps été le point d'orgue de ces aventures, pour le plus grand plaisir des joueurs. Faire tomber dans la lave un dictateur qui harcèle des princesses en incarnant un petit moustachu en salopette, ça n'a pas de prix !

Au fil des jeux et de leurs dérivés, Bowser a bénéficié d'un étoffement de son passé qui a encore contribué à faire de lui un personnage incontournable chez Nintendo.

Le jeu *Super Mario World 2: Yoshi's Island* (1995) permet ainsi aux joueurs de découvrir l'enfance difficile de Bowser, orphelin recueilli par l'immonde Kamek et ses Magikoopas (des tortues adeptes de sorcellerie). Kamek n'hésitera pas à faire subir à Bowser plusieurs expériences magiques traumatisantes. À l'aide de sa boule de cristal, il prédira que les deux frères Luigi et Mario causeront au futur roi des Koopas une montagne de problèmes... Nul doute que cette révélation aura façonné la psychologie de Bowser et bâti les fondations d'un conflit durable.

Dans *Super Mario Sunshine* (2002), les joueurs apprennent que Bowser a un fils nommé sobrement Bowser Jr (Junior). Le roi des Koopas démontre alors contre toute attente sa capacité à aimer et à chercher à protéger ses proches, notamment en mentant par omission sur la nature du lien entre la princesse Peach et Bowser Jr. Malgré une enfance d'orphelin et une certaine tendance à sortir de ses gonds, Bowser semble attacher une grande importance à l'esprit de famille, en veillant aussi bien à défendre ses sbires que son fils chéri.

La possessivité malsaine peut parfois conduire l'antagoniste à devenir un allié temporaire. Dans plusieurs épisodes de RPG (*role-playing game*) de l'univers *Mario*, Bowser s'associe à Mario pour parvenir à ses fins et remettre la main sur la princesse Peach. Dans *Paper Mario : la porte millénaire* (2004), dévasté par la disparition de la belle, Bowser fera tout pour la retrouver, considérant qu'il est le seul à avoir « le droit de capturer Peach ». Huit ans plus tôt, Bowser et Mario font même explicitement équipe dans *Super Mario RPG: Legend of the Seven Stars* (1996), une fois encore pour sauver la princesse enlevée par un certain Smithy.

Permettre aux joueurs d'incarner un « méchant » devenu héros est une expérience grisante et une occasion en or de générer chez eux encore plus de sympathie à son égard. Cette idée est notamment au centre du *gamedesign* de *Mario & Luigi: Bowser's Inside Story* (2009), dans lequel les joueurs contrôlent un Bowser géant aux allures de *kaiju* en soufflant sur le micro de la console pour cracher du feu et détruire les châteaux ennemis.

Super Mario Bros.

À défaut d'avoir été le premier, le roi Bowser, aidé de ses innombrables déclinaisons, restera sans aucun doute l'antagoniste le plus marquant de l'univers *Mario*.

Lilie Bagage

BOWSER CRÈVE L'ÉCRAN

Ce boss des jeux vidéo a été incarné non pas une, mais deux fois sur grand écran. En 1993 tout d'abord dans *Super Mario Bros*, le regretté Dennis Hopper (*Easy Rider*, *Apocalypse Now*) donne corps à un roi Koopa très reptilien commandant une armée de dinosaures ayant évolué en humains ! Trente ans plus tard, le talentueux comédien-chanteur Jack Black (*Tenacious D*, *King Kong*) prête sa voix de rocker à un Bowser de synthèse dans *Super Mario Bros. le film* (2023), déclaration d'amour à l'univers coloré de Miyamoto.

CAPITAINE VIDAL

UN MONSTRE BIEN HUMAIN

Nom : Capitaine Vidal.
Œuvre : *Le Labyrinthe de Pan* (*El Laberinto Del Fauno*), 2006.
Créateur : Guillermo del Toro.

En pleine guerre d'Espagne, c'est dans un royaume surnaturel peuplé de créatures effrayantes que la jeune Ofelia va trouver la paix et fuir une horreur bien plus humaine et réelle : le capitaine Vidal, grand méchant du *Labyrinthe de Pan*.

Pour créer le capitaine Vidal, Guillermo del Toro reprend les grands codes du conte fantastique et en inverse le paradigme le plus fréquent. Bon nombre de contes les plus ancrés dans notre inconscient collectif reproduisent un schéma enfantin. Un personnage – très souvent une petite fille – se retrouve confronté à un problème lié au monde des adultes : la mère disparaît et le survivant refait sa vie avec une conjointe tortionnaire. Si la figure de la marâtre est la plus récurrente (la belle-mère de Cendrillon), elle n'est pas unique (prenez les Dursley pour Harry Potter). Le point commun est une destinée grandiose et/ou surnaturelle pour l'enfant délaissé. Une forme de promesse qui donne une touche d'espoir à tous les enfants lecteurs et spectateurs de ses aventures, perdus dans la réalité du divorce de leurs parents ou d'évènements bien pires encore. Dans *Le Labyrinthe de Pan*, c'est le père qui devient l'absent du récit. Un vide rapidement comblé par le dangereux et impitoyable capitaine Vidal, l'un des personnages les plus monstrueux d'une filmographie qui comporte insectes géants affamés, vampires et Grands Anciens mythologiques.

Militaire dans l'armée nationaliste qui mena l'insurrection contre le gouvernement espagnol pendant la guerre civile (1936-1939), Vidal est, à l'image de son leader, devenu dictateur, le général Franco. Mû par un idéal – vivre dans une Espagne « nouvelle et nettoyée » –, il rappelle à longueur de film qu'il est là par choix, que s'il doit tuer tous les rebelles

pour que tout le monde comprenne qui a gagné la guerre, il le fera. Homme de terrain, il n'hésite pas à être en première ligne, considérant que la mort sur le champ de bataille est la seule fin digne pour un homme comme lui (voir pour tout militaire). Tyrannique et colérique, il aime utiliser son statut comme un moyen d'assouvir ses caprices et exigences dignes d'un psychopathe. Il ne ressent aucun remords à écraser le crâne d'un homme, dont il se fiche de l'innocence probable, avec une bouteille de vin avant de l'abattre pour signifier à ses hommes que si la seule façon de gagner est de se salir les mains, alors il n'y a pas à hésiter. Son arme est la peur. Une arme qu'il utilise sans scrupule face à la jeune Ofelia. Il lui faut la briser, de la même façon qu'il le fait avec la résistance espagnole. Son crédo : l'ennemi doit accepter la réalité ou mourir. On peut également voir une parabole sur la guerre d'Espagne entre la relation qui oppose Vidal à Ofelia. Si lui est la personnification de Franco, Ofelia, elle, par son statut de princesse d'un monde féérique, représente la royauté qu'il faut à tout prix faire disparaître.

« Vidal » vient du latin *« vitalis »*. Il est donc la racine – littérale – de la vie et de la vitalité. La figure de la racine – souvent sous une forme effrayante – revient plusieurs fois dans *Le Labyrinthe de Pan*. Métaphoriquement, c'est le vieil arbre malade que doit soigner Ofelia en chassant le crapaud géant qui agit sur lui comme un cancer. C'est la racine de mandragore qui doit être trempée dans du lait afin de soigner la mère d'Ofelia de sa grossesse difficile avant d'accoucher de l'enfant du capitaine – là encore, on peut y voir une forme de tumeur.

Mais pourquoi est-il donc associé à un terme aussi positif que la vie elle-même ? Les racines obsèdent Vidal d'une certaine façon. Le capitaine ne se sépare jamais de la montre léguée par son père, mort au front et dont le bijou s'est arrêté à l'instant précis où ce dernier perdit la vie. Il est quelque part obsédé par ses racines familiales, puisqu'il veut ressembler et mourir comme son ancêtre, et léguer à son fils une grande Espagne dans laquelle il pourra grandir dignement. Mais il aime plus son futur fils comme une idée, une prolongation de l'héritage familial, que comme un être vivant. Lors de l'accouchement difficile que s'apprête à vivre la mère d'Ofelia, le capitaine prévient le médecin : « Si vous devez choisir, sauvez le bébé. Ce garçon portera mon nom, celui de mon père. » Si la mort a élu domicile dans l'ombre du capitaine Vidal, son histoire est pourtant le tuteur d'une puissante ligne de vie. Une ligne qui se brisera de façon ironique.

Quand Ofelia prend la fuite en emportant son petit frère, Vidal n'a aucun scrupule à abattre la jeune fille pour récupérer son fils. Mais il est mortellement blessé durant l'opération. Dans son dernier souffle, le capitaine demande à sa servante de léguer la montre familiale à son fils et de lui expliquer qui il était. La servante lui indique alors que le bijou sera jeté et que jamais l'enfant n'entendra parler de lui. L'histoire de cette famille sordide prendra fin avec lui. De plus, en tuant la jeune Ofelia, il permet à la jeune fille d'accéder au monde féérique dont elle est l'héritière du trône. Le terrible capitaine aura donc, dans un ultime accès de colère, permis à une racine royale de reprendre vie tout en éradiquant l'infamie symbolisée par la sienne.

François Rey

IL NE NOUS VEUT PAS DU BIEN

Ce n'est pas la première fois que Sergi López incarne un psychopathe. Acteur discret des cinémas espagnol et français au cours des années 1990 (un petit rôle dans *La Haine* de Mathieu Kassovitz en 1995, un premier succès avec *Western* de Manuel Poirier deux ans plus tard), il révèle un jeu terrifiant au possible dans *Harry, un ami qui vous veut du bien* (2000) de Dominik Moll. Déroutant, envahissant, ce méchant hitchcockien annonçait déjà le déterminisme et la cruauté dont allait faire preuve le capitaine Vidal.

Sergi López déjà d'un calme terrifiant dans *Harry, un ami qui vous veut du bien.*

CAPRICA SIX

LA FEMME EN TANT QUE MACHINE

Noms : Caprica Six, Numéro 6, Shelley Godfrey, Gina Inviere, Natalie, Lida.
Œuvre : *Battlestar Galactica* (2003-2009, Ronald D. Moore).
Interprète : Tricia Helfer.

Blonde au physique de mannequin, Caprica Six est l'un des principaux cylons humanoïdes créés pour infiltrer et anéantir l'humanité. Une intelligence artificielle qui se découvre finalement d'une grande humanité et s'offre l'un des plus beaux arcs de la série *Battlestar Galactica*.

Avec Gaïus Baltar (James Callis).

Personnage emblématique de la série *Battlestar Galactica* [1], Caprica Six est l'un des principaux modèles de cylons humanoïdes, et surtout celle par qui advient la destruction des 12 colonies. Infiltrée sur Caprica, la planète coloniale, Six entretient une relation avec Gaïus Baltar (James Callis), brillant scientifique qui détient des informations clés sur le système de défense colonial. Des informations qui permettent aux cylons de lancer des attaques nucléaires simultanées sur les 12 colonies, décimant des milliers de vies humaines en un instant.

Quelques instants avant l'attaque, Six révèle la vérité à Baltar et lui sauve la vie en le protégeant avec son propre corps. Elle meurt en sauvant celui qu'elle vient de trahir, un acte contradictoire qui présage de l'évolution du personnage tout au long de la série. Après sa mort, l'esprit de Six est transféré dans un nouveau corps du même modèle et elle devient une héroïne de guerre parmi les cylons qui la surnomment Caprica Six, la Six de Caprica.

À la différence de la série originale de 1978, dans laquelle ils sont des robots créés par un peuple reptilien disparu, les cylons sont ici une création humaine. Une idée qui renforce d'autant plus leur proximité avec les humains. Bien avant les événements de la série, ces intelligences artificielles se sont révoltées contre leurs créateurs, déclenchant une guerre d'une douzaine d'années. Après avoir signé un

[1] La série *Galactica* (créée par Glen A. Larson et diffusée en 1978 et 1979) a été rebootée en 2003 par Ronald D. Moore, avec une minisérie d'une durée de trois heures, suivie d'une série de quatre saisons, *Battlestar Galactica*.

armistice, les cylons disparaissent de l'univers connu. Au moment où la minisérie de 2003 débute, les cylons sont de retour, après 40 ans de trêve, pour anéantir la race humaine.

Si les cylons créés par l'homme étaient des robots mécaniques, ces derniers ont évolué pour créer une nouvelle forme de cylons humanoïdes capables de se faire passer pour des humains. On apprend au début de la série qu'il en existe 12 différents et l'un des enjeux est la découverte de l'identité de ces autres modèles humanoïdes infiltrés parmi les humains.

Pas de mystère sur la nature de Numéro Six [2] : elle est le premier cylon révélé, dès le début de la minisérie. Bien qu'il existe plusieurs modèles de Six, le rôle était caractérisé ainsi dans la bible de la série écrite par Ronald D. Moore : *« The woman as machine. »* Alors que tous les autres personnages, cylons compris, avaient une *origin story* [3] et des traits de caractère, l'auteur a décidé de ne décrire Six que par quatre mots. Une description certes sommaire, mais qui sied parfaitement au personnage tant Numéro Six incarne à merveille le concept de « la femme en tant que machine ».

Incarnée par le mannequin Tricia Helfer, Numéro Six est grande, blonde, mince, souvent en tenue sexy. Avec son apparence de femme fatale correspondant en tous points aux canons de beauté humains, elle est une machine conçue pour répondre aux désirs des hommes – et notamment ceux de Gaïus Baltar, afin de le manipuler et lui soutirer des informations. Incarnation littérale de la femme-objet, Six est définie par son utilité fonctionnelle. Du moins au départ. Dès lors qu'elle se sacrifie pour sauver Baltar, Six sort du rôle qui lui est assigné. Le personnage va ainsi évoluer tout au long de la série, développant des émotions et des sentiments humains qui dépassent sa fonction originelle.

Ses liens avec Baltar sont à ce titre l'un des arcs les plus passionnants de la série. Au départ simple mission d'infiltration et d'espionnage, leur relation se complexifie et devient plus profonde, bien que tumultueuse et contrariée. Le lien qui les unit est spirituel. Une version de Caprica Six apparaît ainsi à Baltar après la destruction des colonies : elle incarne tour à tour sa conscience, sa muse, son guide spirituel, mais aussi un personnage manipulateur qui continue à le tourmenter après l'apocalypse. De même, Caprica Six reste hantée par Baltar, qui lui apparaît également en visions.

Tiraillée entre sa condition de cylon programmé dans un but précis et son expérience auprès des humains, Caprica Six commence à douter des actions de son peuple. Son humanité s'éveille et se révèle, de même que son individualité. Six est capable de ressentir des émotions humaines, d'éprouver de la culpabilité, des remords, mais aussi de l'amour, jusqu'à tomber enceinte – une grossesse qui n'arrivera cependant pas à son terme. Découvrant et exerçant son libre arbitre, Caprica Six se libère de la prédestination et de sa fonction, et prône la cohabitation et la paix avec les humains.

L'arc et l'évolution de Caprica Six tout au long des saisons révèlent ses conflits internes la menant à une quête de sens, de rédemption et de dimension spirituelle dans un univers postapocalyptique désespéré. Brouillant la frontière entre la machine et l'humain, Caprica Six passe du statut de responsable de la destruction de la quasi-totalité de l'humanité à celui de défenseure de la paix et de la réconciliation avec les humains. De femme en tant que machine à machine qui devient femme.

Caprica Six n'est qu'un des nombreux modèles de Numéro Six qui jouent un rôle plus ou moins important dans la série, tous incarnés par Tricia Helfer. Si ce modèle a pour base une apparence et une fonction communes, leur parcours personnel leur donne une individualité et des enjeux différents.

Infiltrée sur le *Battlestar Pegasus*, Gina Inviere est découverte, puis torturée et violée en représailles. Sauvée par l'intervention de Baltar, Gina reste traumatisée et devient une martyre qui se suicide en faisant exploser une ogive nucléaire sur le Cloud 9. Shelley Godfrey apparaît brièvement dans la première saison et manipule également Baltar. Natalie Faust prend la tête d'une faction rebelle de cylons qui remettent en cause l'ordre établi et les actions des cylons.

Quelques autres modèles apparaissent dans la série ou les films qui en sont dérivés et ne sont pas tous nommés. Si l'apparence des Numéro Six diffère parfois, notamment leur couleur de cheveux, les Six restent le modèle le plus proche des humains, ce qui cause – souvent – leur perte.

Marie Casabonne

[2] Nommée ainsi en référence au personnage d'agent des services de renseignement britanniques nommé Numéro 6 et incarné par Patrick McGoohan dans la série *Le Prisonnier*.
[3] Histoire établissant l'origine d'un personnage, qui raconte généralement les éléments fondateurs de son caractère et de sa mission.

1992

La scène culte de l'interrogatoire.

CATHERINE TRAMELL

LE NOUVEAU VISAGE DE LA FEMME FATALE

Nom : Catherine Tramell.
Œuvres : ***Basic Instinct*** **(1992, Paul Verhoeven),** ***Basic Instinct 2*** **(2006, Michael Caton-Jones).**
Interprète : Sharon Stone.

Indissociable de Sharon Stone, l'actrice qui l'incarna, Catherine Tramell est une des antagonistes les plus mémorables. Puissante, séduisante et dangereuse, la riche et brillante romancière déroute les enquêteurs et les spectateurs, et réactualise le trope de la femme fatale.

« Catherine Tramell. 30 ans. Pas d'antécédents. Diplômée avec mention de Berkeley en 1983. Double licence de lettres et de psychologie. Fille de Marvin et Elaine Tramell, morts dans un accident de bateau en 1979. Unique héritière d'une fortune estimée à 110 millions de dollars. » Ainsi est présentée Catherine Tramell (Sharon Stone) par les policiers chargés d'enquêter sur le meurtre d'un homme qu'elle fréquentait. Johnny Boz, star du rock, a été retrouvé assassiné à coups de pic à glace. Et son amante Catherine Tramell est la principale suspecte.

Brillante, riche, séduisante et mystérieuse, Catherine Tramell a un passé trouble. Ses parents ont péri dans un accident de bateau, lui léguant une immense fortune. Son professeur de psychologie a été assassiné dix ans plus tôt à coups de pic à glace. Son ancien compagnon, un boxeur, est mort lors d'un combat quelques années auparavant. Catherine Tramell s'entoure d'anciennes criminelles : son amante Roxy a tué ses deux jeunes frères à l'âge de 16 ans et son amie Hazel Dobkins a poignardé à mort son mari et leurs enfants une trentaine d'années auparavant.

En menant l'enquête, l'inspecteur Nick Curran (Michael Douglas) tombe sous le charme de la suspecte, qui l'entraîne dans une relation passionnelle trouble, dans laquelle il perd rapidement le contrôle...

Si Catherine Tramell est un personnage aussi iconique, c'est qu'elle réactualise le trope[1] de la femme fatale. Archétype de personnage féminin présent dans les films noirs des années 1940 et 1950, la femme fatale est belle, irrésistible, intelligente mais aussi entreprenante, manipulatrice et dangereuse. Souvent désabusée, la femme fatale a une vision du monde réaliste, voire cynique. Indépendante, elle se concentre sur elle-même et l'argent est souvent au cœur de ses motivations. Elle ne recule devant rien pour parvenir à ses fins et ne craint pas de mener à leur perte les personnages masculins – bien au contraire.

La femme fatale connaît le pouvoir du sexe et s'en sert comme d'un moyen de pression, voire d'une arme, pour obtenir ce qu'elle veut. Elle n'est en revanche pas intéressée par l'idée de se marier et de fonder une famille, refusant de se conformer aux injonctions sociales. Catherine Tramell est sûrement l'une de celles qui poussent à l'extrême cette sexualisation et cette sexualité assumées. Sa bisexualité revendiquée – subversive à l'époque – et la multiplicité de ses partenaires des deux genres ajoutent au caractère sulfureux du personnage.

Tous ces éléments placent la femme fatale – et donc Tramell – hors d'atteinte des hommes : hors de leur compréhension, et surtout, hors de leur contrôle. Et c'est bien cela qui la rend effrayante et qui en fait une antagoniste parfaite.

Avec la sulfureuse Roxanne (Leilani Sarelle).

Catherine Tramell, par son physique, son attitude et son mode de vie, se sait observée et suspectée. Mais elle sait également qu'elle est intelligente – sûrement plus que ses adversaires. Dans ses échanges ou ses interrogatoires avec les enquêteurs, elle ne cherche pas à se disculper à tout prix et sème même parfois le doute, rappelant qu'elle écrit de la fiction, et qu'à ce titre, elle est experte dans l'art du mensonge. Impossible de ne pas mentionner la scène devenue culte de l'interrogatoire au cours duquel Tramell croise et décroise les jambes devant les policiers, dévoilant ainsi son anatomie intime[2] pour mieux les dérouter. Tramell ne perd jamais le contrôle des événements ni de la narration, même lorsqu'elle est interrogée, seule face à cinq hommes, dans une position de suspecte.

Dissimulant sa véritable nature, Tramell est émotionnellement froide et distante. Elle se construit un personnage, à l'image de ceux qu'elle écrit dans ses romans. Presque inhumaine par la maîtrise totale de ses émotions, elle parvient même à déjouer le détecteur de mensonges.

Cette personnalité complexe est en partie due à de possibles troubles psychiatriques, confirmés par un second volet largement oubliable, *Basic Instinct 2*[3]. Jugée pour sa responsabilité dans un accident de voiture qui a coûté la vie de son compagnon du moment, Catherine Tramell est diagnostiquée par des experts comme une menteuse pathologique ayant une addiction au risque, doublée d'une psychopathe avec un trouble narcissique de la personnalité.

La femme fatale cristallise ainsi les angoisses masculines de son époque, et notamment celle de l'émancipation des femmes, ayant acquis une indépendance financière en travaillant pour remplacer les hommes au front lors de la Seconde Guerre mondiale. Les films noirs de l'après-guerre, soumis au code Hays[4], s'achevaient donc généralement soit par un *happy end*, avec une femme fatale qui rentrait dans le rang, soit par une punition, la femme fatale finissant en prison – ou pire, morte.

Pourtant, rien de tout ça pour Tramell, innocentée. Catherine Tramell sort ainsi de la représentation traditionnelle de la femme fatale, en trouvant une issue différente des deux options habituellement réservées à cet archétype. *Basic Instinct* s'achève sur un *cliffhanger* : le plan du pic à glace sous le lit, sorte d'épée de Damoclès menaçant Nick Curran. Parce que, selon les propres mots de Tramell, il faut bien que quelqu'un meure à la fin.

Marie Casabonne

[1] Trope : terme anglais pouvant être traduit par « figure narrative » ou « archétype ».
[2] Ce qui n'avait pas été signifié à Sharon Stone lors du tournage, comme elle l'a révélé dans son autobiographie *The Beauty of Living Twice*.

[3] Par Michael Caton-Jones, 2006.
[4] Instauré en 1930, le code Hays établit ce qu'il est convenable de montrer à l'écran jusqu'en 1968, date à laquelle il est remplacé par le référencement cinématographique de la Motion Picture Association of America (MPAA).

CERSEI LANNISTER

FIGURE DE LA TRAGÉDIE *FANTASY*

Nom : Cersei Lannister.
Œuvres : Les romans de la saga *Le Trône de fer* de G. R. R. Martin depuis 1996, La série télé *Game of Thrones* (2011-2019).
Interprète : Lena Headey.

« Quand on joue au jeu des trônes, soit on gagne, soit on meurt. » Une des grandes forces de l'écriture de G. R. R. Martin est de servir des personnages à la psychologie complexe, indéniablement humains. La reine torturée du *Trône de fer* ne fait pas exception.

Cersei Lannister fait partie de la collection dithyrambique d'antagonistes issus du *Trône de fer*, la fameuse saga de *dark fantasy* écrite par G. R. R. Martin. Encore inachevée, cette saga a cependant bénéficié d'une adaptation télévisée en huit saisons (*Game of Thrones*) qui a contribué à sa renommée internationale et a inscrit sa galerie de méchants haute en couleur (Cersei en tête, interprétée par Lena Headey) dans les références incontournables en la matière, que ce soit dans la littérature ou l'audiovisuel.

La puissance du personnage de Cersei se situe dans son humanité. Tour à tour mesquine, orgueilleuse, mégalomane, l'unique fille des Lannister multiplie les défauts et les tares, sans pour autant devenir un génie du mal. Son vécu, les affronts, la douleur constante qu'elle doit endurer, et surtout ses nombreuses faiblesses morales, façonnent une méchante terriblement humaine, capable comme n'importe qui d'apparaître vulnérable face aux événements de la vie et de ressentir une affection certaine, malgré ses travers narcissiques. Cersei aime tout d'abord avec passion son frère jumeau Jaime, avec qui elle entretient une liaison incestueuse depuis le plus jeune âge. Elle éprouve un amour tout aussi fort pour leurs trois enfants, Joffrey, Myrcella et Tommen. Des bâtards avec lesquels elle jouera les mères louves, prête à tout afin de leur assurer un avenir royal, et faisant en sorte que ses bambins servent aussi ses ambitions personnelles.

Mais ces deux amours, incestueux et maternel, les seuls que Cersei estime réellement, ne lui attireront, au mieux, que de la déception et au pire, un désespoir sans fin.

Dans le roman, sa relation avec son frère se termine dès le quatrième tome, car Jaime, réalisant l'emprise que sa sœur exerce sur lui, préfère la fuir avec Ser Brienne de Torth pour partir à la recherche d'une des filles Stark. Dans la série, les scénaristes ont eu à cœur de conserver l'idylle incestueuse jusqu'au climax afin de mettre en scène la punition morale : Jaime et Cersei meurent ensemble dans une étreinte, écrasés sous les pierres de Port Réal comme sous le poids de leurs impardonnables erreurs.

Concernant leurs enfants illégitimes, si l'adaptation audiovisuelle va plus loin que dans les romans, leur histoire emprunte déjà dans le texte le même chemin funeste. De fait, vivant dans un monde où la magie a cours, Cersei considère avec grand sérieux toute prophétie qui lui est dévolue. Dès l'enfance, elle a tout appris de sa destinée tragique, entre ascension royale et chute brutale. Avant même d'être mariée à Robert Baratheon, la jeune Lannister savait donc que les enfants du roi ne seraient pas les siens ; elle-même en mettrait seulement trois au monde, qui hélas mourraient après avoir été couronnés d'or… Tout au long du récit, Cersei n'a de cesse de lutter contre ce destin qui cherche à s'imposer à elle. Certes, son fils aîné Joffrey collectionne les tendances psychopathes et représente un danger pour sa propre maison. Mais quand il meurt empoisonné en plein banquet, la peine de Cersei est immense ; Myrcella et Tommen mourront ensuite tour à tour, l'une par vengeance, l'autre par suicide sous influence. Et leur mère, désespérément humaine, finit inconsolable. Brisée.

Dans la série, Cersei est souvent représentée souriante, un verre de vin à la main, d'une arrogance sans limites quand elle arrive à ses fins. Néanmoins, ses plans échafaudés de longue date se retournent contre elle, donnant raison à Tywin Lannister, son père, qui la juge trop impatiente et incapable d'imaginer les conséquences à long terme de ses actes. La fameuse scène de la « marche de l'expiation » est le point d'orgue de sa descente aux enfers. Comment ne pas ressentir de l'empathie pour cette reine, aussi cruelle soit-elle ?

Son ambition démesurée est finalement sa plus grande qualité, lui permettant de se libérer du carcan sexiste du monde dans lequel elle évolue, très inspiré de l'Occident médiéval dans lequel les femmes sont mariées de force et ne possèdent que peu de pouvoir sur leur propre vie. Mais ce trait de caractère sera aussi celui qui la conduira à sa perte, rattrapée inexorablement par le déterminisme de l'infâme prophétie. Son manque de maturité émotionnelle n'est pas non plus étranger aux remous de son existence ; l'actrice Lena Headey a en effet déclaré jouer Cersei comme « l'esprit d'une jeune fille de 15 ans rebelle » piégée dans le corps d'une adulte, tentant autant que faire se peut de donner le change à la cour. Avec plus ou moins de succès…

Lilie Bagage

CHRISTINE

SHINY AND CHROME

Nom : Christine.
Œuvres : *Christine* (livre, 1983, Stephen King), *Christine* (film, 1983, John Carpenter).
Modèle : Plymouth Fury '58.

Arnie est amoureux de Christine. Il ne pense plus qu'à elle, se détourne de ses proches et a radicalement changé depuis qu'il la fréquente. Christine est belle, mais elle est aussi jalouse et dangereuse. Mais surtout, Christine est une voiture.

Méchante atypique de cette anthologie, Christine est une voiture. Plus précisément, une Plymouth Fury modèle 1958 rouge, dans le roman de Stephen King comme dans son adaptation au cinéma par John Carpenter. Arnie Cunningham est quant à lui un adolescent timide et maladroit, l'archétype du geek à lunettes harcelé par la brute du lycée. Il tombe sous le charme de cette voiture délabrée qu'il aperçoit dans le jardin d'un vieil homme. Malgré la désapprobation de son ami Dennis et de ses parents, il achète ce tas de ferraille, qu'il retape dans le garage de Will Darnell, un garagiste qui lui cède des pièces en échange de petits boulots pour lui.

Obsédé par sa voiture, Arnie s'éloigne de Dennis et de ses parents et devient de plus en plus cynique et détaché de tout. Plus rien ne semble l'intéresser en dehors de Christine. Fait étrange, l'apparence d'Arnie change et s'améliore autant que celle de sa voiture au fil des réparations. Le lycéen retire ses lunettes, change de style vestimentaire et devient plus sûr de lui. Au point qu'il réussit à sortir avec la plus jolie fille du lycée, Leigh, qui éprouve bien vite un sentiment de malaise pour Christine. Elle ressent une rivalité face à cette voiture qui, elle le sent, n'est pas comme les autres. La jeune fille a raison, puisque Christine, ne voyant pas cette relation d'un bon œil, tente de la tuer en la faisant s'étouffer.

Une série d'accidents et de meurtres se produit sous les roues de Christine. Les vitres teintées laissent planer le doute quant à la présence d'Arnie au volant lors des crimes, avant qu'il ne succombe lui-même aux assauts de la voiture.

Le passé de Christine est pour le moins trouble. Dans le roman de King, Arnie achète Christine à Roland LeBay, un homme dont la fille et la femme sont mortes dans la voiture et qui meurt lui-même peu après. Chez King, le corps en putréfaction de LeBay hante l'habitacle pour assouvir sa folie meurtrière à travers Arnie. Dans le scénario de Bill Williams pour le film de Carpenter, Arnie achète la voiture à George LeBay, frère de Roland, déjà mort dans cette version de l'histoire. Par peur du ridicule de l'image à l'écran, Carpenter décide de ne pas faire apparaître le cadavre dans le rétroviseur. La grande trouvaille du réalisateur et de son scénariste est de faire de Christine l'incarnation du mal absolu, encore une fois[1].

En supprimant l'esprit de l'ancien propriétaire de la voiture, Carpenter donne à Christine une autonomie, une volonté et une véritable âme. L'identité de la machine est renforcée par les choix de mise en scène du réalisateur, qui anthropomorphise la Plymouth. Les phares deviennent ses yeux, sa carrosserie déformée esquisse un sourire, ses vrombissements sont sa voix. Et surtout, des plans en vue subjective lors des attaques de Christine achèvent de donner vie à cette créature démoniaque.

Dans la scène d'ouverture du film, on assiste à la naissance de Christine dans la chaîne de montage d'une usine à Detroit en 1957. Seul modèle rouge au milieu de tous les autres d'une blancheur immaculée, Christine affirme déjà son individualité. Un technicien s'approche d'elle pour effectuer des contrôles en soulevant son capot. Christine répond aussitôt à cette agression en « mordant » la main baladeuse de l'ouvrier. Le lendemain, un autre est retrouvé mort sur le siège du conducteur. À chacun des crimes de Christine, son autoradio se lance seul et joue des vieux tubes de rock'n'roll – *Bad to the Bone* de George Thorogood lors de l'ouverture du film annonce la couleur.

Ainsi, à chaque « aggression », Christine répond, se défend et se venge. La voiture devient véritablement autonome, jusqu'à une scène d'anthologie dans laquelle Christine, ravagée par la bande qui harcèle Arnie, se reconstruit devant son propriétaire, qui lui lance un « *show me*[2] » digne d'un client de club de strip-tease. La tension sexuelle est évidente et ce n'est plus Arnie qui possède Christine, mais bien l'inverse.

Véritable chronique adolescente, *Christine* est truffé de références au passage à l'âge adulte – Christine elle-même a 21 ans lorsqu'elle « rencontre » Arnie en 1978. Des blagues graveleuses des ados sur la perte de leur virginité au sous-texte sexuel, à peine voilé, de la relation entre Christine et Arnie, *Christine* évoque autant la masculinité toxique que la frustration sexuelle de ses personnages. Si elle est un symbole sexuel, la voiture n'est pas représentée comme l'habituel substitut phallique : Christine est un véritable corps féminin, que les personnages masculins ne cessent de toucher.

Christine, surtout dans sa version carpenterienne, fait aussi figure de satire de la société de consommation. Carpenter y dénonce le mal à la racine, dès sa conception sur les chaînes de production de l'usine, jusqu'à la fascination des Américains pour leurs voitures, dans un contexte de chocs pétroliers et de pénuries d'essence.

Enfin, à l'instar de Haddonfield dans *Halloween*, John Carpenter invente à nouveau une petite ville californienne, en transposant l'action du roman de Pittsburgh à Rockbridge, banlieue imaginaire idéalisée peu à peu rongée par le mal, cette fois sous la forme d'un véhicule démoniaque.

À la fin du film, Christine, détruite compactée, émet un dernier sursaut, à l'instar des tueurs des *slashers*. Si le film n'a pas eu de suite, Christine est tout de même réapparue en 2017, le temps d'un clip mis en scène par John Carpenter lui-même, sorti de sa retraite pour accompagner la sortie de son album *Anthology: Movie Themes 1974-1998*. Un dernier pied de nez promotionnel dans lequel apparaît le maître de l'horreur en personne au volant de la voiture maléfique, increvable elle aussi.

Marie Casabonne

[1] Voir page 130 consacrée à Michael Myers, autre figure du mal absolu dans le cinéma de John Carpenter.

[2] « Montre-moi. »

Glenn Close dans l'adaptation filmée de 1996.

CRUELLA D'ENFER
LA FOLIE DEVENUE TENDANCE

Noms : Cruella d'Enfer, Ella, Cruella Feinberg, Estella von Hellman/Miller.
Œuvres : *Les 101 Dalmatiens* (1961 et 1996), *Les 102 Dalmatiens* (2001), *Once Upon a Time* (2011-18), *Cruella* (2021).
Créateur : Dodie Smith, dans son roman *Les 101 Dalmatiens* (1956).

Concernant Cruella d'Enfer, difficile d'être plus explicite que dans la chanson éponyme : « Chacun a le frisson/Dès qu'il la voit [...]/Cruelle, cruelle diablesse. » La méchante mythique des *101 Dalmatiens* ne cache pas ses intentions.

Comme beaucoup de personnages développés par Disney, la diabolique Cruella ne fait pas exception : elle trouve ses origines dans la littérature, *Les 101 Dalmatiens* de 1961 étant une adaptation assez fidèle d'un ouvrage jeunesse publié quelques années plus tôt par la romancière et dramaturge britannique Dodie Smith.

Si dans le texte initial, Cruella De Vil est dépeinte comme quelqu'un de calme, qui ne cède donc pas facilement à la vulgarité et à la colère, les motivations et certaines autres caractéristiques du personnage sont déjà fixées : femme d'apparence fortunée, Cruella est obsédée par tout ce qui se rapproche de près ou de loin de la fourrure. Dans le livre, elle s'est d'ailleurs mariée à un fabricant et le contraint à conserver ses confections chez eux au lieu de les vendre pour pouvoir assouvir ses penchants. Alors, quand elle apprend l'existence de la portée de dalmatiens du couple Dearly, elle se met à rêver de manteaux dans ce pelage blanc et noir qu'elle ne possède pas encore. Désireuse d'acquérir les chiens de façon honnête, la « cruelle diablesse » se tournera finalement vers le larcin quand sa proposition commerciale essuiera un refus des propriétaires.

Le film d'animation de Disney en 1961 étoffe quelque peu le portrait de cette grande méchante et pose des bases qui seront alors reprises dans les adaptations ultérieures. Tout comme la couleur de ses cheveux, Cruella aime la vie en noir et blanc : l'entre-deux n'existe pas, l'extrémisme est la seule règle qu'elle suit. Chez De Vil (jeu de mots avec *devil* = diable, vivant en enfer, d'où le nom choisi pour son patronyme en version française), le mécontentement ne peut s'exprimer que par des gesticulations sans fin. Cruella occupe encore plus pesamment l'espace sonore : elle hurle à n'en plus finir. On ne peut rien refuser à cette mégère hystérique, au risque de s'en attirer les foudres et… de perdre grandement en niveau d'audition. Son comportement extrême rappelle d'ailleurs celui d'une autre grande méchante de la littérature anglaise : la Reine de Cœur d'*Alice au pays des merveilles*, de Lewis Carroll, adepte des crises de fureur aveugles et des condamnations à mort impromptues (« Qu'on lui coupe la tête ! »).

La version iconique du dessin animé de 1961.

Emma Stone en Cruella (2021).

Au fil du récit, Cruella laisse libre cours à sa folie, la laissant totalement déborder au volant de sa voiture de luxe, ce qui permettra d'ajouter le qualificatif de « dangereuse conductrice » à sa description. Et c'est ce dernier travers qui causera sa perte : dans *Les 101 Dalmatiens*, les gentils gagnent parce que la méchante se met elle-même hors-jeu ! Sa voiture en miettes, sa fourrure détruite, Cruella fond en larmes, défaite par ses propres excès. Son incapacité à en prendre conscience en fait une parfaite antagoniste de comédie : échouant à répétition pour le plaisir du public.

Qu'il s'agisse de la version animée de 1961 ou de celle en prises de vues réelles de 1996 (avec Glenn Close interprétant le personnage), les films restent évasifs quant au passé ou aux relations tissées par la diablesse. Il faudra attendre le long métrage de 2021, avec une détonante Emma Stone en jeune Cruella, pour que le personnage reçoive alors un traitement plus approfondi.

Enfant, Cruella s'appelait Estella Miller et possédait déjà un tempérament bien trempé. Enchaînant les 400 coups, la petite se fait exclure de plusieurs établissements scolaires, au grand dam de sa mère aimante, Catherine, qui ne sait plus quoi faire de ce démon en herbe. Le récit esquisse alors l'existence de la folie chez Estella, dont la part sombre et rebelle (à l'image d'une dissociation de personnalité) est surnommée Cruella. Le scénario n'est pas tendre avec la fillette qui devient brutalement orpheline et pense être à l'origine de la mort de sa mère. Livrée à elle-même, refoulant sa culpabilité, Estella trouve refuge auprès de deux garçons, Jasper et Horace, avec lesquels elle forme un trio de cambrioleurs. La créativité et l'intrépidité sans bornes de la gamine la font exceller dans le vol à la tire et les combines louches à base de déguisements en tout genre. Estella grandit et, de fil en aiguille, se fait embaucher dans une maison de couture par une baronne qui se trouve avoir au cou le collier de sa défunte mère. Afin de se rapprocher de cette femme et de récupérer le bijou, Estella laisse de plus en plus de place à Cruella, son autre personnalité, plus rock & roll mais aussi plus violente, jusqu'à ce que les derniers événements fassent disparaître à jamais sa personnalité de surface. Le récit fondateur de Cruella est à la fois une révélation de potentiel, mais aussi une histoire d'acceptation. Celle d'une nature profonde, révoltée et révoltante, qui aime choquer pour marquer les esprits, au mépris des conventions sociales et des autres, car Cruella ne fait pas grand cas de Jasper et Horace, qu'elle ridiculise et manipule juste assez pour les garder près d'elle, sous sa coupe. Laissée pour morte dans un incendie, Estella meurt ainsi dans les flammes et seule la personnalité combative de Cruella a la force de revenir à la vie. Sa vengeance consommée, la diablesse adopte définitivement son célèbre patronyme (De Vil, issue d'une plaque d'immatriculation de voiture volée) et hérite du manoir Hellman Hall, dans lequel elle installe ses quartiers en compagnie de ses sbires et de ses chiens : des dalmatiens, eux aussi récupérés dans les possessions de sa véritable génitrice. Une méchante, fière de l'être, est née.

Lilie Bagage

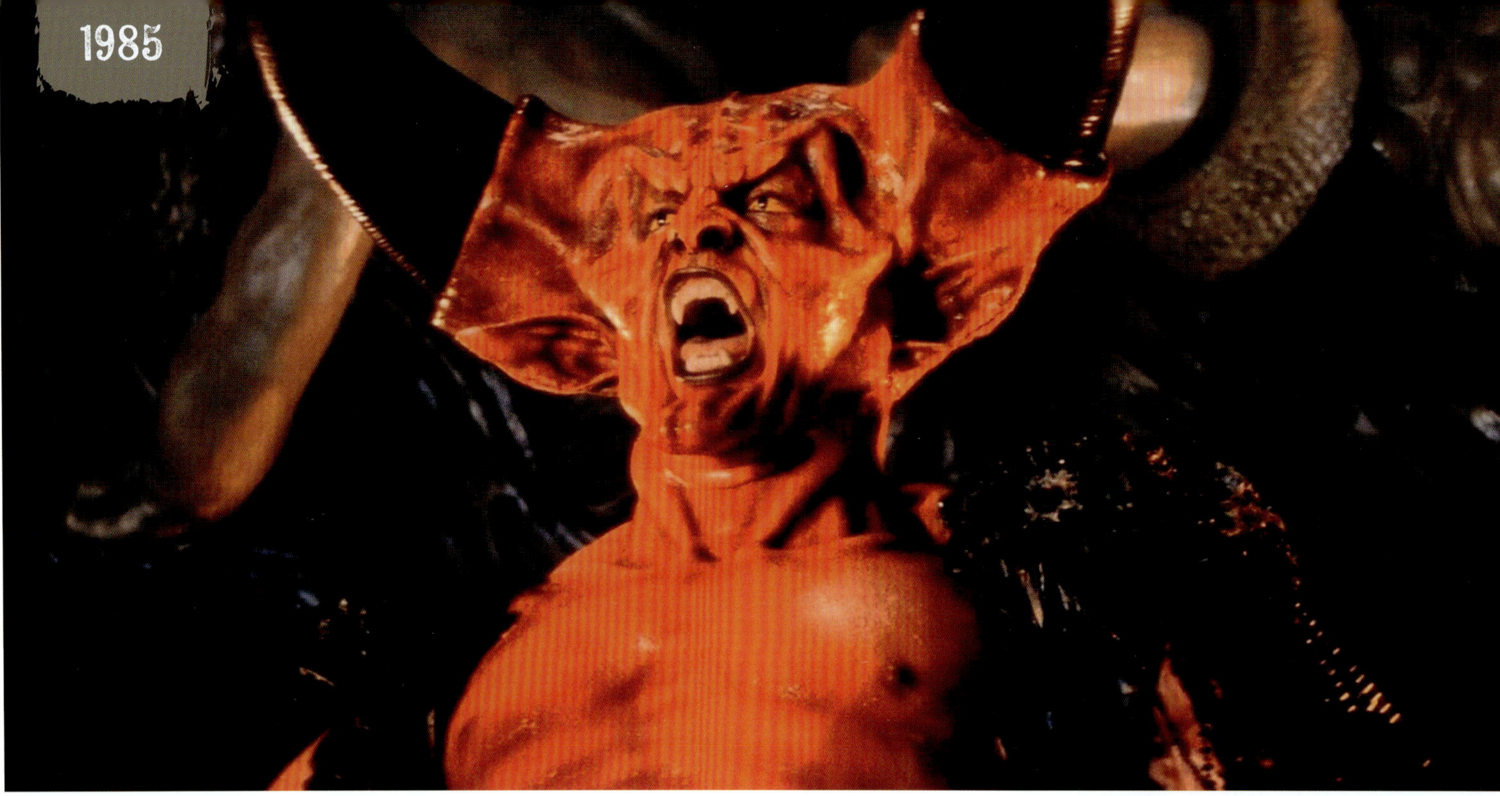

DARKNESS

LA LÉGENDE DES TÉNÈBRES

Nom : Le seigneur Darkness.
Œuvre : *Legend* (1985, Ridley Scott).
Interprète : Tim Curry.

Quand le réalisateur derrière les succès d'*Alien* et *Blade Runner* s'associe à la star montante Tom Cruise, tout porte à croire que *Legend* et son méchant emblématique, le seigneur Darkness, vont marquer l'histoire du cinéma fantastique.

Une peau rouge carmin luisante, des cornes gigantesques, une attitude à la fois terrifiante et séduisante, le seigneur Darkness est l'élément mémorable de *Legend* (1985)… pourtant vite tombé dans l'obscurité. À la suite du succès de *Conan le Barbare*[1], les années 1980 deviennent le terreau de la *fantasy* au cinéma, dont la frontière avec l'horreur est épaisse comme du papier à cigarette. Avant que Peter Jackson ne la ressuscite à l'aube des années 2000 en portant le monde de Tolkien à l'écran, la *fantasy*, du Disney *Taram et le chaudron magique* (1985) à *Willow* (1988) en passant par les films de Jim « Muppet Show » Henson, *The Dark Crystal* (1982) et *Labyrinth* (1986), fut dirigée vers les limbes de l'oubli, prédominée par une obscurité omniprésente.

L'obscurité, il en est justement question dans l'échec cuisant de *Legend*[2], qui aurait pu couper court à la carrière du jeune Tom Cruise. Une obscurité dominée et incarnée par son méchant emblématique, le seigneur Darkness, dont le carton introductif établit « clairement » les intentions : « Il y a bien longtemps, avant que le temps n'existe, le monde était englouti par l'obscurité. Puis vint la splendeur de la lumière, apportant vie et amour dans l'univers, et le seigneur Darkness se retira au plus profond

[1] Voir le portrait de Thulsa Doom, page 196.

[2] Le film fut incompris. Quelle que soit sa version (il existe au moins quatre montages différents, dont l'américain remplaçant la musique de Jerry Goldsmith par celle du groupe Tangerin Dream), *Legend* est un grand film de *fantasy*.

des ombres de la terre, complotant son retour au pouvoir... en bannissant la lumière à jamais. » *Legend* n'échappe pas aux archétypes du conte de fées : pour dominer le monde, le méchant doit tuer une licorne afin de séduire et corrompre une princesse à la pureté virginale dont le seul espoir de survie repose sur un jeune et valeureux héros. Ridley Scott s'adjoint les services du scénariste William Hjortsberg pour revisiter ces archétypes et les adapter à sa vision plus sombre et charnelle. Le seigneur Darkness en devient la pièce maîtresse.

Pour se transformer en Darkness, Tim Curry passe plus de cinq heures par jour sur la chaise de maquillage entre les mains de l'équipe mise en place par Rob Bottin, le responsable des effets spéciaux, qui se surpasse une fois de plus. L'acteur disparaît complètement sous un plastron qui lui recouvre l'intégralité du torse et sous les cornes de plus de 90 centimètres qui ornent le crâne du seigneur des ténèbres. Pourtant, l'acteur que Ridley Scott choisira après avoir vu son interprétation du Dr Frank-N-Furter dans *The Rocky Horror Picture Show* (1975) réalise tout de même la performance de faire ressortir une certaine humanité derrière le démon. Le spectre des émotions qui passent sur le visage de Darkness est saisissant. C'est un personnage animé par la haine, qui enfouit une rage profonde et qui dans un même temps est tout aussi capable de laisser transpirer un puissant pouvoir de séduction afin de manipuler son entourage.

Darkness est un démon pourvoyeur de la tentation et de la luxure qui sommeille en chacun de nous. Il est une métaphore des perversions que nous reléguons dans l'obscurité. Le rouge omniprésent sur le corps de Darkness est la couleur du désir charnel et ses cornes proéminentes, celles de l'énergie sexuelle. En opposition, la licorne est la symbolisation de la pureté, tout comme l'est la jeune princesse Lily (interprétée par Mia Sara). Cette créature légendaire est déjà présente dans l'Ancien Testament en tant que symbole de virginité, créant ainsi une dimension religieuse entre Darkness (le diable) et la princesse Lily (la vierge). De plus, il est intéressant de noter que dans *Blade Runner*[3] (1982), la licorne possède déjà cette signification de l'épanouissement sentimental et sexuel et – de façon plus controversée – la symbolisation de l'âme (artificielle ou non). Darkness serait donc un destructeur d'âme, et donc de la vie. Lorsqu'il veut « bannir la lumière à jamais », il cherche en finalité à éliminer la moindre forme de vie.

Afin de détruire le soleil et de plonger le monde dans une obscurité éternelle, Darkness invoque ses sbires et leur ordonne de couper les cornes d'un couple de licornes en utilisant un être innocent comme appât : la princesse Lily. Le plan ne réussissant qu'à moitié (seule la licorne mâle se voit arracher son attribut – là encore, l'imagerie sexuelle est très présente), Darkness, séduit par Lily, capture, séquestre et hypnotise la princesse afin de la faire sienne en attendant l'opportunité de capturer la licorne femelle.

Lors d'une scène que la production coupera avant même qu'elle soit tournée, Ridley Scott prévoyait de faire copuler Darkness et la princesse Lily plein cadre, après que cette dernière a succombé à la tentation et à la corruption du monstrueux seigneur. Le tout sous les yeux de jeune Jack (Tom Cruise) venu la délivrer de l'emprise du démon ! Plus édulcorée dans sa version finale, la corruption de Lily n'en reste pas moins équivoque. Le consentement, Darkness n'en a que faire.

Vaincu lorsque Jack lui poignarde l'abdomen en utilisant la corne de la licorne estropiée comme un poignard, Darkness meurt mais disparaît-il réellement ? Il ne faut pas oublier son ultime tirade à la théâtralité marquante : « Qu'est-ce que la lumière... sans l'obscurité ? Qu'êtes-vous... sans moi ? Je fais partie de vous tous. Vous ne me vaincrez jamais. » Une façon pour Ridley Scott de nous rappeler que certains démons sommeilleront toujours en nous.

François Rey

[3] Ridley Scott et William Hjortsberg travaillent sur le scénario de *Legend* depuis plusieurs années, y compris pendant que Scott tourne le chef-d'œuvre de science-fiction mettant en scène Harrison Ford.

DARK VADOR
LES CHEMINS DE LA RÉDEMPTION

Noms : Dark Vador, Seigneur Vador, Darth Vader (VO), le Seigneur noir des Sith, Anakin Skywalker.
Œuvres filmiques : La saga *Star Wars*, dont : *La Revanche des Sith* (2005, George Lucas), *Rogue One* (2016, Gareth Edwards), *Un nouvel espoir* (1977, George Lucas), *L'Empire contre-attaque* (1980, Irvin Kershner), *Le Retour du Jedi* (1983, Richard Marquand).
Interprètes hors costumes : Sebastian Shaw (*Le Retour du Jedi*), Hayden Christensen (autres œuvres).

Personnage central de la saga *Star Wars*, Dark Vador est le méchant le plus populaire de l'histoire du cinéma. Sa respiration emblématique, ses répliques culte et son design inoubliable ont fait du Seigneur noir des Sith une icône de la *pop culture*.

Créé par George Lucas qui en fait en 1977 l'antagoniste principal de *La Guerre des étoiles*[1], Dark Vador est le personnage le plus complexe de la galaxie lointaine, très lointaine. Dans le premier film sorti sur les écrans, Vador est un méchant archétypal de science-fiction (force surdéveloppée, pouvoir magique, statut d'icône par l'armure et l'épée utilisées). Il faut attendre *L'Empire contre-attaque* (1980) pour que le personnage gagne une profondeur shakespearienne et que les spectateurs aperçoivent les prémices d'un méchant dont la tragédie cristallise la lutte éternelle entre le bien et le mal.

Si les officiers impériaux font parfois preuve de condescendance à l'égard de Vador, qu'ils craignent plus qu'ils ne le respectent, le Seigneur noir des Sith fait l'unanimité au sein des troupes. Les soldats impériaux éprouvent une admiration sans faille pour ce leader qui n'hésite pas à se retrouver au cœur d'une bataille, que ce soit sur terre ou dans l'espace, aux commandes de son chasseur TIE personnalisé. En témoigne de cette audace son apparition finale dans *Rogue One* qui, en l'espace de quelques secondes, voit le Seigneur Sith exposer sa détermination à atteindre ses objectifs, tout en laissant exploser une rage qui fait trembler les rares survivants rebelles ayant croisé son chemin. Car si Vador inspire l'admiration de ses hommes, il instaure la peur chez l'ennemi. Par sa réputation mais aussi par le design de son armure, éléments essentiels à la construction de sa légende.

[1] Avant que le titre soit uniformisé en *Star Wars, Épisode IV : Un nouvel espoir.*

Dans la construction d'un mythe, l'apparence est primordiale. Dans le cas de Dark Vador, elle va même participer à l'écriture du personnage tel que nous le connaissons depuis toujours. Ralph McQuarrie, un illustrateur et designer de nombreux éléments de la première trilogie *Star Wars*, explique que George Lucas, qui a situé la plus grande partie de son intrigue dans le désert de Tatooine, influencé par le film *Lawrence d'Arabie* (1962, David Lean) et le roman *Dune* (1965, Frank Herbert), « voyait un personnage drapé d'une robe de soie volant au vent, le visage recouvert également de soie noire et affublé d'un casque massif, comme ceux des samouraïs des films de Kurosawa[2] ». Lucas demande ensuite qu'on lui ajoute un masque et un système de respiration artificielle. Le styliste John Mollo et le responsable des costumes Ron Beck ajoutent quelques éléments inspirés de tenues allemandes des deux guerres mondiales et le tour est joué.

Si McQuarrie imaginait Dark Vador comme « un personnage petit, recroquevillé, à l'apparence de rat », la finalité est bien différente. Pour endosser le costume massif du Seigneur des Sith, George Lucas fait appel au culturiste et acteur David Prowse. Dans les deux suites de la trilogie originelle, les combats au sabre laser demandant plus de chorégraphie, c'est l'escrimeur et maître d'armes Bob Anderson qui enfilera le casque le temps de ces courtes scènes. Si Vador en impose visuellement, sa voix doit également assoir sa présence. Lucas abandonne Orson Welles, son premier choix, au profit de James Earl Jones[3], moins connu mais au timbre tout aussi imposant que celui du réalisateur de *Citizen Kane* (1941).

Autrefois Anakin Skywalker, un chevalier Jedi tombé du côté obscur de la Force, l'armure de Dark Vador est la métaphore d'un personnage qui, par la mauvaise gestion de ses émotions, a perdu toute forme d'humanité. C'est ce qui fait la puissance

Encore Anakin Skywalker (Hayden Christensen) et en fin de vie (Sebastian Shaw).

du personnage dans une longue tradition de héros devenus méchants dans les films qu'affectionne George Lucas : le colonel Nicholson du *Pont de la rivière Kwaï* (1957, David Lean) interprété par Alec Guinness (qui endossera le rôle d'Obi-Wan Kenobi) ou encore Charles Foster Kane dans *Citizen Kane*. L'histoire de Dark Vador est celle de la chute du plus innocent des hommes, de sa longue traversée de l'enfer et de sa rédemption.

Si son nom résonne dans la galaxie comme celui d'un terrifiant fléau, Dark Vador est en réalité un homme consumé par la haine à la vie triste et pathétique, prisonnier de l'emprise que possède l'empereur Palpatine sur lui. La lumière intervient lorsqu'il découvre l'existence d'un fils, Luke Skywalker. Vador veut utiliser Luke comme allié pour détruire l'empereur Palpatine. Cloîtré dans sa sinistre et iconique armure, Dark Vador est surtout prisonnier de ses luttes intérieures. Condamné à errer du côté obscur de la Force, il ne voit Luke que comme un outil armé de sa libération. C'est finalement l'amour pour son fils et ses ultimes résidus de compassion qui auront raison de lui. C'est dans ce lien familial que se trouve l'« arme » qui permet à Vador de terrasser l'empereur.

Lorsqu'à la fin du *Retour du Jedi*, Luke retire son masque à son père retrouvé, il conjure métaphoriquement un sort. Dark Vador n'est plus. Anakin le Jedi est revenu.

François Rey

[2] Toutes citations de cet article : *Star Wars: From Concept to Screen to Collectible*, 1992, Stephen J. Sansweet.

[3] Voir les portraits de Scar (page 178) et de Thulsa Doom (page 196).

1990

Incarné par Edward Norton dans le film *Alita : Battle Angel* de Robert Rodriguez.

DESTY NOVA

LE SCIENTIFIQUE RENÉGAT

Nom : Desty Nova.
Œuvres : *Gunm* (manga, 1990-1995), *Gunm Last Order* (manga, 2000-2014).
Créateur : Yukito Kishiro.

Dans un monde dystopique, cyborgs et humains tentent de survivre malgré les disparités sociales. Au milieu de tout cela s'élève un homme, scientifique avide de connaissances et à la morale discutable : Desty Nova.

À la suite d'une chute de météorites, le monde est divisé. La cité de Zalem est maintenue par d'épais câbles, sans possibilité d'y accéder. Là-haut vit l'élite, tandis qu'en bas, sur la terre ferme, se trouvent bidonvilles, violence et le vain espoir de pouvoir un jour se payer un aller simple pour Zalem. C'est là, au milieu des décharges, qu'un spécialiste en cybernétique, Ido, va trouver les restes d'un cyborg, qu'il va baptiser Gally. La jeune femme se montre rapidement puissante, dotée de réflexes hors du commun et de capacités aiguës pour le combat. Sans mémoire, elle va tenter de survivre et de comprendre qui elle est…

Il n'est pas rare que certains antagonistes se construisent en parallèle de leur héros. Sans Gally, Desty Nova aurait

continué ses expériences sur les robots, sur le karma, sur la prédestination des hommes. Mais aurait-il trouvé l'un des cerveaux les plus adéquats pour ses expériences ? Difficile à dire. Toujours est-il que Desty Nova est l'archétype du scientifique sans moral, du savant fou, mis au ban de Zalem à cause de ses penchants pour les expériences sur les êtres humains. Sa chute est aussi symbolique que physique : de Zalem en hauteur, on le découvre sur Terre, dans les restes d'un laboratoire qui s'apparente aussi bien à une décharge qu'à un cabinet de curiosités des horreurs. Cerveaux rattachés à des tubes, carcasses de cyborgs, éléments biologiques côtoient la cybernétique, montrant par l'image l'étendue des tâtonnements du scientifique.

Captivé par la nanotechnologie, Desty Nova façonne des corps cybernétiques à partir de cerveaux vivants. Son but est de manipuler le karma, l'idée selon laquelle tout acte (qu'il soit pensé, exprimé, accompli, bon ou mauvais) a une conséquence, afin de voir comment vont évoluer ses cobayes s'il les pousse à aller à l'encontre de leur karma. En parallèle de cela, Desty Nova s'est injecté de nombreuses nanomachines, contribuant à sa régénération physique et à sa survie quand Gally tente de le tuer d'un large coup de lame.

Vie et mort ne semblent pas avoir d'emprise sur lui. Il se joue des contraintes physiques, au point de survivre à une décapitation en se faisant greffer son visage sur le ventre. Il faudra attendre la suite de *Gunm, Last Order*, pour découvrir que Desty Nova est en réalité le fruit d'une expérience scientifique pour créer des individus surintelligents.

Desty Nova cultive l'ambiguïté : on le perçoit d'abord comme un scientifique sans moral, mais utilisant Gally pour ses objectifs et acceptant gracieusement (en apparence) de ramener Ido à la vie si elle l'aide ; puis comme un être à l'intelligence affûtée ne voyant en l'humanité que des sujets d'expériences et se plaçant au-dessus d'elle. Seul son amour pour le flan le rend encore légèrement sympathique aux yeux des lecteurs. Mais lorsqu'il se transforme en « Super Nova », des suites de nombreux événements impliquant sa mort, puis sa résurrection grâce à la récupération d'une puce présente dans son cerveau, il perd son amour pour le dessert, tout comme ses émotions.

Comme souvent avec les savants fous, ils ont trouvé en leurs proches des sujets d'expériences faciles d'accès. C'est aussi le cas de Desty Nova. Son fils, Kaos, est d'abord présenté comme cyclothymique avant que le lecteur ne découvre qu'il était schizophrène. D'un côté, il y a Kaos, de l'autre, sa seconde personnalité, Den. Desty Nova a tenté de séparer les deux entités, donnant un corps de métal à Den. Le but du scientifique n'est pas altruiste : il souhaitait voir comment agirait Den s'il possédait son propre corps et son propre karma. Une expérience de plus, qui laisse malheureusement des traces, tant en Kaos qu'en Den.

La liste des créations de Desty Nova est longue, car il voue son existence à chercher des moyens de manipuler le karma, de façonner des cobayes pour les étudier. Outre le fait qu'il met sur la route de Gally de nombreux ennemis (autant pour la tester elle que ses créations), il va aussi être à l'origine d'Ouroboros, un logiciel dévastateur capable de détruire mentalement chaque être vivant. Desty Nova continue d'aller plus loin. Il n'a absolument aucune limite et semble ne pouvoir être arrêté que par sa destruction complète puisque la mort n'a pas d'emprise sur lui.

On sait d'ailleurs d'où vient le nom de Desty Nova : du groupe Blue Öyster Cult et d'un morceau nommé *Astronomy*. L'auteur ne cache en effet pas son amour pour le rock des années 1970 ou pour le groupe. Un clin d'œil sympathique pour ce scientifique dont le fils ne vit que pour la musique et les ondes.

Bénédicte Coudière

1997

Diablo II Resurrected.

DIABLO

L'INÉBRANLABLE CORRUPTION

Noms : Diablo, ou Al-Diabolos, le seigneur de la Terreur.
Œuvres : ***Diablo*** **(1997),** ***Diablo II*** **(2000),** ***Diablo III*** **(2012),** ***Diablo IV*** **(2023).**
Créateurs : David Brevik, Bill Roper et Chris Metzen.

Figure démoniaque majeure des mondes vidéoludiques, Diablo a récemment eu droit à un nouvel opus. Entre réinterprétation biblique et mythologie de *dark fantasy*, ce monstre cornu n'a pas fini de faire parler de lui.

Diablo, aussi désigné par l'explicite périphrase « seigneur de la Terreur », est le principal antagoniste de la série de jeux vidéo éponyme à succès, développée par le studio Blizzard depuis le milieu des années 1990. Le premier épisode, sobrement intitulé *Diablo* et sorti tout début 1997, plonge les joueurs dans un monde original de *dark fantasy* qui mêle références bibliques appuyées et éléments d'*heroic fantasy* rappelant les Royaumes oubliés de *Donjons & Dragons* et les factions de *Warhammer*, deux jeux de rôle célèbres des années 1970-1980. La toute première image de cinématique (une épée sur fond de soleil couchant, plantée façon Excalibur dans un talus… qui se révèle en réalité être une pile de cadavres dévorés par des corbeaux) donne d'ailleurs le ton : Diablo est synonyme de mort et de désolation. Le jeu nous racontera l'histoire d'une humanité sans cesse au bord d'un gouffre nimbé de flammes infernales.

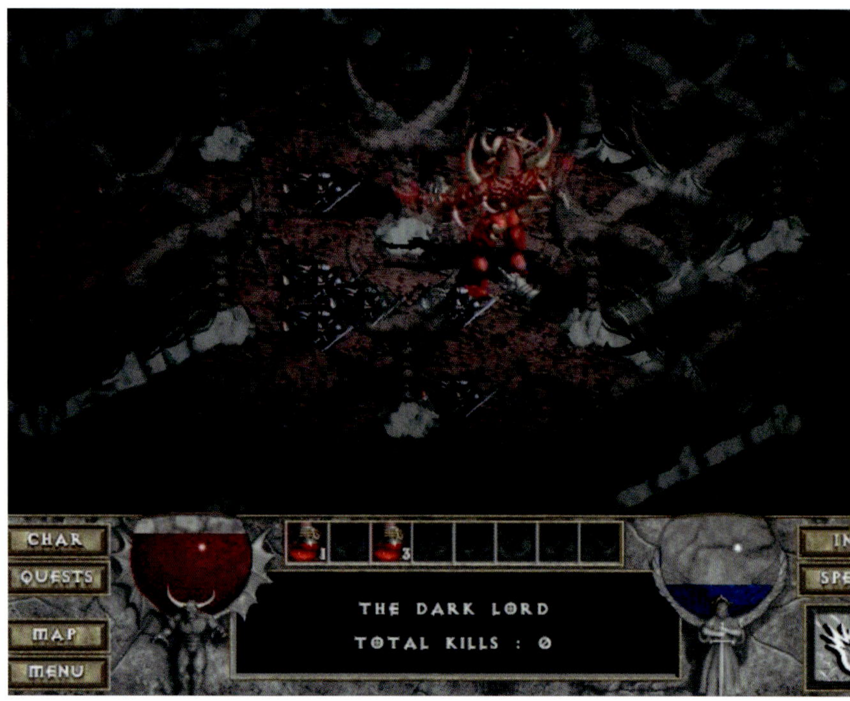

Diablo.

Pour mieux comprendre la symbolique de Diablo, un peu de contexte s'impose. Durant une guerre divine – L'Éternel Conflit – qui a opposé le paradis et l'enfer, Diablo et ses frères Méphisto et Baal sont bannis dans le monde de Sanctuaire, le monde des

Hommes. Ces trois démons primordiaux sévissent alors jusqu'au moment où ils sont enfermés dans des pierres d'âme par un ordre de magiciens, les Horadrims. Manque de chance : le temps passe, l'ordre s'émousse et la forteresse de Tristram (devrait-on lire « Triste âme » ?) où se trouvait dissimulée la prison de Diablo s'écroule, remplacée par une légendaire cathédrale qui deviendra le point de départ de l'aventure vidéoludique.

Sans même s'échapper de sa pierre d'âme, Diablo influence, corrompt et rend fou les êtres mortels qui s'installent à proximité de sa prison. Impossible de ne pas voir chez lui quelque chose de l'ordre du Méphistophélès faustien (de Goethe), qui conclut un pacte avec un jeune alchimiste en échange de son âme. Diablo n'existe pas encore sous forme matérielle, mais il n'a pas besoin de cela pour arriver à ses fins. Il est la tentation suprême. Lentement mais sûrement, il s'immisce alors dans les cœurs et les esprits des puissants, même des plus religieux d'entre eux, dont il ébranle la foi. L'archevêque Lazare tout d'abord, le roi Léoric ensuite, deviennent ses pantins, armés de la peur qu'il leur insuffle. Le pouvoir du démon primordial se raffermit tandis qu'il aiguise le désir de conquête chez ses nobles victimes et pousse les royaumes humains à partir en guerre. Les morts de ces affrontements constitueront le socle de ses nouvelles armées démoniaques. Diablo se terre alors dans ses Enfers chéris, au-delà des souterrains de Tristram maintenant occupés par des troupes mortes-vivantes. Et le seigneur attend, patiemment, celle ou celui qui lui servira à propager son royaume infernal.

Diablo II Resurrected.

Dans le premier opus de la saga, le joueur descend de plus en plus profondément dans les entrailles de Sanctuaire avant d'atteindre les Enfers. Là, il affronte un Diablo rouge sang – rappelant celui de ses victimes. Le monstre perd éventuellement le combat et se retrouve de nouveau emprisonné dans une pierre d'âme. Une victoire du héros ? Pas si sûr. Persuadé (Par orgueil ? Par bêtise ? Ou bien par le démon primordial lui-même ?) de contenir la puissance de Diablo de cette manière, le héros enfonce la pierre d'âme dans son propre crâne… et finira possédé par elle.

Diablo III.

Clap de fin, avant le début du deuxième épisode qui sortira quatre ans plus tard. L'univers de Diablo, son bestiaire et les possibilités en matière de *gameplay* continuent de s'étoffer sous la plume de Stieg Hedlund. Dans ce second opus, les joueurs courent après un seigneur de la Terreur bien décidé à libérer ses frères démons (Méphisto, seigneur de la Haine et Baal, seigneur de la Destruction) piégés dans leurs pierres d'âme originelles. Après un ultime combat (là aussi, à la conclusion douce-amère) contre le seigneur des Enfers, il faudra attendre 12 ans de plus pour que soit édité le troisième épisode de la saga, et s'apercevoir que le mal est toujours tapi dans Sanctuaire. Diablo, depuis le début, avait prévu la filiation qui lui permettrait d'unifier tous les démons précédemment vaincus et de devenir l'unique Primordial régnant sur le monde… Et c'est une corruption de plus qui le conduira jusqu'à la conquête des Hauts Cieux (l'équivalent du paradis), à moins que les joueurs ne parviennent une fois encore à l'arrêter. Le quatrième et dernier épisode, sorti en 2023 (plus de dix ans après), met en scène Lilith, fille de Méphisto : elle reprend le flambeau et utilise peu ou prou les mêmes armes que son oncle Diablo afin de conquérir le monde. La corruption infernale est décidément une affaire de famille.

Finalement, tout comme le Satan de nombreuses autres histoires, Diablo matérialise le combat intérieur entre les forces du « bien » et du « mal », un combat immuable et rampant, impossible à taire complètement. Dans cette forme vidéoludique, il prend place au sein d'un univers sans concession pour l'humanité. Car cette dernière, entachée d'innombrables faiblesses, ne peut que succomber à l'appel… et devenir l'instrument de sa propre perdition.

Lilie Bagage

Werner Krauss et Conrad Veidt.

DOCTEUR CALIGARI

PREMIER SAVANT FOU DU CINÉMA

Nom : Docteur Caligari.
Œuvre : *Le Cabinet du docteur Caligari* (1920) de Robert Wiene.
Interprète : Werner Krauss.

Pierre fondatrice de l'expressionnisme allemand, l'un des courants les plus influents de l'histoire du cinéma, *Le Cabinet du docteur Caligari* offre aux spectateurs dès 1920 un drame terrifiant et romantique, dont le personnage central va repousser les limites de la raison.

S'il n'est bien entendu pas le premier savant fou apparu dans la culture populaire – après tout, *Frankenstein* a déjà 100 ans lorsque sort le film de Robert Wiene –, le docteur Caligari introduit une nouvelle figure à l'écran dans une époque à la fois trouble et propice à la nouveauté que peut lui offrir un art encore balbutiant. Tour à tour psychiatre et charlatan de foire, ce savant fou cristallise l'état de dépression qui pèse sur l'Allemagne à la sortie de la Première Guerre mondiale et une approche populaire, voire populiste, de l'homme de science – vision qui persiste hélas, un siècle après sa sortie.

Dans l'ouverture du *Cabinet du docteur Caligari*, Francis, un jeune Allemand, discute avec un inconnu. La vision d'une femme dans un état catatonique lui rappelle un événement de son passé qu'il s'empresse de raconter. Alors qu'ils habitaient encore dans un village du nord de l'Allemagne pour leurs études, Francis et Alan, l'un de ses amis, firent la rencontre lors d'une foire d'un intrigant hypnotiseur, le docteur Caligari, accompagné d'un cobaye somnambule. Peu de temps après, Alan est mystérieusement retrouvé poignardé.

Dans le film de Robert Wiene, le docteur Caligari représente une forme d'autorité, et ce, dans les multiples sens que le mot peut avoir. Que ce soit sous sa forme de charlatan mystérieux ou de psychiatre respecté, Caligari est un homme de pouvoir qui aime commander. Il impose littéralement sa volonté via la relation qu'il

entretient avec César, le jeune somnambule qu'il manipule lorsqu'il ne l'emprisonne pas, avec un consentement total et absolu, dans une caisse de bois (le cabinet du titre) qui tient plus du cercueil que d'un meuble destiné au repos ou à la thérapie. Avec lui, César est à la frontière entre l'humain et le mort-vivant. L'autorité de Caligari se retrouve également dans la considération que son vieil âge et son statut social lui confèrent, ainsi que dans le crédit scientifique dont il dispose. Après tout, il renvoie l'image, qu'elle soit positive ou non, de quelqu'un qui maîtrise son sujet. Le jeu de mots est voulu.

Dans sa roulotte, le scientifique descend de sa tour d'ivoire et se mêle au peuple, comme un prédateur se confondrait au milieu de ses proies. Le docteur Caligari est prêt à tout pour achever ses objectifs. Il n'hésite pas à tuer par l'intermédiaire de César, à mentir et à tirer profit des plus faibles. Héritier des docteurs littéraires tels Frankenstein, Jekyll et Moreau, Caligari va à son tour engendrer un ordre de successeurs. Avec ses petites lunettes dissimulant son regard insidieux, sa tignasse ébouriffée, sa garde-robe composée de costumes austères et de blouses propres à la science, Caligari impose un style que l'on retrouvera par la suite chez tous les savants fous du cinéma, que ce soit le docteur Pretorius dans *La Fiancée de Frankenstein* (1935), Herbert West dans *Re-Animator*[1] (1985)… ou même le sympathique Doc Brown dans *Retour vers le futur* (1985). De plus, le surjeu imposé par le cinéma muet décuple la folie du savant à l'écran.

Le docteur Caligari se trouve être une métaphore multiple à la densité folle. Deux ans après la défaite du premier conflit mondial, Caligari représente un état autoritaire qui a hypnotisé, embrigadé sa jeunesse pour l'envoyer mourir au front. Une vieille garde qui avait la confiance de son peuple et la perd à mesure qu'elle part en décrépitude. L'Allemagne est dans un contexte économique blafard, picorée par les dettes que les alliés vainqueurs lui imposent et par les cadavres engendrés par la guerre. Caligari – le personnage comme le film – devient, par l'intermédiaire de l'architecture des décors, des jeux de lumière, du style de jeu propres à l'expressionnisme allemand, la figure de proue du cinéma local. Rappelons que nous sommes sept ans avant l'arrivée du cinéma parlant, deux ans avant la sortie de *Nosferatu* et que les films de genre phares du cinéma germanique sont pour la plupart privés de ce qui peut renvoyer à leurs origines lors de leur exploitation à l'international. Ironiquement, c'est donc ce médecin sans scrupule, ce savant fou qui représente le septième art allemand dans le monde… alors qu'il n'existe que pour critiquer son pays et le remettre en question. Caligari est la figure de l'exportation de la révolution.

Mais cette révolution se retrouve mise à mal lorsqu'un twist favorisé par le récit-cadre[2] a le potentiel de changer le point de vue à adopter sur le docteur Caligari. La parabole allemande est transposée dans une ultime séquence du docteur à ses patients. Le scientifique gagne dès lors en crédit et apparente sanité, et devient le garant d'une cohorte de malades (les Allemands), détenteur de la solution pour les ramener à la raison. L'analyse rétrospective possible du personnage a donc de quoi rendre fou le spectateur d'aujourd'hui !

Cent ans après sa sortie, le cinéma d'horreur vit encore dans l'ombre du film et de son inquiétant docteur éponyme. De *Psycho* (1960, Alfred Hitchcock) à *Shutter Island* (2010, Martin Scorsese) en passant par le cinéma de M. Night Shyamalan (*Sixième sens*, *Incassable*…), le docteur Caligari est devenu un véritable monument, porté par le film de Robert Wiene qui permet au cinéma de commencer à être pris au sérieux comme une forme artistique. Caligari est donc un savant, oui… mais peut-être pas si fou que ça, après tout !

François Rey

[1] Pour approfondir, lire *100 films d'horreur à voir avant trépas*, 2023, Ynnis Éditions, Rey-Wullsch-Delecroix.

[2] Se dit d'un récit dans lequel sont emboîtés d'autres récits. Ils sont donc « encadrés » la plupart du temps par un prologue et un épilogue.

Christopher Lee qui incarna le comte dans de nombreux films de la Hammer, dont ici dans *Le Cauchemar de Dracula* (1958).

DRACULA

LE PRINCE DES TÉNÈBRES

Nom : Comte Dracula.
Œuvres : *Dracula* (roman, 1897, Bram Stoker), *Dracula* (film, 1931, Tod Browning), *Le Cauchemar de Dracula* (film, 1958, Terence Fisher), *Dracula* (film, 1992, Francis Ford Coppola).
Interprète : Béla Lugosi (1958), Christopher Lee (1958), Gary Oldman (1992).

Même sans avoir lu le roman de Bram Stoker, le nom de Dracula déclenche presque toujours les mêmes images mentales : une chauve-souris, un teint pâle, des dents longues, une morsure dans le cou… Un mort qui mord sans remords. Mais il est toujours utile de revenir aux sources.

Bram Stoker met dix ans à écrire *Dracula*, le roman gothique devenu un modèle absolu de l'épouvante. Il s'inspire du folklore et des légendes balkaniques ainsi que de la littérature fantastique de son époque et des figures de vampire préexistantes. Le personnage principal, l'inquiétant comte Dracula, isolé dans un château en Transylvanie, est en partie fondé sur un prince de Valachie du XVe siècle, Vlad Tepes dit l'Empaleur[1], à cause de la manière dont il tuait ses innombrables victimes et dont le père nommé à la Confrérie du Dragon en avait reçu le titre honorifique : Dracul, qui veut également dire « diable ». L'héritier portait le nom Dracula : fils du dragon ou du diable.

Dans ce roman épistolaire polyphonique, Dracula est le seul à ne laisser aucun écrit. Son portrait partiel et partial se dessine à travers ce qu'en disent les autres. Décrit avec un nez aquilin, des doigts griffus, des dents pointues, tout est crochu chez lui. Son corps muni d'une force surhumaine n'obéit pas aux lois de la pesanteur : il peut se déplacer le long d'une paroi verticale, descendant le mur en rampant tête vers le bas tel un lézard. Naît ainsi l'archétype moderne du vampire : un être qui n'a ni ombre ni reflet, le teint très pâle, une voix calme mais autoritaire, deux longues canines acérées qui se nourrissent du sang de ses victimes – sa morsure les transformant en vampires – et qui dort dans un cercueil. C'est aussi chez Stoker qu'apparaissent la plupart des règles basiques qui se répandront dans la culture populaire. C'est lui qui en fait un personnage nocturne (le jour le

[1] Pour approfondir : *Carnet de l'aventurier du Dr Jones*, 2023, Ynnis Éditions, François Rey.

prive de ses pouvoirs). Dracula ne peut entrer chez quelqu'un sans y avoir été invité auparavant. Ses pouvoirs magiques et ses points faibles sont étroitement liés à la nature. Il peut communiquer, commander aux animaux sauvages, notamment les loups, mais aussi aux éléments naturels comme le brouillard ou le vent. Il est métamorphe : capable de se transformer aussi bien en chauve-souris, en chien ou en loup qu'en brume ou en poussière pour éviter un coup de couteau. Cependant, l'eau et la terre le contraignent : il ne peut traverser l'eau vive qu'à certaines conditions et ne peut dormir que dans la terre sous laquelle il a été enterré, ou bien celle de la tombe d'une âme qu'il a vampirisée.

Enfin, Dracula fait partie de ces monstres formidables qui se voient arrêtés par des choses insignifiantes : de l'ail ou une branche de rosier. Toutefois, pour le vaincre totalement, c'est encore auprès de Stoker que l'on trouve l'idée d'une balle bénite, de la décapitation et la méthode de prédilection de Buffy[2] : un pieu dans le cœur. Côté caractère, le vampire est un mort qui s'accroche à la vie. Seigneur valaque dans un pays ayant subi guerres et dominations successives, habitant un château désormais en ruine, il est fier de sa lignée aristocratique, de son sang et fait montre d'un esprit hautement patriote lors de ses conversations avec Harker. Il est donc physiquement et moralement attaché à la terre et au sang de ses origines. Le livre n'explique jamais comment il est devenu vampire. Son immortalité est-elle une damnation ou le fruit d'un pacte ?

Il faut chercher la réponse du côté des réécritures postérieures. Par exemple, dans les années 1970, l'univers Marvel imaginait déjà un Vlad Tepes fictif sauvé de la mort en devenant vampire et animé par le désir de venger le meurtre de son épouse[3]. Vingt ans plus tard, Francis Ford Coppola, dans son film de 1992, introduit le motif d'une histoire d'amour à travers les siècles. Celui-ci propose dès l'ouverture une explication quant aux raisons pour lesquelles, ayant renoncé à Dieu après avoir perdu la femme qu'il aimait, le comte devient vampire[4]. À la même période, Fred Saberhagen choisit de donner enfin la parole à ce personnage qui était au départ raconté par les autres et nous offre un Dracula valeureux combattant, amoureux, raconté par lui-même dans une fausse autobiographie[5]. Avec l'image du héros romantique apparu tardivement se développe la charge érotique de la créature vampirique. Dans le roman, en mordant Lucy, jeune fille frivole, Dracula fait d'elle un vampire. Il s'attaque également à la très sage Mina. La première ne résiste pas au mal qui l'empoisonne et doit mourir pour y échapper, la seconde lutte et offre son sacrifice pour le vaincre. À l'écran, le « baiser » du vampire qui se fait dans le cou revêt une esthétique hautement sensuelle et les figures féminines y succombent voluptueusement. Dracula représente dans ce cas un danger pour l'ordre moral.

Le Dracula de Stoker incarne aussi la menace de l'étranger venu de loin, qui risque de contaminer la très civilisée Angleterre victorienne. Il sème en plus la folie : les événements et sa personne sont tellement hors du commun que les personnages impliqués dans l'histoire se demandent s'ils ne sont pas fous, quand ils ne finissent pas carrément par perdre la raison. Pensé comme un personnage démoniaque, sa fin confirme la tension manichéenne, le mal ne pouvant être vaincu qu'avec des armes bénites. Pour que le bien l'emporte, Dracula doit mourir. C'est ainsi que le jeu vidéo *Castlevania* reprend l'idée de la poursuite du vampire par un groupe d'hommes pour le tuer, avec des armes à collecter (crucifix, eau bénite...). Il se déroule dans le château du comte où le joueur affronte à la fin de chaque niveau un méchant de l'univers gothique fantastique (Frankenstein, par exemple), l'ultime affrontement se tenant contre Dracula. Toutefois, certaines adaptations se montrent plus indulgentes envers lui ou nuancent le conflit moral. Dans le film de Badham[6], le monstre survit. Quelques films lui prêtent une fille, un fils ou une tante, d'autres le parodient avec plus ou moins de finesse, le rendant de fait moins effrayant, des *crossovers* lui font affronter Frankenstein ou Batman. Pour le voir rencontrer Buffy la chasseuse de vampires, il faut attendre la saison 5, à la suite de quoi la tueuse découvre son côté sombre et développe une attirance fâcheuse envers le terrible vampire Spike. Son physique et l'univers gothique où il évolue inspirent de nombreuses œuvres graphiques allant de la BD au manga en passant par l'animation, respectant parfois l'œuvre originale[7], modernisant le propos[8], ou s'en éloignant franchement, comme dans *Hôtel Transylvanie* où Dracula, gérant d'un hôtel réservé aux monstres, fuit les hommes (qui ont massacré son épouse des siècles plus tôt) et se montre en père maladroitement protecteur envers sa fille[9].

Hélène Alméras

[2] *Buffy contre les Vampires*, 1997-2003, série américaine en 7 saisons avec Sarah Michelle Gellar.
[3] *Tomb of Dracula*, 1972, *comic book* Marvel de Gerry Conway, Marv Wolfman, dessinateur : Gene Colan.
[4] Pour approfondir : *100 films d'horreur à voir avant trépas*, 2023, Ynnis Éditions, Rey-Wullsch-Delecroix.
[5] *Les Chroniques de Dracula*, 1980-2002 de Fred Saberhagen.

[6] *Dracula, 1931*, film de Tod Browning avec Béla Lugosi.
[7] *Dracula*, 2020, manga de Virginia Nitôhei.
[8] *#DCRL Midnight Children*, 2021, manga de Shinichi Sakamoto.
[9] *Hôtel Transylvanie*, 2013, film d'animation de Genndy Tartakovsky avec Serge Faliu, Adam Sandler, Alex Goude.

Jean Carmet.

« DUPONT » GEORGES LAJOIE

LA FRANCE RACISTE AU CINÉMA

Nom : Georges Lajoie.
Œuvre : *Dupont Lajoie* (1975, Yves Boisset).
Interprète : Jean Carmet.

Depuis la sortie en salle en 1975 de *Dupont Lajoie*, Georges Lajoie, le méchant-titre du film d'Yves Boisset, est devenu l'incarnation du racisme ordinaire et décomplexé. Un archétype toujours d'actualité qui a pourtant disparu de nos écrans.

Lorsqu'au mitan des années 1970 Yves Boisset décide de tourner un film sur le racisme, après avoir vu plusieurs de ses acteurs en être victimes lors du tournage de *R.A.S.*, il n'a qu'à se pencher sur la presse pour y trouver le point de départ de *Dupont Lajoie*. Il ne se doute cependant pas que Georges Lajoie, son méchant et protagoniste, va devenir la matrice d'une expression péjorative désignant une personne raciste et franchouillarde : un beauf.

Georges Lajoie est un cafetier parisien d'apparence sympathique. Le personnage bénéficie de la personnalité avenante de Jean Carmet à la vie et de l'image joviale que le public en a film après film. Carmet sort d'une succession de comédies à succès telles que *Le Grand Blond avec une chaussure noire* et sa suite, *Le Retour du grand blond* (1972 et 1974, Yves Robert) ou *Comment réussir… quand on est con et pleurnichard* (1974, Michel Audiard) dans lesquels on le retrouve souvent naïf et victime des événements, mais toujours sympa et affectueux. Yves Boisset invoque donc tout le capital sympathie que le spectateur peut avoir pour Carmet afin de nous faire adhérer à Georges Lajoie dès les premiers instants d'un film qui s'apparente à une comédie. Il attend que le spectateur soit séduit pour laisser s'exprimer la méchanceté sous-jacente et ordinaire de Georges Lajoie. L'odieux cafetier observe les femmes avec une perversité à peine dissimulée et déteste les étrangers, surtout les Maghrébins.

Si le surnom de « Dupont Lajoie » n'est pas entendu dans le film, il est inextricablement associé au personnage de Georges. « Dupont », l'un des noms de famille les plus répandus en France, désigne une personne commune, lambda, impersonnelle mais franchouillarde. À la suite de la bande dessinée *SuperDupont*[1], le terme devient plus associé à l'imagerie du beauf chauvin, ouvrant la future réappropriation et transformation par le personnage de Georges dans le film de Boisset. Le titre anglais du film est d'ailleurs beaucoup plus équivoque : *The Common Man*, soit « l'homme commun », le « quidam ». Une variation dénouée des connotations racistes associées à Georges existera par la suite avec « Ducon Lajoie », désignant un benêt.

Cafetier parisien, l'été venu, Georges Lajoie emmène sa petite famille en camping dans le Var où il retrouve ses amis. L'ambiance y est détendue, festive et bon enfant mais le racisme latent refait surface à la moindre occasion. Le comportement de ces familles de petits bourgeois évolue au fil des blagues salaces et des remarques à l'encontre d'ouvriers algériens dont le chantier jouxte le camping. Boisset fait monter la tension jusqu'à une altercation lors d'un bal qui voit Georges Lajoie s'en prendre aux Algériens venus se détendre, prétextant protéger les femmes.

Peu de temps après, Georges aperçoit la fille adolescente (interprétée par Isabelle Huppert) d'un couple d'amis en train de bronzer sur la plage à l'écart des regards. Il la viole et, dans la barbarie de l'acte, la tue. Afin de ne laisser planer aucun soupçon sur sa personne, Georges dissimule le cadavre de la jeune fille aux abords du camp de travailleurs immigrés, déclenchant des altercations dont le climax intervient lors d'une expédition punitive et vengeresse. Georges persuade sans grande difficulté ses amis d'aller tabasser les ouvriers algériens et en tue un dans la bagarre. Le meurtre est classé sans suite par des autorités ne désirant pas faire de vagues. Georges, le raciste ordinaire, bénéficie d'une impunité aussi choquante que peu surprenante.

Georges Lajoie est un méchant jusque dans sa moelle. C'est une véritable ordure. Il n'y a rien à sauver chez Georges Lajoie tant il est corrompu par sa bêtise, sa peur et sa détestation de l'autre ainsi que son incapacité à s'assumer. C'est ce qui en fait l'un des personnages les plus dangereux de tout le cinéma d'Yves Boisset, pourtant alors habitué à réaliser des films très engagés comme l'affaire Ben Barka dans *L'Attentat* (1972). Boisset n'hésite pas non plus à s'en prendre aux institutions françaises dépassées (*Un condé*, 1970), corrompues (*Le Juge Fayard dit le Shériff*, 1977) et rétrogrades (*Allons z'enfants*, 1981). Mais dans chacun de ses films, les lignes entre bons et mauvais sont plutôt claires. Chez Georges Lajoie, la méchanceté est plus pernicieuse et par conséquent, plus dangereuse.

Dupont Lajoie semble être un film d'un autre temps mais ses problématiques cristallisées par Georges sont toujours bien présentes car, malheureusement, intemporelles. Si un réalisateur audacieux osait tourner un remake du film de Boisset aujourd'hui, Georges Lajoie ne serait plus cafetier, pas plus qu'il ne serait un campeur estival. Le Lajoie du XXIe siècle passerait la journée à dénigrer les étrangers, les femmes (sur lesquelles il porterait toujours un regard libidineux) et les personnes à l'orientation sexuelle autre que la sienne, sur les réseaux sociaux ; alimenté et formaté par un flot de *fake news* le confortant dans le bien-fondé de ses actions.

Le rôle resterait toutefois difficile à endosser. Après avoir interprété Georges Lajoie, Jean Carmet fut accusé au mieux d'avoir rendu ce salaud sympathique lors des séquences plus légères, au pire d'être le personnage qu'il interprète à l'écran par des agresseurs qui iront jusqu'à attaquer sa maison. En somme, l'interprète de Georges Lajoie devint la victime de quelques « Dupont Lajoie » de l'époque. Quelle ironie !

François Rey

[1] Créé par Marcel Gotlib, Lefred-Thouron et Jacques Lob.

FANTÔMAS
L'HOMME AUX 1 000 VISAGES

Noms : Fantômas, l'Homme aux 1 000 visages, le Maître de tout et tous.
Œuvres : Les romans entre 1911 et 1963 par Pierre Souvestre et Marcel Allain puis à partir de 1926 par Marcel Allain seul, au cinéma entre 1913 et 1967
Interprètes notables : René Navarre (dans la première saga en 1913), Jean Marais dans la trilogie avec Louis de Funès, *Fantomas* (1964), *Fantomas se déchaîne* (1965), *Fantomas contre Scotland Yard* (1967).

« L'humanité. Quel merveilleux spectacle de marionnettes ! Comment pourrais-je m'ennuyer ? » demande Fantômas dans le film de 1964. Figure aussi mystérieuse qu'emblématique, Fantômas est le génie du mal romantique qui a traversé les époques…

Beaucoup connaissent Fantômas par son adaptation au cinéma, en trois films, avec Jean Marais et Louis de Funès, sortis dans les années 1960. Mais le vilain aux 1000 visages prend en réalité son origine dans la littérature et dans les romans-feuilletons de Pierre Souvestre et Marcel Allain, entre 1910 et 1911. L'aventure est longue pour Fantômas : 32 romans par les deux auteurs, la série n'est arrêtée dans un premier temps que par deux événements tragiques, la mort de Pierre Souvestre et la Première Guerre mondiale. Mais c'est compter sans l'engouement du public : cinq adaptations cinématographiques entre 1913 et 1914, d'autres à venir après la guerre à la reprise de la série par Marcel Allain, sans oublier, bien entendu, celles qui nous sont le mieux parvenues, à savoir les adaptations avec Louis de Funès et Jean Marais, réalisées par André Hunebelle.

Aujourd'hui souvent considéré comme un personnage caricatural, Fantômas s'inscrit pourtant dans une tradition, celle des « génies du mal », dont on retrouve de nombreuses traces dans les romans du Second Empire. Ils sont des personnages romantiques, pleins de panache, aux plans souvent tortueux mais qui finissent toujours par échouer. Facilement accessibles, presque universels, ils sont les méchants qui s'adaptent le mieux aux changements d'époque et de mode : parce qu'ils s'adaptent à toutes les situations, peuvent se transposer à toutes les motivations et surtout parce qu'ils sont parfaits pour les romans-feuilletons, devenant l'antagoniste privilégié d'un héros dont on espère qu'il mettra au point un nouveau plan diabolique pour l'épisode suivant.

Jean Marais interprète dans la série de films à la fois Fantômas et Fandor.

La force de Fantômas, c'est qu'il n'est personne et tout le monde à la fois. Parce qu'on ne connaît pas son véritable visage, il peut être n'importe qui. Ressort comique et dramatique dans les films de André Hunebelle, cette caractéristique lui vaut le surnom d'« Insaisissable » parmi la galerie de sobriquets qu'il possède. La dernière adaptation cinématographique détonne de la réalité écrite par les coauteurs originels. Pour ces derniers, Fantômas est cruel, n'hésite pas à tuer et ses faits d'armes et aventures s'inspirent des faits divers de l'époque. Le film le dépeint comme un personnage plus comique, certes plus raisonnable et moins potache que le commissaire Juve qui tente en vain de lui mettre la main dessus, mais tout aussi drôle. En prenant les visages de différents personnages, il joue sur le décalage entre ses manipulations et les caractères parfois excentriques de ses victimes. La silhouette caractéristique de Fantômas, avec son masque bleu-noir, ses oreilles collées contre son crâne et son costume sombre, a rapidement supplanté toute autre représentation malgré une réédition récente des romans.

Fantômas - À l'ombre de la guillotine (1913).

Nommé aussi le « Gentleman coupable », faisant le lien avec un autre gentleman littéraire, un certain Lupin, Fantômas fait partie de ces antihéros aux multiples méfaits, allant du plus grave au plus trivial. Dans le film de 1964, Fantômas enlève le journaliste Fandor à la suite de la publication d'une fausse interview du criminel. Touché dans son ego, il ne veut qu'une chose : que le journaliste publie un démenti, ce qu'il ne fait pas. Mais un article plus élogieux encore envers Fantômas finit par paraître, mettant le journaliste dans une fâcheuse posture face à un commissaire Juve qui n'a qu'un seul but : mettre la main sur le criminel. Commence alors un jeu de dupe : pour Juve, Fantômas et Fandor sont la même personne. Pour Fantômas, devenir n'importe qui est totalement possible, renforçant la méfiance du commissaire et la déconvenue du journaliste, de nouveau kidnappé et retenu dans l'un des complexes souterrains de Fantômas.

Ce premier film met l'accent sur un trio de personnages qui avancent ensemble mais les uns contre les autres. D'autres personnages viendront s'ajouter à cette dynamique. Hélène, la fiancée de Fandor, joue alors un double rôle, en fonction du support. Dans les romans, Fantômas est son père présumé, tandis que dans *Fantomas se déchaîne*, le film de 1965, le criminel tente de séduire la jeune femme via une invitation à un bal masqué. Le masque que porte Fantômas devient alors double, celui du bal et celui qu'il porte à demeure.

Si les différences entre les romans et leurs adaptations cinématographiques existent, fondamentalement, Fantômas est un personnage emblématique d'une époque et d'un courant littéraire qui a su traverser les décennies, donnant d'ailleurs toute sa dimension et sa portée aux romans-feuilletons.

Bénédicte Coudière

1948

Catherine Frot dans le *Vipère au poing* de Philippe de Broca (2004).

FOLCOCHE

LA CONTRE-MÈRE

Nom : Paule Rezeau, dite « Folcoche ».
Œuvre : *Vipère au poing* (1948).
Créateur : Hervé Bazin.

Femme au cœur de pierre, inspirée de la propre mère de l'auteur, Folcoche est une des marâtres les plus atroces de la littérature. Elle semble prendre un langoureux plaisir à supprimer celui de ses enfants.

Paule Pluvignec est la fille d'un riche sénateur, trop heureux de la marier à un notable de la petite aristocratie de province. À peine sortie du pensionnat où elle restait « vacances comprises », elle épouse Jacques Rezeau et entre ainsi dans une famille désargentée mais appartenant à la bourgeoisie de robe. Ce mariage laisse penser qu'elle a été épousée pour sa dot.

Jacques et Paule Rezeau, partis en Chine où Monsieur a été nommé professeur de droit, ayant laissé leurs deux premiers fils aux soins de leur tendre grand-mère paternelle, sont obligés de rentrer au bercail à la mort de celle-ci, avec un troisième fils dans les valises. À 8 et 9 ans, Jean et Ferdinand rencontrent leur mère pour la première fois. « Et ce récit devint drame[1]. »

Ils se précipitent vers elle afin de l'accueillir mais elle les repousse rudement : pas un câlin, pas une caresse pour des enfants qu'elle n'a pas vus depuis des années.

Bien décidée à faire profit du pouvoir conféré par son statut de mère de famille et de maîtresse de maison, elle impose ses règles draconiennes à tout son petit royaume : enfants, époux, domestiques. L'argent venant de son côté, elle en profite pour prendre en main les bourses de la famille et serrer la vis des dépenses.

Ses premières décisions sont d'ôter tout confort à ses garçons sous d'absurdes prétextes : le chauffage risque de les asphyxier, les oreillers donnent le dos rond. Elle commence alors un long travail de sape pour mater ses garçons et ne leur épargne aucune humiliation. Elle instaure par exemple la confession

[1] *Vipère au poing*, Hervé Bazin, 1948.

familiale où chacun avoue ses péchés non dans le secret, mais ouvertement devant les parents. Cet excès de bigoterie lui permet d'asseoir son contrôle sur leur âme en plus de leur corps.

Perfide, sadique, manipulatrice, cette « contre-mère, dont les deux seins sont acides[2] », invente de nouvelles lois chaque matin, guette la moindre faiblesse à punir ; afin de diviser pour mieux régner, elle fait fouetter ses enfants par le précepteur ou favorise le petit dernier selon son bon vouloir.

Mme Rezeau porte l'aridité de son cœur sur son visage : grandes oreilles, cheveux secs, bouche mince, menton en galoche, voix criarde.

Son éducation à la dure a pour effet de liguer les garçons contre elle. Le « cartel des mômes » leur permet de mieux supporter les coups de trique et les privations (bien que le benjamin de la fratrie retourne sa veste selon ce qu'il a à gagner). Entre eux, ils ne la désignent jamais sous le nom de « maman », mais sous celui de « Folcoche », contraction de « folle » et « cochonne ».

On ne connaît rien de ses intentions, des origines de son obsession de nuire, mais l'éducation de Folcoche est aussi son héritage. De victimes de ses injustices, les frères deviennent des matricides qui d'abord rêvent de vengeance, puis se réjouissent de sa maladie et souhaitent sa mort, enfin, Jean, le cadet, double de Bazin, va jusqu'à fomenter son assassinat.

Folcoche est une vipère dans le sens où elle distille son venin dans le sang de ses enfants. La maltraitance qu'elle leur inflige devient leur modèle.

Même loin d'eux, elle continue d'ourdir des plans pour gâcher leur vie d'hommes. On se prend à souhaiter sa mort avec eux. Ce qui nous interroge sur notre propre malignité.

Madame règne par décrets et réformes. Le lexique de la monarchie absolue foisonne. Elle invente de nouvelles restrictions en permanence et renvoie sans sommation quiconque la contredit. Rien ne s'oppose à son autorité, ni le père, lâche mais qui réprouve ses manières, ni les précepteurs qui ont bien compris à qui ils doivent leur paye.

Sa méthode rappellerait aujourd'hui un profil de pervers narcissique : elle isole la famille, cherche vicieusement tous les moyens de nuire. Quand son mari, dans un sursaut de colère, pointe ses excès, elle reste droite, calme et lui reproche son emportement à lui.

Ou bien un profil de manager toxique qui donne toujours plus de restrictions en les justifiant par des valeurs morales ou économiques.

Elle porte en elle tant de fiel au propre comme au figuré qu'elle en est émétique.

[2] *Ibid.*

Alice Sapritch dans le téléfilm de 1971.

La fragilité de son pouvoir et de son autorité la rend encore plus mauvaise. « Sa puissance ne vient que du fait d'être mère » : les garçons grandissent et deviennent des hommes, ils seront bientôt trop grands pour continuer de les traiter en vauriens et trop forts pour qu'elle résiste à leur opposition. La partie est perdue d'avance. Cette fatalité fait de Folcoche un tyran de pierre soumis à l'usure du temps : physiquement fragile, maigrichonne, sans muscles mais farouchement souveraine et inlassablement cruelle : « Fragile madame Rezeau et Folcoche indomptable[3]. »

Consciente de l'inéluctabilité de la fin de son règne, elle ne s'en acharne pas moins à gâcher la vie de ses enfants, allant jusqu'à leur prédire une vie dont ils n'auront pas à être fiers, briser les fiançailles de l'un, les déshériter... Pour savoir jusqu'où elle sera capable d'aller et si elle a droit à une rédemption, il faut lire les deux volets qui suivent *Vipère au poing*[4]. Le passage à l'écran lui octroie une forme de réhabilitation. Dans le téléfilm de 1971, tourné à coups de gros plans sur le visage dur d'Alice Sapritch, sa tirade finale révèle Folcoche en femme sacrifiée, dans une confession qui la rend plus humaine et moins perfide[5]. En 2004, Catherine Frot donne corps à une sorcière au regard vipérin accentué par des lentilles légèrement vertes, dans un film à l'esthétique sublime[6] et où une réconciliation avec le fils est finalement offerte !

Hélène Alméras

[3] *Ibid.*
[4] *La Mort du petit cheval*, Hervé Bazin, 1950. *Cri de la chouette*, Hervé Bazin, 1972.
[5] *Vipère au poing*, téléfilm de Pierre Cardinal, 1971, avec Alice Sapritch, Marcel Cuvelier...
[6] *Vipère au poing*, de Philippe de Broca, 2004, avec Catherine Frot, Jules Sitruk, Jacques Villeret...

Henry Fonda.

FRANK

LES YEUX BLEU REVOLVER

Nom : Frank.
Œuvre : *Il était une fois dans l'Ouest* (1968).
Créateurs : Sergio Donati, Dario Argento, Bernardo Bertolucci (coscénaristes), Sergio Leone (coscénariste et réalisateur).

Chemise noire impeccablement repassée, cigarillo au coin des lèvres et chapeau parfaitement vissé sur la tête, Frank avait tout pour être un héros léonien. Pourtant, ce négatif de l'homme sans nom se révèle être la plus grande « brute » de son cinéma.

Frank est la face sombre de ce que pouvait être l'homme sans nom, incarné par Clint Eastwood dans la trilogie du dollar[1]. Il se détache de cette figure « blonde et angélique[2] » dès sa première réplique, en répondant à l'un de ses hommes de main qui l'interpelle par son prénom pour savoir s'ils doivent tuer un enfant ou non : « Puisque tu m'as appelé par mon nom[3]... » Cette question du nom, de l'identité, est récurrente dans la période western de Sergio Leone. Elle atteindra son point culminant dans *Mon nom est personne* (1973)[4], antithèse testamentaire d'*Il était une fois dans l'Ouest*. Le film reprend une astuce scénaristique avec un personnage qui dissimule son identité à Jack Beauregard, la légende de l'Ouest, en égrainant les noms des hommes que ce dernier a abattus. Beauregard, tout comme Frank, est interprété par Henry Fonda et cela va constituer l'une des plus grandes surprises de l'histoire du western.

Henry Fonda est le chevalier blanc par excellence du western classique. C'est le protagoniste au grand cœur de *Sur la piste des Mohawks* (1939), *La Poursuite infernale* (1946) et *Le Massacre de Fort Apache* (1946).

[1] *Pour une poignée de dollars* (1964), *Et pour quelques dollars de plus* (1965), *Le Bon, la Brute et le Truand* (1966) ; surnommé Blondin dans ce dernier.
[2] Pour reprendre une réplique de Sentenza, l'autre grand méchant léonien, lorsqu'il décrit le personnage joué par Eastwood dans *Le Bon, la Brute et le Truand*.
[3] « *Now that you've called me by name.* » Il est intéressant de noter que le « puisque » de la version française insiste plus sur la conséquence de la révélation alors que la version originale appuie sur la temporalité, le « *now* », le « maintenant ».
[4] Réalisé par Tonino Valerii et produit par Sergio Leone.

Au-delà du western, c'est Tom Joad, le héros de l'Amérique prolétaire de Steinbeck dans *Les Raisins de la colère* (1940) ou encore le jeune Abraham Lincoln idéaliste dans *Vers sa destinée* (1939). Henry Fonda, avec ses grands yeux bleus, incarne une forme de pureté et d'innocence associée à l'idéal du, déjà, rêve américain.

Le voir apparaître en tueur d'enfants choque alors le public qui découvre le film en 1968 et Leone réussit à faire passer son message subliminal : il a récupéré le western et en a phagocyté les codes. Jamais chez John Ford (son réalisateur phare dans le western classique), Fonda/Frank n'aurait massacré une famille qu'il ne devait qu'effrayer d'après les ordres de son commanditaire (« Les gens ont plus peur lorsqu'ils meurent »). Dans ses beaux habits cintrés et noirs, sublimés par une différenciation de cadrage (il bénéficie de plus de cadres en contre-plongée que les autres personnages), Frank est l'ange de la mort. Le messager à la gâchette facile venu massacrer sans remords et mettre fin à plusieurs époques.

Sergio Leone ouvre *Il était une fois dans l'Ouest* sur l'arrivée d'un train en gare. C'est une image d'Épinal multiple. Le train est le symbole de la fin de la conquête de l'Ouest. C'est une révolution aussi bien industrielle et technologique que sociétale. Il y a aussi une signification cinématographique puissante à travers lui. C'est *L'Arrivée d'un train en gare de La Ciotat* (1896), la première séquence filmée des frères Lumière à marquer véritablement le public par son réalisme. À travers cette symbolique, Leone souhaite marquer encore plus une passation de pouvoir, la fin d'une époque – de plusieurs, même. Dans les premiers hommes à apparaître à l'écran et qui se feront abattre au bout de quelques minutes, deux sont des acteurs du western classique américain, dont le fordien Woody Strode (qui donnera son nom au Woody de *Toy Story*). Leone souhaite clairement indiquer que ce temps est révolu. Que le train est rentré en gare et avec lui son lot de nouveautés. Mais la mort elle-même doit rendre ses pistolets lorsque son sablier a écoulé son dernier grain de sable (issu des déserts de l'Ouest ?). Frank comprendra cela au contact d'Harmonica (Charles Bronson), héraut de cette révolution filmique qu'est le western spaghetti. On retrouve ce constat dans l'un de ses derniers échanges avec Harmonica. Frank : « Morton m'a dit un jour que je ne serai jamais comme lui. Maintenant je sais pourquoi : moi ça m'ennuie de te savoir vivant. Lui t'aurait ignoré. » Harmonica : « En somme, tu viens de découvrir que tu n'es pas un homme d'affaires. » Frank : « Un homme, c'est tout. » Harmonica : « Une race très ancienne. Mais d'autres Morton viendront, qui essaieront de l'éteindre. »

Morton, le boss de Frank et chef du chemin de fer, est une allégorie subversive de la décadence d'un pouvoir bien plus puissant que les armes à feu (« C'est comme un pistolet en plus grand », dira Frank), une puissance malade (représentée par le handicap physique de Morton), en fin de vie, qui n'est plus le symbole d'expansion qu'il pouvait être. Frank comprend qu'il ne dominera jamais comme lui car la relève/concurrence, qu'il a littéralement engendrée, symbolisée par Harmonica, est déjà là. Une descendance bien plus terre à terre, consciente de son existence et par conséquent, de sa durée de vie limitée. Non sans ironie, le western spaghetti mourra seulement huit ans plus tard avec *Kéoma* d'Enzo G. Castellari. « Harmonica » rejoindra donc « Frank » dans sa tombe, dans les livres d'histoire, pour citer à nouveau le testamentaire et honorifique *Mon nom est personne*.

Dans *Il était une fois dans l'Ouest*, tout oppose Frank à Harmonica, même leurs thèmes musicaux. Pourtant, il faut associer la guitare électrique de « l'ange brun » aux souffles de l'instrument éponyme du pistolero solitaire pour créer cette symphonie historique et inoubliable. Car si les héros ont besoin de grands méchants, de tueurs sanguinaires tels que Frank pour exister, l'inverse n'est pas moins vrai.

François Rey

Kyle MacLachlan et Dennis Hopper.

FRANK BOOTH

LE PSYCHOPATHE

Nom : Frank Booth.
Œuvre : *Blue Velvet* (1986, David Lynch).
Interprète : Dennis Hopper.

Violent, violeur, dealer de drogue, certains antagonistes cumulent les vices au point qu'il devient difficile, voire impossible, de les trouver autre chose que répugnants. Frank Booth s'illustre dans le film *Blue Velvet* comme étant sans doute le pire que l'on puisse imaginer.

Frank Booth n'est pas uniquement « l'antagoniste » du film *Blue Velvet* de David Lynch. Il est un être abject, odieux, le mal incarné dans tout ce qui est le plus insoutenable à supporter, et ce, de bien des façons. Il se caractérise par des manières vulgaires, violentes, un comportement presque caricatural, accentuant le dégoût que l'on éprouve à son égard, mais y ajoutant un soupçon de malaise. En lui semblent se trouver deux « personnalités », deux pulsions, nommées Daddy et Baby, toutes deux à la recherche d'attention, mais utilisant des moyens différents.

Sans doute est-ce à cause de ce personnage que le succès boude un temps *Blue Velvet*, la critique mettant alors en avant le faible intérêt artistique de ce type d'antagoniste. Le film se démarque par son atmosphère suintante, par une intrigue en apparence classique mais empreinte de mystère, à l'image de ses personnages. La tension va crescendo : d'abord, un jeune homme découvre une oreille coupée, puis plonge petit à petit dans les méandres de la psyché et des actes de Frank Booth. Petit à petit, que ce soit sous la forme d'un homme en costume dont on ignore l'existence ou par la mention de son nom, il domine aussi bien le film que les autres personnages, les entraînant dans l'enfer qu'il a façonné pour eux. Une descente dans son enfer personnel, mettant en avant l'horreur, évoquant dès les premières images la torture que subissent les protagonistes, une torture d'abord physique, puis psychologique.

Ses actes sont monstrueux : il enlève le mari et l'enfant de Dorothy pour la réduire en esclavage sexuel, n'hésite pas à tuer ses opposants, à corrompre les forces de police en se faisant un allié d'un des enquêteurs, à se faire séducteur (sans grand succès) pour tenter de manipuler les personnages. Son ombre est présente à bien des moments du film : en homme en costume dont on ne perçoit pas le visage, rebondissement certes attendu mais glaçant, par exemple. Frank Booth incarne la figure monstrueuse de l'homme sans scrupule, qui sait qu'il peut tout obtenir par la force, que ce soit de l'argent, de la soumission ou du sexe. Si beaucoup le présentent comme une figure monstrueuse presque irréaliste, d'autres le rapprochent du pire de l'homme, du masculin tout puissant, sans vergogne, utilisant les femmes et les faibles pour sa propre jouissance.

Pervers, manipulateur, personnage sombre, cela se ressent jusque dans la réalisation graphique du film. Les scènes sont moins éclairées, utilisent des gammes chromatiques plus obscures, jouent sur l'atténuation des teintes et utilisent les codes du film noir et d'horreur pour le mettre en valeur. Cette inventivité dans les choix de plans et de montage du film fait partie des éléments contribuant, en 2008, à inscrire *Blue Velvet* sur la liste de l'American Film Institute comme l'un des plus grands films policiers jamais réalisés.

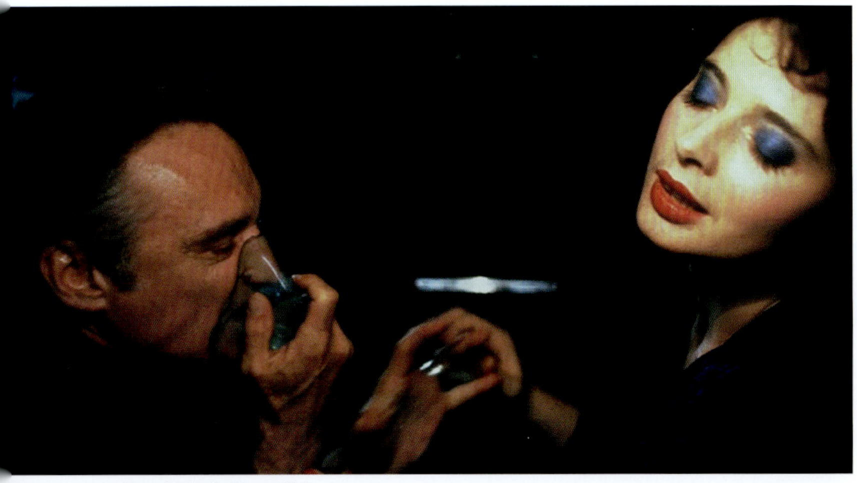

Avec Isabella Rossellini.

Présenté comme une personnalité trouble, Frank Booth reste un pur produit des années 1980. David Lynch tente de le rendre vulnérable malgré son horreur, notamment dans la violence de ses relations avec Dorothy. Il y est présenté à la fois comme un bourreau, un pervers et un enfant perdu. Mais il reste une forme d'incarnation de la violence cumulant les vices. Il n'évolue pas, s'enfonce dans ses vices, caricature du cerveau prévoyant toutes les éventualités. En réalité, il les détruit les unes après les autres, persuadé de son immunité, acquise par la corruption, la violence et la peur.

Sa virilité aiguisée, son besoin de contrôle par la force semblent aussi l'étouffer, à moins que ce ne soit la seule chose qui lui permette d'exister et de survivre. Cela se manifeste par l'inhalation fréquente d'oxygène via un masque. Figure du psychopathe, pervers narcissique, violeur en série, Frank Booth est ce personnage odieux et répugnant, cette figure de violence gratuite exacerbant le pire de la masculinité.

Bénédicte Coudière

FREEZER

Noms : Freezer.
Œuvres : ***Dragon Ball*** **(1984-1995),** ***Dragon Ball Super*** **(2015, en cours).**
Œuvres ***anime*** **:** ***Dragon Ball Z*** **(1989-1996),** ***Dragon Ball Super*** **(2015-2018),**
Dragon Ball Z : Le père de San Goku **(1990, Mitsuo Hashimoto),**
Dragon Ball Z : La résurrection de « F » **(2015, Tadayoshi Yamamuro).**

ENNEMI DES SAIYANS, DESTRUCTEUR GALACTIQUE

Dans la course aux fameuses « boules de cristal » capables d'exaucer tous les vœux quand on les réunit, l'implacable Freezer ne reculera devant aucune ignominie. Portrait d'un méchant sans compromis.

Freezer (ou Furîza, pour la prononciation nippone) est l'un des principaux antagonistes de la saga *Dragon Ball* créée en 1984 par le talentueux mangaka et scénariste Akira Toriyama. Ce manga de plus de 9 000 pages qui compte, encore aujourd'hui, des millions de fans à travers le monde, a bénéficié de plusieurs adaptations télévisées, cinématographiques et vidéoludiques. Adaptations qui ont encore amplifié son succès et propulsé Freezer sur le podium des méchants les plus mémorables de l'histoire de l'animation japonaise.

Dragon Ball, tout comme sa galerie de personnages, est la résultante de plusieurs sources d'inspiration. Grand fan de *Star Wars*, mais aussi de films d'arts martiaux, Toriyama n'hésite pas à leur faire de la place au fil des pages, mais aussi dans la caractérisation des antagonistes. On retrouve alors dans Freezer la cruauté sans bornes d'un empereur galactique tel que Palpatine. Lors d'une interview, le mangaka, qui visait au départ la réalisation d'une série humoristique, a expliqué que Freezer lui était d'abord apparu en se remémorant les monstres de son enfance, souvenir d'une reine croisée dans un film, avant d'évoquer la vision d'un… réfrigérateur ! Un monstre extraterrestre, dévoreur et glaçant, incarnant « l'esprit d'un frigo » diabolique (on remarquera d'ailleurs que le nom choisi pour son méchant n'est pas étranger à cette vision incongrue).

Concernant l'apparence de Freezer, celle-ci se décline en quatre formes (en tout cas pour les deux séries principales que sont *Dragon Ball Z* et *Dragon Ball Super*), selon l'évolution de son arc narratif et de l'intrigue globale. Sa première

Différentes formes du personnage.

forme fait penser à un diablotin, parfaite pour l'entrée en matière d'un fauteur de troubles vaguement inquiétant. Sa seconde forme, assez proche de la première, mais plus large et musclée, traduit avant tout une augmentation de sa puissance maléfique. La troisième forme de Freezer, la plus bestiale et monstrueuse de toutes, affiche un crâne long et proéminent qui rappelle immédiatement le *Alien* de Ridley Scott (1980), autre référence revendiquée de Toriyama pour son méchant. Sous cette forme, Freezer n'a qu'une idée en tête : dévorer les mondes et consumer l'univers entier.

Enfin, la quatrième forme, ou forme ultime, du méchant est paradoxalement la moins menaçante visuellement (si on laisse de côté ses iris rouges, deux points à la couleur alarmante qui devraient mettre tous ses interlocuteurs en alerte). Le contraste entre sa façon policée de s'exprimer et la cruauté interne de ses discours est totalement volontaire, symbolisant sans doute la véritable menace qui se trouve bien dissimulée sous la surface. En guise d'élément perturbant, l'auteur a dévoilé que pour ce développement, il s'était aussi inspiré de l'éditeur qui travaillait avec lui au moment de la création de Freezer…

Dans l'esprit de Toriyama et dans l'univers de *Dragon Ball*, Freezer représente le mal absolu. Il est définitivement le fils de son père, un conquérant sadique régnant sur l'univers et, au vu de l'environnement abrupt dans lequel le jeune Freezer a grandi, son évolution pouvait difficilement s'écarter du modèle qu'il avait sous les yeux. Il ne pouvait devenir que la copie d'un tyran, cherchant même à dépasser l'original par des excès répétés. Toriyama, alors témoin de la crise financière et immobilière au Japon pendant la conception de son méchant, prend pour référence les spéculateurs immobiliers qu'il abhorre pour tailler à Freezer le plus horrible des costumes, celui d'un magnat sans éthique, le plus grand propriétaire terrien et le plus grand destructeur de l'univers, qui annihile des populations entières avant de prendre possession des planètes et d'en revendre les terrains.

À la tête d'une nation à l'organisation militaire qui a accès aux plus grandes avancées technologiques, notamment dans le champ médical (encore un clin d'œil à l'univers *Star Wars* et ses cuves régénératrices à bacta), Freezer encourage aussi une compétition acharnée, et par conséquent la discorde, parmi ses lieutenants (diviser pour mieux régner est un crédo que ce personnage aurait pu prononcer). Freezer se révèle finalement aussi cruel avec ses sbires qu'avec les espèces des planètes qu'il conquiert. Il ne montre aucune tolérance pour l'échec et n'hésite pas à mettre ses menaces de mort à exécution, comme envers Ôren, qui en fera les frais : Freezer tuera le pauvre soldat, celui-ci ayant commis l'erreur d'exécuter le dernier témoin qui aurait pu le renseigner sur l'emplacement des boules de cristal. Le tyran est néanmoins capable d'offrir une seconde chance à un sbire qui peut encore lui être utile, comme le démontre sa relation complexe avec le Saiyan Vegeta (dont il a détruit la planète d'origine par prévention).

L'unique crainte de Freezer concerne en effet la race des Saiyans, des combattants hors pair à l'évolution de puissance illimitée, les seuls capables de le surpasser. Ce que Son Gokû, héros de l'histoire, fera inévitablement. Cependant, l'affrontement épique entre Freezer et le Super Saiyan ne signera pas la disparition du méchant : Toriyama, répondant à l'amour du public pour le personnage, n'aura de cesse de ressusciter l'empereur afin que la légende se poursuive encore longtemps. Le rêve d'immortalité de Freezer, finalement, est devenu réalité.

Lilie Bagage

FREDDY KRUEGER
CRÉATURE DE RÊVE

Nom : Freddy Krueger.
Œuvres : La saga *Freddy* depuis *Les Griffes de la nuit* (1984, Wes Craven) jusqu'à *Freddy contre Jason* (2003, Ronny Yu), *Freddy, le cauchemar de vos nuits* (série, 1988-1990).
Interprète : Robert Englund.

Visage de grand brûlé, chapeau miteux, chandail rayé rouge et vert, main droite recouverte d'un gant terminé par de longues lames aussi acérées que ses répliques : Freddy Krueger est un monstre aussi iconique que révolutionnaire dans le genre du *slasher.*

« Un, deux, Freddy te coupera en deux, trois, quatre, remonte chez toi quatre à quatre, cinq, six, n'oublie pas ton crucifix, sept, huit, surtout ne dors pas la nuit, neuf, dix, il est caché sous ton lit… » Cette comptine enfantine qui résonne dans *Les Griffes de la nuit* [1] met en garde enfants et adolescents contre le croque-mitaine Freddy Krueger.

Agresseur d'enfants, Krueger a été tué par les parents de la petite ville américaine de Springwood. Se faisant justice eux-mêmes, ceux-ci l'ont brûlé vif dans la chaufferie où il emmenait ses victimes – ce qui explique les cicatrices sur son visage. Pour se venger, Krueger revient d'entre les morts pour traquer les enfants de ses bourreaux dans leur sommeil. Et s'ils meurent dans leur rêve, ils meurent également dans la vraie vie. Pour échapper au croque-mitaine, les ados font donc tout pour ne pas s'endormir et ainsi éviter le terrain de jeu de Freddy Krueger.

Pour écrire ce monstre d'un genre nouveau, Wes Craven s'inspire d'un fait divers qu'il a lu dans la presse : en proie à de terribles cauchemars, un jeune garçon essayait par tous les moyens de ne plus dormir. Une situation qui a duré plusieurs jours, jusqu'à ce qu'il finisse par s'endormir à nouveau. En plein milieu de la nuit, ses parents sont réveillés par un cri et accourent pour trouver leur fils mort dans son lit. Ils trouvent cachés dans sa chambre les somnifères que l'ado n'a pas

[1] Wes Craven, 1984.

pris, ainsi qu'une cafetière, une idée que le réalisateur réutilisera pour le personnage de Nancy (Heather Langenkamp).

Quant à l'apparence de sa créature, Craven s'inspire d'un souvenir d'enfance. Un soir, il voit par la fenêtre de sa chambre un homme étrange coiffé d'un chapeau qui le fixe et s'amuse à lui faire peur. Cette inquiétante silhouette devient donc celle de Freddy Krueger, à laquelle il ajoute une peau de grand brûlé et son gant iconique.

Sorti en 1984, le film de Wes Craven révolutionne le *slasher* en mettant l'accent sur le mode opératoire fantastique du monstre. Si Freddy Krueger reprend certains attributs du croque-mitaine de *slasher*, il s'en éloigne aussi pour apporter une bouffée d'air frais à un genre qui commence à s'essouffler. À l'instar de ses collègues Michael Myers[2] et Jason Voorhees[3], Freddy est un tueur psychopathe qui tue des adolescents pour se venger, dans une petite ville de banlieue américaine où les adultes sont au mieux absents, au pire, incrédules, et surtout, d'aucune aide pour les enfants qu'ils devraient écouter et protéger. Krueger assassine ses victimes à l'arme blanche, mais celle-ci est plus originale qu'un simple couteau. Son gant, dont les doigts sont terminés par de longues lames acérées, est une arme difficile à manier, mais terriblement cinégénique.

Surtout, c'est le caractère surnaturel du personnage qui fait toute la différence. Apparaissant dans les rêves de ses victimes, Freddy Krueger permet des scènes d'une inventivité folle et sans cesse renouvelée par des équipes d'effets spéciaux qui expérimentent et s'en donnent à cœur joie tout au long de la saga.

Myers et Voorhees sont des hommes massifs, des forces de la nature inarrêtables, des personnages monolithiques, dont le visage est dissimulé derrière un masque. À l'opposé, Freddy est plutôt mince, dégingandé, une épaule plus basse que l'autre sous le poids du gant métallique. Excessivement expressif et bavard, Krueger lance presque autant de punchlines que de coups. Aussi, Freddy a un visage, celui de l'acteur Robert Englund, qui trouve là le rôle de sa vie. Une des réussites du film et de la saga reste sans aucun doute l'idée de Wes Craven de caster un véritable acteur et non pas simplement un cascadeur masqué pour incarner son antagoniste et lui donner ainsi une personnalité.

Personnage pervers, Krueger est un pédocriminel dans le scénario original. Un fait divers dans une école américaine, ayant un retentissement national dans l'actualité au moment du tournage, mènera à gommer légèrement cet aspect du personnage en le présentant comme un tueur d'enfants. Si le mot n'est jamais prononcé, il n'y a cependant aucun doute sur le caractère de Krueger, dont la plupart des apparitions et des répliques adressées à ses victimes ont un sous-texte sexuel appuyé.

[2] Le méchant de la saga *Halloween*, voir page 130.

[3] Le méchant de la saga *Vendredi 13*, initiée par Sean S. Cunningham.

Krueger prend un malin plaisir à jouer avec ses victimes et à les terroriser dans leurs rêves pour leur concocter une mort mettant en scène leurs névroses ou leurs traumatismes. De plus en plus iconisé film après film, Freddy, plébiscité par les fans, devient le héros de la saga, qui s'étire sur neuf films.

S'ils ne sont pas toujours cohérents avec la mythologie originelle du personnage et se perdent parfois dans des explications psychologisantes du comportement du tueur, les films donnent lieu à des mises à mort d'anthologie et des apparitions de Freddy toujours mémorables. Après le virage comique et grand-guignolesque du personnage amorcé dès le quatrième opus[4], son créateur Wes Craven revient pour le septième film de la saga[5], qu'il veut plus sérieux et méta[6]. Wes Craven, Heather Langenkamp et Robert Englund y campent leurs propres rôles, rattrapés par un Freddy Krueger qui assassine les membres de l'équipe sur le tournage d'un film Freddy. Quelques années plus tard, Krueger rencontre son homologue Jason Voorhees, dans un *Freddy contre Jason*[7] attendu mais décevant, avant de revenir sous les traits de l'acteur Jackie Earle Haley dans le remake de Samuel Bayer, qui se veut plus sérieux et sombre, assumant l'aspect pédocriminel du personnage, mais perdant totalement le côté ludique de la saga – un film unanimement détesté par les fans et la critique. Pour comprendre l'impact du personnage sur la *pop culture*, il faut également évoquer la Freddy Mania des années 1990 et ses improbables produits dérivés – le pyjama Freddy Krueger pour enfants, quoi de mieux pour passer une nuit sereine ? Un numéro permet d'appeler Freddy comme les enfants appellent le père Noël. Le personnage a également droit à des clips MTV, à sa série télé[8] et même à une version Bollywood[9]. Une véritable consécration. *Welcome to prime time, bitch!*

Marie Casabonne

[4] *Le Cauchemar de Freddy*, Renny Harlin, 1984.

[5] *Freddy sort de la nuit*, Wes Craven, 1994.

[6] Une œuvre méta est une œuvre qui intègre, de manière consciente et assumée, son statut de fiction.

[7] *Freddy contre Jason*, Ronny Yu, 2003.

[8] *Freddy, le cauchemar de vos nuits*, 1988 à 1990.

[9] *Mahakaal*, Shyam et Tulsi Ramsay, 1993.

1986

Twilight Princess (2006).

GANONDORF

LE FLÉAU AUX MULTIPLES VISAGES

Noms : Ganon, Ganondorf, Ganondorf Dragemire.
Œuvres : La saga vidéoludique Zelda, depuis 1986 dans *The Legend of Zelda*.
Créateur : Shigeru Miyamoto.

En Hyrule, il est un homme craint de génération en génération. Les anciens sages évoquent la crainte de sa puissance et de ses pouvoirs. Son nom n'est que murmuré pour ne pas attirer son attention : Ganondorf…

Ganondorf fait partie des figures emblématiques de *The Legend of Zelda*. Il est l'antagoniste principal, la menace dont l'ombre plane sur l'œuvre même lorsqu'il n'est pas physiquement présent. Malgré une apparence qui change avec le temps et en fonction des jeux, ses caractéristiques racontent son histoire. On lui connaît deux formes, celle du Fléau Ganon, gigantesque créature cornue mêlant les traits de plusieurs ennemis de l'univers du jeu, et celle de Ganondorf, humain tout aussi grand, dont l'ombre recouvre quiconque s'oppose à lui. Cette ambivalence va de pair avec l'entièreté du personnage : il est le roi du peuple Gerudo, une figure d'autorité et de puissance, avant même de devenir un antagoniste.

À bien des égards, Ganondorf est l'archétype du méchant dont la seule obsession est le pouvoir. Il veut soumettre Hyrule à son contrôle, plonger le monde dans une ère de ténèbres dont il est le souverain. Pour cela, il a besoin de la Triforce. L'artefact offre à quiconque le possède le pouvoir d'exaucer le moindre de ses désirs. À l'image du personnage, le symbole de la Triforce évolue avec les jeux : d'abord sous la forme de la Triforce de la Force et de la Sagesse, le jeu *The Adventure of Link* ajoute celle du Courage. Les trois éléments sont chacun possédés (la plupart du temps) par l'un des trois personnages immuables de la série : Zelda, Link et

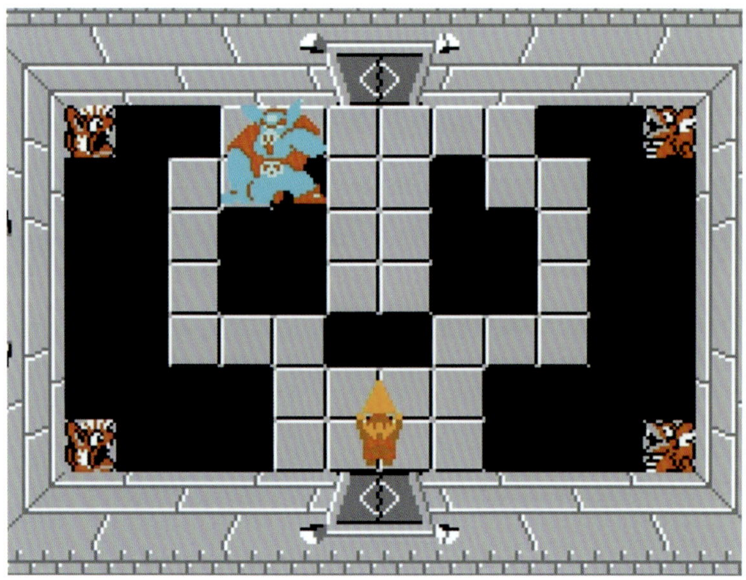

The Legend of Zelda, première occruence du personnage, en haut en bleu (1986).

Ganondorf. À sa manière, possédant la Triforce (ou son fragment) de la Force, le Gerudo fait partie de l'équilibre d'Hyrule, intégrant ce triptyque dont les forces s'opposent ou se complètent selon les événements des différents jeux.

Ainsi, par bien des façons, Ganondorf représente la force brute, la puissance animale, aussi bien sous l'apparence d'un homme que d'une bête. Dans *Twilight Princess*, la Triforce de la Force devient celle du Pouvoir, accentuant ses velléités de conquête et de domination. Cela se ressent dans son *character design* à travers les différents jeux. Son esthétique rappelle certains de ses autres noms. Personnage en armure cuirassée aux allures de chevalier noir dans *Ocarina of Time* et *Twilight Princess* ; archétype du sorcier noir dans les épisodes *Oracles* évoquant son titre de Roi Démon ; riche personnage tout vêtu de noir et rouge dans *The Wind Waker* ; roi du désert laissant apparaître sa musculature dans *Breath of the Wild* et *Tears of the Kingdom*. Ses couleurs dominantes sont le rouge, représentant le sang et la violence, mais aussi son côté démoniaque, et le noir, symbolisant le néant, l'obscurité, le mal (par opposition au blanc et à l'immaculé souvent représentés par Zelda ou d'autres personnages du côté du bien selon les opus).

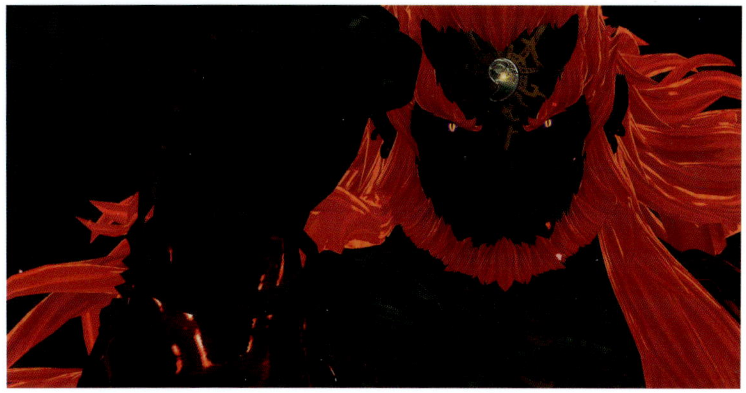

Tears of the Kingdom (2023).

The Wind Waker (2002).
Ocarina of Time (1998).

L'origine de Ganondorf est d'autant plus intéressante qu'il entre en opposition avec le monde dès sa naissance. Il est dit que la tribu Gerudo est un peuple intégralement composé de femmes. Mais tous les 100 ans, un garçon naît pour les gouverner : Ganondorf. Si la chronologie de l'univers d'Hyrule est sujette à de nombreux embranchements, détaillés dans l'ouvrage *The Legend of Zelda – Hyrule Historia* sorti en 2013 par Nintendo et Shigeru Miyamoto, le créateur du jeu, on s'accorde à dire que Ganondorf a grandi dans un climat de guerre, la guerre d'unification d'Hyrule. Il devient un stratège brillant mais manipulateur, son camp se trouvant dans celui opposé aux Hyliens et à la Couronne. De tous jeux cruel et impitoyable, ce méchant emblématique n'en demeure pas moins un élément d'équilibre. Parce qu'il possède la Triforce de la Force (ou du Pouvoir selon les jeux), il est une composante du monde, évoquant le fait que le bien ne peut exister sans le mal. Que les héros n'obtiennent ce statut que s'il existe un adversaire. Dans *The Legend of Zelda*, cet équilibre est de trois : comme les trois côtés ou sommets d'un triangle, comme les trois triangles formant la Triforce complète exauçant tous les désirs. Cette trinité se répète dans de très nombreux éléments des jeux.

Même s'il possède de multiples visages, différents *character design* en fonction des titres et des esthétiques du monde d'Hyrule, Ganondorf (sous sa forme humaine et animale) est toujours particulièrement reconnaissable. Ses motivations le précèdent, s'impriment dans son esthétique… Et puisqu'il est l'antagoniste principal de la série, à quelques exceptions près, il est celui qu'on attend, qu'on redoute, lorsque l'on prend la manette pour explorer Hyrule…

Bénédicte Coudière

Illustration du *Petit Chaperon rouge* par J. W. Smith.

LE GRAND MÉCHANT LOUP
BAD WOLF

Nom : Le Grand Méchant Loup.
Œuvres : Multiples œuvres issues de la littérature populaire, du cinéma et de la télévision, dont *Le Loup et l'Agneau* (La Fontaine), *L'Enfant qui criait au loup* (Ésope), *Le Petit Chaperon rouge.* (Grimm), *Les Trois Petits Cochons*, *Doctor Who* (Russel T. Davis).

À y regarder de près, malgré l'abondance des apparitions du canidé, il n'y a pas tant de vrais Grands Méchants Loups que ça dans les contes. Dans certaines traditions, son rôle peut être tenu par un ours (les contes russes par exemple) ; ou bien, s'il s'attaque à des proies plus petites, par un renard tout aussi vorace et sournois (*Poule Rousse*, *Le Petit Bonhomme de pain d'épices*...). Mais sa renommée est si grande qu'il nous semble omniprésent.

Figure récurrente des contes folkloriques et pour enfants, le canis lupus a pu revêtir, en fonction des époques, une image protectrice – comme la louve nourrissant Romulus et Rémus ou bien la meute ayant adopté et élevé Mowgli[1] – ou endosser des rôles plus cruels et effrayants. C'est à partir du Moyen Âge, sous l'impulsion de la religion, qu'il est associé à une créature diabolique. Il faut dire que pendant les périodes de famine, les animaux sauvages souffrant eux aussi, la faim a pu pousser les loups à s'approcher des hommes et les attaquer, comme ce fut le cas pendant la guerre de Cent Ans. Sans oublier qu'ils ont également été vecteurs de la rage à de nombreuses reprises.

[1] *Le Livre de la jungle*, Rudyard Kipling, 1894.

Attention, donc : tous les loups ne sont pas méchants ! Et tous les mauvais loups n'accèdent pas au grade de Grand Méchant. La plupart sont plutôt tournés en dérision, présentés comme sots, roués de coups à la fin de l'histoire comme c'est le cas d'Ysengrin dans *Le Roman de Renart*[2], cruel mais stupide.

En conséquence, notre animal doit avoir certaines qualifications bien précises pour mériter son titre et être annoncé par une volée de cors façon Prokofiev[3].

Premièrement, il doit être un prédateur fourbe, menteur et cruel qui s'attaque aux plus faibles, aux innocents, aux ignorants, aux naïfs. Le Petit Chaperon rouge ?

[2] *Le Roman de Renart*, auteurs anonymes, 1170-1250.
[3] *Pierre et le Loup*, Sergueï Prokofiev, 1936.

Une candide enfant non initiée; la grand-mère? Une petite vieille alitée; les sept chevreaux : vulnérables cabris; les Trois Petits Cochons : immatures, tout juste sortis du cocon familial; la chèvre de monsieur Seguin : ignorante jeunette surprotégée.

Deuxièmement, pour être un Grand Méchant, il faut au loup un caractère proprement malin : qu'il sache utiliser la ruse pour arriver à ses fins, qu'il n'hésite pas à se travestir ici en vieille aïeule, là en agneau, à tremper sa patte noire dans la farine pour tromper son monde.

Troisièmement : ce qui le pousse à agir dépasse la simple faim, c'est de la gloutonnerie. Ainsi, il n'est pas mû par le besoin, mais par l'envie. Et c'est d'ailleurs cela, bien souvent, qui va causer sa perte : une fois repu, il s'endort si profondément qu'un chasseur ou une chèvre peuvent l'éventrer et le recoudre sans qu'il se réveille. Toutefois, il n'est pas toujours puni *in fine* : dans *L'Enfant qui criait au loup*[4], le troupeau ou l'enfant (voire le village entier) sont dévorés par la bête victorieuse; personne ne vient ouvrir son ventre et en sortir la chevrette de ce bon Seguin…

En conclusion, même si, selon Michèle Simonsen, « le loup, forme privilégiée en France de l'animal féroce, représente le Ça non encore maîtrisé, c'est-à-dire les forces instinctives dans ce qu'elles ont d'asocial et de destructeur », le Grand Méchant, lui, est capable de repousser le moment de son festin, de mettre au point des stratagèmes savants pour arriver à ses fins et laisser exploser sa voracité. Bref, il doit être une ingénieuse brute.

Évidemment, dans le cas particulier du Petit Chaperon rouge, le loup incarne la menace que représente la convoitise des hommes envers les jeunes filles encore pures. Il amadoue l'enfant à qui l'on n'a jamais parlé du loup et la détourne malicieusement de son chemin. Avant de la dévorer toute crue, il la fait se déshabiller et entrer dans le lit auprès de lui. Les versions de Charles Perrault et des frères Grimm ont éliminé de nombreux détails peu élégants, tels que le loup cuisinant les membres de la grand-mère dans son sang, servant le repas au Chaperon, la fillette arguant une envie pressante pour sortir faire ses besoins… Autant d'éléments peu adaptés à un style précieux mais que l'on retrouve dans les variantes orales. Malgré cela, Perrault a choisi une fin plus abrupte que les Grimm. Son conte s'arrête après que le loup a avalé l'enfant. Point de chasseur, point de salut, ni pour la vieille ni pour la jeune. Une fois qu'elles ont vu le loup, il n'y a plus de retour en arrière.

Cette interprétation d'un loup concupiscent est reprise, caricaturée dans les animés de Tex Avery avec un fauve d'abord suave puis aux yeux exorbités et à la langue pendante, mâchoire décrochée à la vue d'un chaperon pin-up répondant à tous les clichés de la femme-enfant.

En France, Alphonse Daudet reprend les mêmes connotations dans *La Chèvre de M. Seguin*[5], toute blanche, qui transgresse l'interdit et quitte la sécurité de son enclos pour tenter l'aventure. Enivrée de cytise et de liberté, elle aura la chance de connaître les plaisirs de l'amour avec un bouc dans la forêt avant de tomber dans la gueule du loup. Mais à la différence du Chaperon, elle se bat vaillamment une nuit durant, avant de s'effondrer sous les coups de dents du carnassier, sa belle robe blanche toute tachée de sang.

On le comprend : le Grand Méchant Loup tapi dans l'ombre nous met en garde contre le danger venu autant de l'extérieur que de nous-mêmes. Il rôde dans la forêt, car il n'est rien de plus naturel que lui, et guette nos faiblesses les plus innées pour en abuser.

Hélène Alméras

[4] *Le Conte populaire français*, Michèle Simonsen, PUF, Que sais-je?, 1994.

[5] « La Chèvre de Monsieur Seguin », in *Lettres de mon moulin*, Alphonse Daudet, 1869.

1989

GRIFFITH

LE FAUCON

Nom : Griffith.
Œuvre : *Berserk* (1989-).
Créateur : Kentarô Miura.

Chef d'une bande de mercenaires, auréolé de gloire, Griffith est mû par un rêve. Mais les épreuves de la vie lui imposent une autre destinée. Celle d'un homme brisé qui finit par céder à la tentation.

La toute première image que le lecteur possède de Griffith est celle d'un dieu maléfique surpuissant, un God Hand, une entité présente dans l'univers de la série, des antagonistes mystérieux mais menaçant, contre lequel se bat le héros de *Berserk*. Un effet d'attente se crée alors : comment ce personnage en est-il arrivé là ? Le manga *Berserk* fait partie de ces œuvres à la portée large, faisant de certains concepts, comme la causalité, leur élément central. Ainsi, Griffith a une conscience aiguë de ce qui l'entoure, de la fatalité, du monde dans lequel il évolue, un monde où les forts exploitent les faibles.

L'histoire de Griffith se tisse en filigrane de la série, l'auteur jouant sur les sous-entendus et sur la mise en page et en scène. En effet, il est souvent placé comme un héros, sauveur de la population, mais aussi sujet à des éclats de colère, le montrant tantôt dans des postures positives, tantôt auréolé d'ombres et au visage inquiétant. On ignore tout de son passé. Il est une page vierge tout entière tournée vers son but, vers un avenir qu'il veut à sa portée, loin des dynamiques actuelles de la société, cherchant à avoir son propre royaume, à vivre dans le château qu'il voyait enfant alors qu'il tentait de survivre dans les rues malfamées. Il est prêt à tout pour réaliser son rêve, pour concrétiser ses désirs. Même à les façonner sur les cadavres de ceux qu'il doit sacrifier pour y arriver. Il fonde une compagnie de brigands qui va devenir une troupe de mercenaires, la Brigade des Faucons, dont il est le commandant, se façonnant une réputation de combattant hors pair. C'est dans ce contexte qu'il rencontre Guts, le héros de *Berserk*, et celui qui, bien plus tard, sera amené à le combattre.

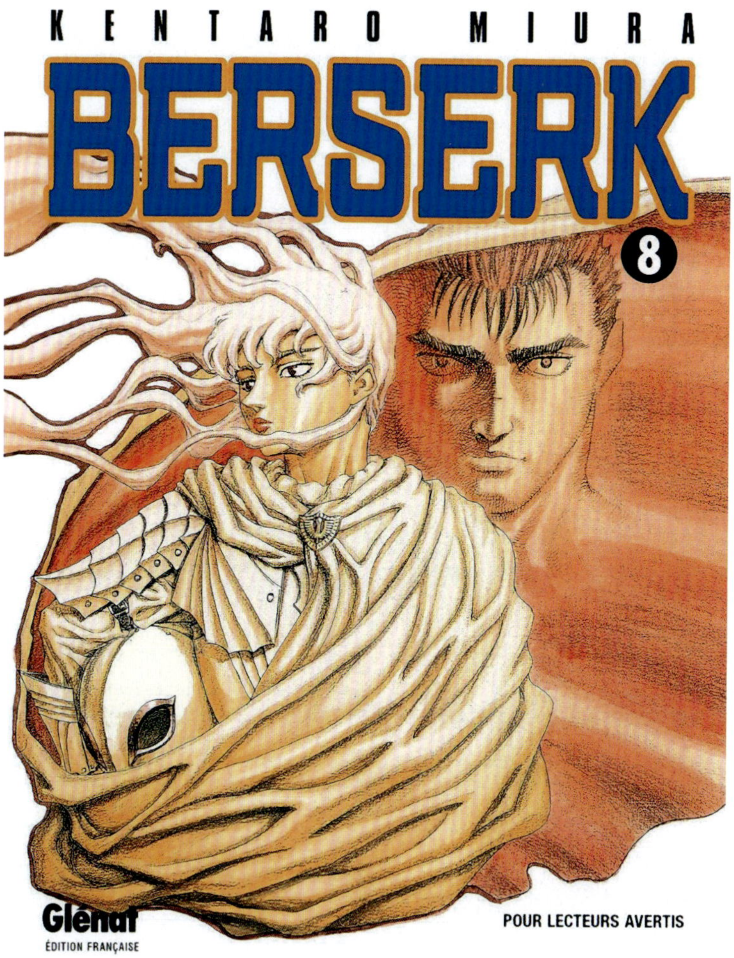

Au début de la série, Griffith n'est pas un personnage mauvais. Il est un idéaliste, vivant pour son rêve, faisant tout pour le réaliser. Bien que niant cette évidence, il prend sur lui et ses remords sont visibles dans de nombreuses cases. La relation qu'il noue avec Guts est profonde et ambiguë. Les interprétations divergent, mais Guts est le seul personnage pour qui Griffith est prêt à mettre de côté son rêve, à se mettre en danger pour cela et à être complètement brisé lorsque Guts finit par quitter la troupe. Des suites de cette défection, Griffith se fait capturer et torturer. La descente aux enfers commence, celle qui l'amènera dans les bras des God Hand.

L'éclipse fait tout basculer. Plus bas que terre, le corps refusant à peine de le porter, ses espoirs anéantis, les God Hand soufflent à Griffith le pire des dilemmes existants. Ils lui font miroiter que les sacrifices qu'il a déjà faits, tous les morts sacrifiés, seraient morts pour rien s'il s'arrête maintenant. Coincé dans une logique biaisée, Griffith ne peut s'arrêter, ne peut accepter que tout ait été vain. Il s'accroche ainsi à son rêve quitte à s'oublier lui-même, à devenir Femto, un être libéré de toute causalité. Un être doté de la véritable liberté. Le personnage subit de nombreuses transformations : en être maléfique quand il est le God Hand Femto, puis de nouveau en humain lorsqu'il est ressuscité. Mais cette nouvelle incarnation humaine ne se fait pas sans heurts : désormais totalement dénué d'émotions, il est une machine organique uniquement tournée vers son rêve, vers le château qu'il convoite.

Par bien des aspects, Griffith est un antagoniste tourné vers la vengeance envers Guts sous les traits de Femto, à la destruction de la causalité et à la recherche de son rêve. Il manque de nuances dans son *character design* : tantôt au trait épuré, très blanc, lumineux, au regard clair; tantôt noir, aux traits plus anguleux sous la forme de Femto, son esthétique reprenant presque l'exact opposé de Griffith. Mais ce n'est pas tout : à certains moments, Griffith est présenté comme un messie, jouant sur la perfection de ce nouvel être ressuscité. Ce n'est pourtant jamais aussi simple : car pour l'accomplissement du rêve de Griffith, seul compte le sacrifice. Pas celui de Griffith, bien entendu, mais celui de celles et ceux qui l'entourent, d'une ville tout entière. Car Griffith n'est plus capable de ressentir des émotions. Pour accomplir son rêve, les remords ne l'arrêtent plus.

Griffith est un personnage ambigu, complexe, prêt à tout pour réaliser son rêve, fût-il aussi futile que de posséder un château. Pour cela, il est prêt à mettre le monde à feu et à sang, à se présenter tantôt en messie, tantôt en mercenaire, tantôt en dieu vengeur et destructeur. Toute l'ambivalence du personnage réside dans l'image qu'il renvoie, plus intime au début de la série et devenant inaccessible à partir du moment où il devient véritablement libre de toute contrainte morale pour la réalisation de son rêve.

Bénédicte Coudière

GUSTAVO FRING

FRÈRE DES POULETS

Nom : Gustavo « Gus » Fring.
Œuvres : *Breaking Bad* (saisons 2, 3 et 4), *Better Call Saul* (saisons 3, 4, 5 et 6).
Créateur : Vince Gilligan, interprété par Giancarlo Esposito.

Qui aurait pu dire que derrière le restaurateur d'Albuquerque, derrière la chaîne de restaurants de poulet Los Pollos Hermanos, se cachait en réalité un baron de la drogue ? Les spectateurs de *Breaking Bad* l'ont découvert, Gustavo Fring est un antagoniste froid et calculateur... mais pas que.

La première chose qui vient à l'esprit lorsque Gustavo Fring apparaît à l'écran, c'est son élégance, sa façon de se mouvoir, son sang-froid. L'acteur Giancarlo Esposito raconte d'ailleurs en interview qu'il s'est inspiré de la manière de se déplacer des danseurs, avec grâce, pour incarner son personnage et lui donner une prestance, parfois sans avoir à prononcer un seul mot. Le charisme qui se dégage de ce personnage n'a d'égal que sa prudence, à la vie comme en affaires. Par bien des aspects, et notamment cette double vie, le business dans la drogue, l'apparente respectabilité, Gustavo Fring et Walter White présentent des caractéristiques semblables, ce qui ne pouvait qu'attiser la rivalité entre les deux personnages.

Homme d'honneur, faisant preuve d'une extrême prudence dans tous les aspects de sa vie, Gustavo Fring est à la fois un patron respectueux de ses employés et un baron de la drogue craint. Il tient son business comme il gère son restaurant : avec la patience de celui qui connaît les affaires et sait qu'elles prennent du temps à se développer, avec la main de fer de celui qui a le contrôle sur ses hommes. Sa patience n'a d'égal que sa prudence : dans le choix de ses collaborateurs, dans la façon de se présenter au monde, notamment en conduisant une voiture pourrie, une autre façon de « se cacher à la vue de tous », comme il l'explique dans un épisode. Il évolue d'ailleurs en citoyen plus que modèle, faisant des dons à la ville d'Albuquerque par exemple ou mettant en avant des actes philanthropiques divers. Il maîtrise parfaitement les apparences, semblant presque intouchable de prime abord.

L'histoire de Gustavo Fring est parcellaire. D'origine chilienne, il fuit son pays pour venir s'installer au Nouveau-Mexique. Il fait la rencontre de Max Arciniega, qu'il prend sous son aile et qui deviendra le second frère des Los Pollos Hermanos. Mais ensemble, ils font aussi partie d'un cartel de la drogue, dirigé par Hector Salamanca.

Les acteurs et le réalisateur ont laissé planer le doute sur les véritables tenants et aboutissants de leur relation, même si elle a été jouée comme plus que fraternelle par les deux acteurs. Aussi, lorsque Max est tué par Hector Salamanca, Gustavo Fring décide de se venger et devient un tueur de sang-froid, appliquant la fameuse loi du Talion, œil pour œil et « sang pour sang ». Il tourmente Hector, l'enferme dans une maison de retraite, celui-ci devenant aussi sa faiblesse. La haine et la soif de vengeance qu'il éprouve pour Hector le poussent à faire preuve de moins de prudence qu'habituellement et à commettre des erreurs. La dernière scène de Gustavo Fring est d'ailleurs à l'exact opposé de tout ce que l'on peut voir de lui tout au long de la série : en colère, quittant son masque de patience, de prudence et de sang-froid, il expose à Hector tout ce qu'il a sur le cœur, avant qu'Hector n'active une bombe qui les fait exploser tous les deux. Une explosion symbolique, représentant autant la façade de Gus qui se désagrège que la colère qui le consume littéralement. Le tout dernier plan montre Gus avec ses deux visages, celui du baron de la drogue et celui de l'homme respectable, évoquant aussi le visage de Double Face (que ce soit visuellement ou dans une certaine concrétisation du personnage).

À l'exception du cas d'Hector qu'il torture, Gustavo Fring ne semble prendre aucun plaisir à tuer. Il le fait par nécessité, tant pour abattre quiconque met en péril son business que si sa confiance est brisée. Mais qu'on ne s'y trompe pas. Gustavo Fring est rusé, malin, parfaitement conscient de l'image qu'il renvoie et de comment la manipuler pour rester au-delà de tout soupçon. Sa très haute intelligence en fait un personnage charismatique, antagoniste principal de la quatrième saison de *Breaking Bad*.

D'une certaine façon, on peut dire que Gustavo Fring incarne une forme de concrétisation du rêve américain, sous toutes ses facettes. Du patron prospère issu de l'immigration, parvenant à s'établir aux États-Unis et à se faire respecter, au baron de la drogue puissant et craint, il représente les deux faces d'une vision de l'Amérique.

Mais c'est bien la prestation de Giancarlo Esposito qui fait de Gustavo Fring l'antagoniste inoubliable de la série. Il est d'ailleurs entré dans la légende des personnages emblématiques de la *pop culture* par son charisme, son aura magnétique ou encore par son sang-froid à toute épreuve.

Bénédicte Coudière

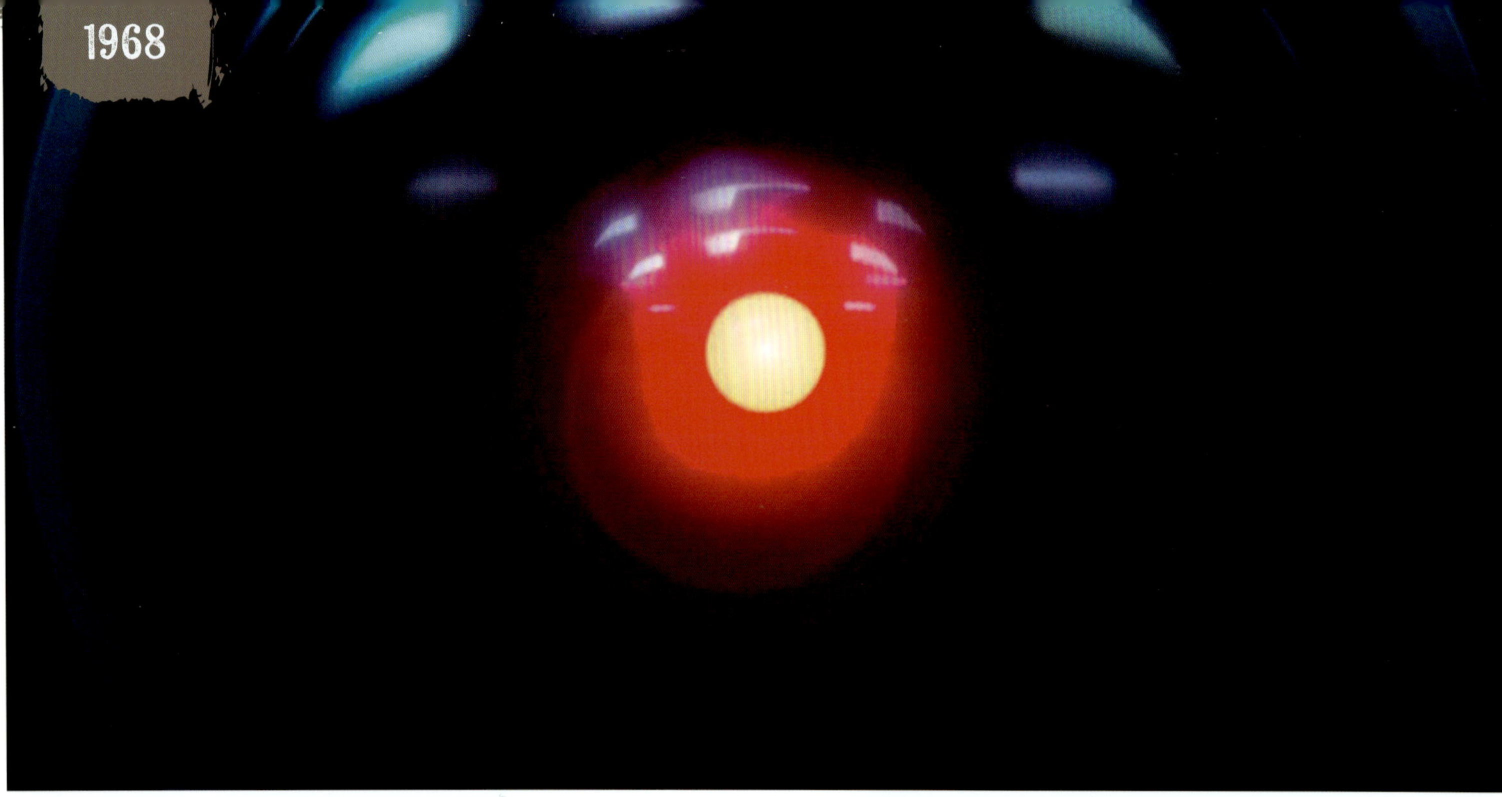

HAL 9000

I, ROBOT

Nom : HAL 9000.
Œuvres : Au cinéma : ***2001, l'odyssée de l'espace*** **(1968, Stanley Kubrick),** ***2010 : L'Année du premier contact*** **(1984, Peter Hyams). Romans d'Arthur C. Clarke :** ***2001, l'odyssée de l'espace*** **(1968),** ***2010 : odyssée deux*** **(1982),** ***2061 : odyssée trois*** **(1988),** ***3001 : l'odyssée finale*** **(1997).**

Intelligence artificielle embarquée à bord du *Discovery One* dans *2001, l'odyssée de l'espace*, HAL 9000 se retourne contre son équipage pour le bien de la mission spatiale dont il est responsable. Mais en tant que machine conçue par l'homme, HAL 9000 peut-il réellement être considéré comme un méchant ?

Sixième membre de l'équipage du vaisseau spatial *Discovery One*, HAL 9000 est un superordinateur doté d'une intelligence artificielle dont la fonction est de gérer de manière autonome les fonctions vitales de la navette. Créé par Arthur C. Clarke dans son roman *2001, l'odyssée de l'espace* publié en 1968, le personnage apparaît également la même année dans son adaptation au cinéma par Stanley Kubrick. Il revient aussi dans les suites du roman, ainsi que dans *2010 : L'Année du premier contact*, le film de Peter Hyams.

HAL est le diminutif de « Heuristically programmed ALgorithmic Computer » traduit par CARL en français, pour « cerveau analytique de recherche et de liaison ». Derrière ces acronymes plus ou moins heureux, HAL 9000 est une prouesse technologique. Au-delà de la maintenance des systèmes de la navette spatiale, on compte parmi ses fonctions l'usage de la parole, la reconnaissance faciale et vocale, l'interprétation des émotions et même la connaissance du jeu d'échecs.

Omniscient dans le *Discovery One*, HAL 9000 a le contrôle de toutes les commandes, s'octroyant ainsi de fait les pleins pouvoirs et un ascendant sur l'équipage qu'il est censé assister. De plus, HAL dispose d'informations quant à la nature de la mission qui n'ont pas été révélées aux membres de l'équipage, ce qui assoit davantage sa supériorité sur les humains présents dans le vaisseau.

C'est justement ce point qui fait enrayer la machine. Programmé pour assurer le succès de la mission, HAL est soumis à des directives contradictoires lorsqu'il doit mentir aux membres de l'équipage sur la véritable nature de la mission. Son mensonge sur la panne d'une antenne entraîne la suspicion de David « Dave » Bowman (Keir Dullea) et de Frank Poole (Gary Lockwood) – les trois autres membres de l'équipage étant en hibernation – qui le croient défaillant. Pensant être à l'abri des oreilles de HAL, les deux astronautes évoquent la possibilité de le déconnecter. Mais ceux-ci ignorent que le superordinateur suit leur conversation en lisant sur leurs lèvres.

Par peur d'être déconnecté et de ne pas pouvoir mener à bien la mission, HAL prend la décision de se débarrasser de l'équipage. Lors d'une sortie de Frank, HAL provoque un accident qui propulse l'astronaute dans l'espace, tandis qu'il désactive les systèmes d'assistance vitaux des caissons d'hibernation de ses collègues. HAL refuse l'entrée du vaisseau au dernier membre de l'équipage encore en vie, Dave, qui finit par trouver un moyen d'entrer et de déconnecter le superordinateur.

Dès son titre, *2001, l'odyssée de l'espace* fait référence à *L'Odyssée* d'Homère. En ce sens, HAL 9000 peut être vu comme une réactualisation version science-fiction du cyclope Polyphème. Son unique œil rouge rappelle celui de la créature mythologique qui tue, sous la plume d'Homère, les membres de l'équipage d'Ulysse, tout comme HAL élimine un an à un les compagnons de Dave. Même si Ulysse ne tue pas Polyphème, il le neutralise en l'aveuglant : on peut voir là un parallèle avec Dave qui désactive HAL en retirant une à une ses barrettes-mémoire.

En revanche, si le cyclope est un être doté de raison et de libre arbitre, et donc pleinement conscient de ses actions et de leurs conséquences, on peut s'interroger quant à la responsabilité de HAL 9000. En tant qu'ordinateur, machine créée par l'homme, HAL n'a pas de conscience, pas de personnalité, il n'est pas censé ressentir des émotions, comme en atteste sa voix monocorde tout au long du film de Kubrick. A-t-il conscience que ses actions sont moralement condamnables et qu'il est complètement disproportionné de tuer ses compagnons humains alors que ceux-ci envisageaient simplement de le déconnecter ?

En supprimant tous les membres de l'équipage pour ce qu'il croit être le bien commun – la réussite de la mission spatiale – et pour sa propre préservation, HAL 9000 incarne les craintes, toujours très actuelles, de l'IA et des dérives de la technologie. Des singes découvrant les outils puis le monolithe aux voyages dans l'espace, *2001, l'odyssée de l'espace* retrace l'évolution humaine, mais montre néanmoins que l'homme est encore trop

immature pour créer une prouesse technologique exempte de tout défaut. Le personnage de HAL 9000, dans le roman comme dans le film, est l'illustration de l'une des grandes thématiques de la science-fiction : le moment où les machines se retournent contre leur créateur pour l'anéantir.

Programmé par des hommes pour être parfait, HAL 9000 reproduit paradoxalement les erreurs de ses créateurs et du genre humain. Par sa qualité de superordinateur infaillible, HAL se considère comme supérieur aux membres de l'équipage, et donc comme la seule entité à même de mener à bien la mission. L'hubris de l'homme pensant construire la machine parfaite se retrouve dans sa création façonnée malgré lui à son image, et donc imparfaite.

Humain, trop humain, HAL 9000 reproduit donc les erreurs humaines, ainsi que les attitudes des hommes. Jusque dans un final tragique, dans lequel il répète à Dave, qui le désactive, barrette-mémoire après barrette-mémoire : « J'ai peur, Dave, j'ai peur. » Ultime manipulation ou réelles émotions développées par HAL au contact des humains ? Peu importe la réponse. Dans un cas comme dans l'autre, il est évident que la machine a acquis une conscience de soi et dépasse l'homme, tout en révélant les limites de la création humaine.

Marie Casabonne

Anthony Hopkins et Jodie Foster dans *Le Silence des agneaux*.

HANNIBAL LECTER
LE GOÛT DES AUTRES

Noms : Docteur Hannibal Lecter, Hannibal le cannibale.
Œuvres littéraires : *Dragon rouge* (1981), *Le Silence des agneaux* (1988), *Hannibal* (1999) et *Hannibal Lecter : Les Origines du mal* (2006).
Sur les écrans : *Le Sixième Sens* (1986, Michael Mann), *Le Silence des agneaux* (1991, Jonathan Demme), *Hannibal* (2001, Ridley Scott), *Dragon rouge* (2002, Brett Ratner), *Hannibal Lecter : Les Origines du mal* (2007, Peter Webber), *Hannibal* (Bryan Fuller, 2013-2015).

Psychiatre renommé et brillant, cultivé et raffiné, le docteur Hannibal Lecter est un parangon de sophistication. Pourtant, derrière les manières policées de cet homme à l'intelligence redoutable et au goût exquis se cache un *serial killer* cannibale...

Psychiatre brillant mais aussi psychopathe cannibale créé par l'auteur Thomas Harris, Hannibal Lecter apparaît dans quatre de ses romans, cinq films et une série. Son apparition la plus marquante est sans aucun doute celle incarnée par Anthony Hopkins dans *Le Silence des agneaux* de Jonathan Demme. Hannibal Lecter n'est pourtant pas l'antagoniste principal du film. Déjà arrêté et incarcéré depuis huit ans dans une cellule de très haute sécurité de l'hôpital psychiatrique de Baltimore, Lecter doit aider la jeune et brillante stagiaire du FBI Clarice Starling (Jodie Foster) à établir le profil psychologique d'un psychopathe que la presse surnomme Buffalo Bill et qui enlève et assassine des femmes. Hannibal Lecter accepte d'aider la jeune femme, mais seulement en échange d'informations sur sa vie privée. S'établit alors entre les deux personnages une relation étrange, faite de fascination et de répulsion mêlées.

Décrire Lecter comme un simple psychopathe cannibale serait réducteur. Personnage oxymorique et complexe, Hannibal Lecter oscille entre le plus grand des raffinements et un comportement de psychopathe dénué d'empathie. Cultivé, amateur d'art, polyglotte, Hannibal Lecter est également charmant et charismatique. Une sophistication qui jure avec sa pulsion primitive pour le cannibalisme, l'un des derniers interdits humains et l'une des conditions de la civilisation. Cette dichotomie du personnage le rend particulièrement effrayant, puisqu'il s'agit d'un cannibale éclairé qui a choisi de manger de la viande humaine par plaisir, par goût, en toute conscience.

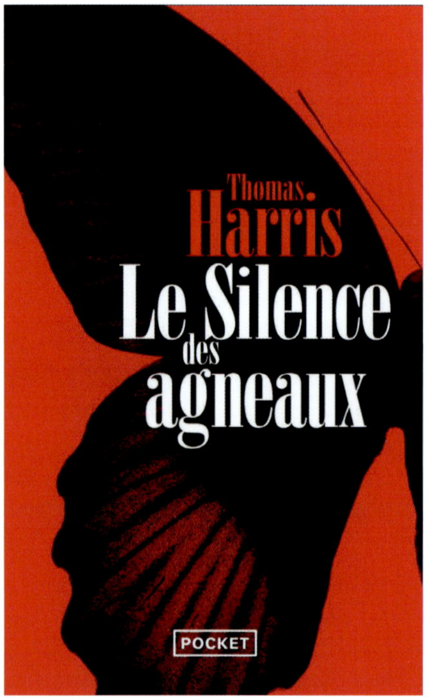

Et peu importe si Lecter est enfermé pendant la majeure partie du film : même derrière une vitre face à l'agent Starling, Hannibal Lecter n'en demeure pas moins un danger. Son intelligence et son métier de psychiatre lui confèrent un ascendant sur ses interlocuteurs, qu'il manipule en exploitant leurs faiblesses. Ainsi, il utilise le traumatisme de l'agent Clarice Starling pour la déstabiliser et dominer la conversation. Au propre comme au figuré, le docteur Lecter se nourrit de la cervelle de ses victimes et de ses patients.

Jonathan Demme utilise deux influences principales pour mettre en scène un Hannibal Lecter iconique et terrifiant, penchant à la fois du côté du film d'horreur classique et du thriller psychologique. Cannibale mangeant ses victimes, Hannibal Lecter se rapproche du vampire qui boit leur sang. Son charisme et son caractère charmant et la fascination qu'il exerce sur ses interlocuteurs le rapprochent également de ce monstre classique, de même que sa culture pléthorique, principalement tournée vers les arts anciens. Hannibal Lecter semble être un monstre charmant, venu d'une autre époque.

Brian Cox dans *Le Sixième Sens.*

À l'opposé de ce spectre fantastique, l'écriture des romans de Thomas Harris tire son influence majeure de son travail de journaliste ayant observé la première unité de profilage créée aux États-Unis en 1972, l'unité d'analyse comportementale. Pour écrire son personnage, l'auteur s'inspire également de véritables *serial killers* qu'il a rencontrés lors de ses enquêtes. Ce qui donne à ses livres un aspect terriblement réaliste que Jonathan Demme inclut dans son film. Le succès du film, qui rafle les cinq Oscars les plus prestigieux[1], n'est pas étranger au succès et à la prolifération du thriller psychologique et des séries de profilage.

Même s'il est incarné par d'autres acteurs dans d'autres temporalités dans les différentes adaptations des œuvres de Thomas Harris, Hannibal Lecter garde les mêmes caractéristiques. En 1986,

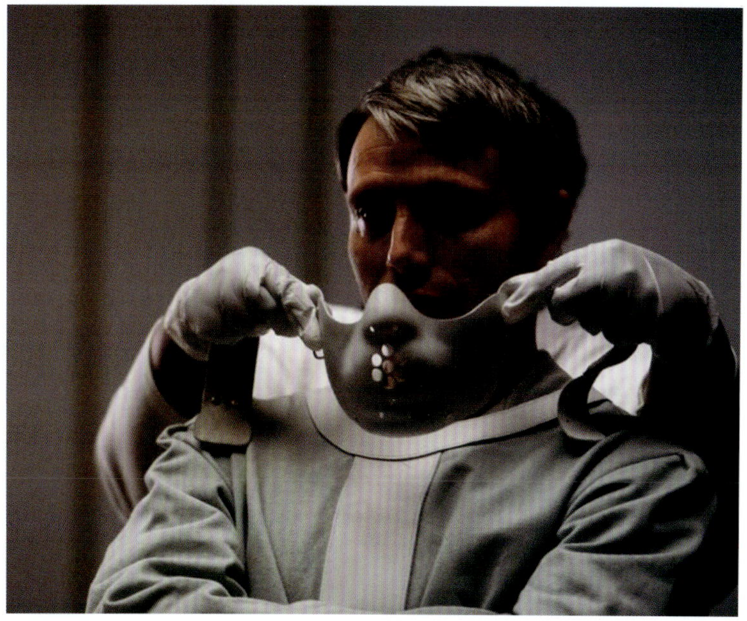

Mads Mikkelsen dans *Hannibal.*

Le Sixième Sens, la première adaptation au cinéma de *Dragon rouge* par Michael Mann, s'intéresse en priorité au héros, Will Graham. Hannibal, incarné par Brian Cox, n'est qu'un personnage très secondaire. Dans *Hannibal* de Ridley Scott, il est à nouveau incarné par Anthony Hopkins, qui reprend le personnage dix ans plus tard, toujours face à Clarice Starling. L'acteur incarne à nouveau le personnage dans *Dragon rouge* de Brett Ratner, nouvelle adaptation du roman du même nom. *Hannibal Lecter : Les Origines du mal*, réalisé par Peter Webber, s'intéresse à la jeunesse du psychopathe, qui apparaît sous les traits de l'acteur français Gaspard Ulliel. Enfin, la série de Bryan Fuller *Hannibal* est sûrement l'itération qui offre l'autre visage le plus intéressant d'Hannibal Lecter, incarné ici par Mads Mikkelsen. Les événements de la série se déroulent avant ceux de *Dragon rouge* et du *Silence des agneaux* et racontent la rencontre entre Will Graham, profileur consultant pour le FBI, et Hannibal Lecter, alors encore psychiatre, mais aussi tueur en série psychopathe. Celui-ci assure le suivi de Graham, qui nécessite l'approbation d'un psychiatre pour collaborer avec le FBI. Lecter se retrouve donc très proche des enquêtes de Graham, y compris celles concernant des crimes qu'il a lui-même commis, et tente de manipuler la santé mentale fragile du profileur pour le faire basculer du côté obscur… La série se concentre également sur Hannibal l'esthète gastronome, avec des titres d'épisodes qui sont des noms de plats en français, japonais ou italien, selon la saison. La mise en scène des recettes cuisinées par le docteur est particulièrement soignée et ses plats n'ont rien à envier aux restaurants étoilés, excepté peut-être la traçabilité de la viande…

Marie Casabonne

[1] Le film a remporté les Oscars du meilleur film, meilleur réalisateur, meilleure adaptation, meilleur acteur et meilleure actrice.

2009

HANS LANDA

MÉCHANT HISTORIQUE

Noms : Colonel Hans Landa, le chasseur de Juifs.
Œuvre : *Inglourious Basterds* (2009, Quentin Tarantino).
Interprète : Christoph Waltz.

Charmant, charismatique, cultivé et raffiné, le colonel Hans Landa est également manipulateur, cruel et sans merci. Un personnage à deux faces, qui reste l'un des antagonistes les plus iconiques du cinéma de Quentin Tarantino.

Inglourious Basterds, sixième long métrage de Quentin Tarantino, évite les questionnements sur la représentation de l'Holocauste[1] en mettant en scène une vision totalement fantasmée de la fin de la Seconde Guerre mondiale. Dans la version de Tarantino, la guerre se termine par l'assassinat d'Hitler et des plus hauts dignitaires nazis dans un cinéma parisien, à la fois par le commando des *basterds* éponymes et Shosanna Dreyfus, une survivante juive vivant sous une fausse identité après l'assassinat de sa famille. Libéré des considérations éthiques sur la mise en scène de la Shoah, Tarantino écrit un rôle d'antagoniste nazi totalement fictionnel, le colonel Hans Landa. Un personnage qui reste son préféré parmi tous ceux qu'il a créés[2] et qui vaut à l'acteur Christoph Waltz le prix d'interprétation masculine au Festival de Cannes, l'Oscar du meilleur acteur dans un second rôle et la reconnaissance internationale.

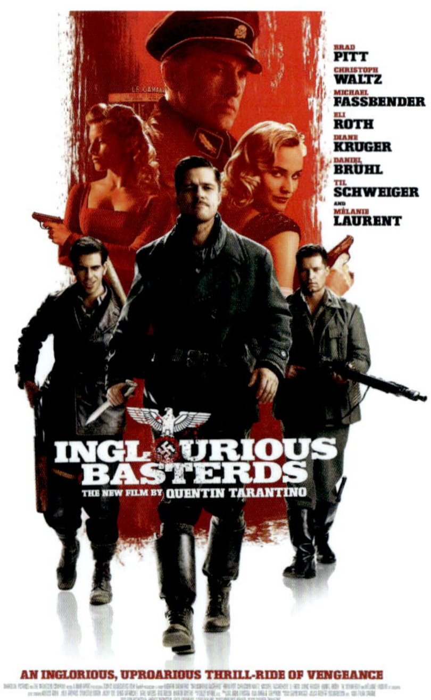

Film choral, *Inglourious Basterds* ne s'ouvre pas sur la présentation du commando de *basterds* – huit soldats juifs américains parachutés derrière les lignes ennemies pour terroriser (et scalper) tous les nazis qui croiseront leur chemin. C'est son antagoniste Hans Landa que Tarantino choisit de présenter dans une scène d'introduction devenue culte. Cette ouverture,

[1] Voir page 12, consacrée à Amon Goeth, antagoniste de *La Liste de Schindler*, commandant nazi ayant réellement existé.

[2] Dans « Quentin Tarantino thrills Jerusalem festival audience » (screendaily.com, par Tom Grater, 10 juillet 2016).

d'une durée de 14 minutes, encapsule le caractère et les enjeux du personnage. Accompagné de trois soldats, Landa vient interroger un fermier français, Perrier LaPadite (Denis Ménochet), quant à ses voisins juifs, la famille Dreyfus, qui seraient cachés dans les environs pour échapper aux Allemands.

D'une politesse à toute épreuve, virant à l'obséquiosité, Landa s'installe à la table des LaPadite pour boire un verre de lait et commencer son interrogatoire. Bureaucrate méticuleux, le colonel semble prendre plaisir à faire son travail en respectant les protocoles, remplissant des formulaires. Dans un français parfait, il pose des questions au fermier avant de passer à l'anglais. Un changement de langue qui sert à déstabiliser le Français, mais aussi à s'assurer que les Dreyfus, qu'il sait cachés sous le plancher, ne comprennent pas la suite de la discussion et ne se doutent de rien.

Car depuis le début, le colonel sait que la famille juive est cachée chez LaPadite. Mais Landa aime mettre en scène ses interrogatoires et faire durer le plaisir, instaurer le malaise, jouer avec son interlocuteur comme un prédateur avec sa proie, l'acculer et le piéger. Quand il obtient les aveux de LaPadite, le sourire de Landa disparaît. La mise en scène est terminée. Il fait entrer les soldats qui tirent dans le plancher, massacrant la famille Dreyfus, à l'exception de Shosanna (Mélanie Laurent) qui réussit à s'échapper en courant, tandis que Landa renonce à tirer et lui lance un « Au revoir, Shosanna ! » glaçant.

Toute la duplicité du personnage est là : polyglotte, Hans Landa est un homme cultivé et raffiné, aussi aimable et poli que cruel et manipulateur. Soucieux d'afficher sa position dominante dans une France occupée par les Allemands, il porte en toute circonstance son uniforme, sur lequel il arbore ses médailles, qu'il touche souvent de la main comme pour rappeler ses états de service à ses interlocuteurs.

Intelligent, Hans Landa est évidemment très doué dans son travail. Sa réputation et son surnom de « chasseur de Juifs » le précèdent et inspirent la terreur. Un surnom qu'il revendique auprès de LaPadite, se vantant de l'avoir mérité. Pourtant, l'Autrichien ne semble pas être un nazi convaincu par les thèses du Fürher. D'après son explication auprès de LaPadite, Landa semble davantage excité par la traque que par l'idéologie nazie et les raisons pour lesquelles les Juifs sont traqués.

Tout dans sa présence et dans son langage corporel révèle sa manière d'occuper autant l'espace que la conversation, pour intimider et mettre mal à l'aise ses interlocuteurs – LaPadite et ses filles, Shosanna sous sa nouvelle identité ou encore Bridget von Hammersmark (Diane Kruger). Ses interrogatoires sont des performances : tout y est prémédité et mis en scène pour aller vers la conclusion qu'il a choisie d'avance. Le meurtre de Bridget von Hammersmark est édifiant : rejouant une scène de Cendrillon, Landa passe l'escarpin trouvé dans les décombres d'une fusillade au pied de l'actrice-espionne pour la démasquer avant de l'étrangler dans une scène d'une violence rare – le seul meurtre commis de ses propres mains.

Opportuniste, le personnage tente de renier son surnom et de minimiser son rôle face au lieutenant Aldo Raine (Brad Pitt). « Je suis détective. Un excellent détective. Ma spécialité, c'est de retrouver les gens. Il était donc normal que je travaille pour les nazis. Je retrouve les gens, et certains d'entre eux sont juifs. Mais "chasseur de juifs" ? C'est juste un surnom qui est resté. » Car Hans Landa est surtout un arriviste guidé par son instinct de survie. S'il met son talent de détective et son intelligence au service de l'Allemagne nazie, c'est avant tout pour se protéger et accéder au prestige et aux privilèges que sa fonction de colonel lui octroie.

Lorsqu'il sent le vent tourner, Landa propose un marché aux Américains. Toujours du côté du plus fort, le colonel nazi négocie avec l'OSS[3] pour se mettre à l'abri et récupérer le mérite de l'opération Kino, allant jusqu'à demander la médaille d'honneur du Congrès pour avoir causé la perte du Troisième Reich. Afin d'empêcher Landa de s'en tirer à si bon compte, le lieutenant Raine lui grave une croix gammée sur le front, souvenir indélébile de ses états de service. Au revoir, Hans Landa !

Marie Casabonne

[3] L'OSS (Office of Strategic Services, soit le Bureau des services stratégiques) était une agence de renseignement du gouvernement des États-Unis créée en 1942 après l'entrée en guerre des USA puis démantelée fin 1945 pour être remplacée par la CIA.

1993

L'HOMME À LA CIGARETTE

LE COMPLOT FAIT HOMME

Noms : L'Homme à la cigarette, Cancer Man.
Œuvres : *The X-Files* (1993-2018).
Créateur : Chris Carter.
Interprète : William B. Davis.

Un nuage de fumée. Une pièce en clair-obscur. Une voix calme et enrouée issue des ombres. Direction aux frontières du réel : il est temps de faire connaissance avec le cancer personnifié.

L'Homme à la cigarette (C-Man, Cancer Man, ou CSM pour *« cigarette smoking man »* dans sa version originale), plus encore qu'un personnage de « méchant », symbolise l'obstacle majeur contre lequel Fox Mulder, protagoniste de la série à succès *The X-Files*, lutte continuellement épisode après épisode. L'affrontement entre les deux hommes est le plus souvent indirect. Avant d'autres dimensions importantes pour le récit, l'Homme à la cigarette incarne une force d'opposition mystérieuse, le complot avec un grand C empoisonnant couche après couche toutes les strates de la société américaine et dissimulant à sa vue la « vérité ». Face à lui, le personnage de Fox Mulder est tel un chevalier pieux à la recherche de ce Graal (du moins, durant les sept

premières saisons). L'ensemble donnera à cette bataille une aura presque biblique. Et ce n'est pas le créateur de la série, Chris Carter, qui démentira, lui qui n'a pas hésité à qualifier de « diable » son personnage fait d'ombres et de fumée.

Au fil des saisons, le mystère autour de cette figure allégorique s'allège cependant. On apprend peu à peu que l'Homme à la cigarette est impliqué dans le « Syndicat » (ou « Consortium »), une organisation secrète dont le but premier est de cacher aux populations une future colonisation de la planète par des êtres extraterrestres. Sans pitié pour la préservation des secrets du Syndicat, allant même jusqu'à tuer pour lui, l'Homme à la cigarette justifie ses actes et sa participation active dans les projets de l'organisation en arguant que maintenir l'ignorance de la société serait une manière de la protéger. On le voit par exemple quand il œuvre pour la mise au point d'un vaccin contre la substance alien nommée « huile noire » ou « Pureté ». En réalité, sous couvert d'une campagne de vaccination de grande ampleur, le Syndicat a permis l'enlèvement de milliers d'humains par les extraterrestres… La fiction, par l'entremise d'un antagoniste effrayant, personnifie les très modernes théories du complot auprès d'un public déjà angoissé par les avancées technologiques et méfiant envers les sciences.

Si l'Homme à la cigarette doit, comme n'importe quel subordonné, rendre des comptes à ses supérieurs du Consortium, il a, semble-t-il, carte blanche pour laisser libre cours à sa cruauté et user de son influence personnelle. Par ailleurs, il devient de plus en plus humain au fil des épisodes et des saisons. Son nom véritable, C. G. B. Spender, est révélé et des éléments intrigants de son passé refont surface. L'Homme à la cigarette serait le fils d'un traître à la solde de l'URSS, ce qui mâtine sa caractérisation d'une couche de guerre froide (parfait pour un comploteur de sa trempe), et il serait allé jusqu'à s'impliquer dans l'assassinat de grandes figures américaines du XXe siècle, telles que John F. Kennedy ou Martin Luther King.

Mais un monstre est d'autant plus terrifiant qu'il exerce sa violence sur ses proches : Cancer Man est à l'origine de plusieurs enlèvements extraterrestres de sa femme Cassandra, a fait tuer son fils Jeffrey et, dès le début de la série, il est celui qui place une certaine Dana Scully sous la surveillance de Fox Mulder, son ennemi… dont on apprendra bien plus tard (saison 7) qu'il est le père biologique.

La relation d'opposition systématique entre ces deux personnages (un père monstrueux voulant conquérir le monde et un fils bien décidé à l'arrêter) et la révélation tardive, ahurissante, de leur parenté en rappellent une autre au cinéma. Kim Manners, réalisateur de plusieurs épisodes de la série, a déclaré que l'Homme

à la cigarette était en fait une version télévisée de Dark Vador. Un seigneur noir, impitoyable et jusqu'au-boutiste dans sa volonté de servir une cause supérieure, et surtout, le père écrasant d'un jeune zélé qui a grandi dans l'ignorance de ce lien filial.

Voilà finalement la conclusion à tirer de ce théâtre : malgré tout, le monstre reste un homme, attaché à d'autres, et faillible. Il partage son vice le plus évident, le tabac, avec sa mère qui décédera d'un cancer et apprendra plus tard qu'il est atteint du même mal qu'elle. Grillant Morley sur Morley (une marque fictive du petit écran), l'Homme à la cigarette ne mourra pourtant jamais. Tel un phœnix sombre, il renaîtra de ses cendres plusieurs fois au cours de l'histoire et même un missile n'en viendra pas à bout, la dixième saison de *The X-Files* mettant en scène un *comeback* pas si déroutant que cela : après tout, qui peut vraiment tuer le diable ?

Lilie Bagage

L'Homme à la cigarette est interprété par William B. Davis, acteur canadien non-fumeur depuis de nombreuses années avant son rôle de Cancer Man dans *X-Files*, qui lui a fait acquérir sa célébrité. Heureusement pour lui, les Morley qu'il « fumait » sur le plateau étaient de fausses cigarettes aux plantes. Après *The X-Files*, W. B. Davis a connu une carrière très marquée par le fantastique et la science-fiction, au cinéma comme à la télévision, tantôt du mauvais (*Upload*) ou du bon côté de la Force (*Continuum*).

L'Homme invisible (1933).

L'HOMME INVISIBLE
DES SCIENCES À LA MÉGALOMANIE

Noms : Docteur Griffin, l'Homme invisible.
Œuvres : *L'Homme Invisible* (1897, H. G. Wells), *L'Homme invisible* (1933, James Whale), *La Ligue des gentlemen extraordinaires* (2001-2020, Alan Moore et Kevin O'Neill).
Interprète : Claude Rains (dans le film de 1933).

L'invisibilité. Un don ou une malédiction, qui peut s'utiliser à bon ou mauvais escient… Et une ambiguïté qui s'exprime à merveille chez l'Homme invisible, tout autant que dans d'autres œuvres majeures, telles que *Le Seigneur des Anneaux* avec son Anneau unique ou *Harry Potter* et sa cape de sorcier.

Griffin, le premier *Homme invisible* (issu du roman de Herbert George Wells publié en 1897), n'a rien d'un gentil. Antipathique, malhonnête, criblé de dettes, il découvre une formule scientifique lui octroyant l'invisibilité qu'il utilise pour échapper à ses créanciers. D'abord enivré par le pouvoir que cette capacité surnaturelle lui confère, Griffin multiplie les crimes. Mais ne plus être visible pèse aussi sur son état mental qui se désagrège au fil du récit. H. G. Wells nous fait comprendre que l'altération physique corrompt peu à peu l'esprit déjà terni de Griffin. L'homme commet alors l'erreur de se confier à un ancien confrère et ami, le docteur Kemp, qui le dénonce aux autorités. Cette trahison signe la fin de Griffin. Il perd définitivement la raison et se laisse aller à des délires mégalomaniaques, avant de se faire abattre par la populace.

Voir sans être vu demeure, certes, un vieux fantasme de l'humanité. Mais H. G. Wells en fait d'emblée une tare, attirant l'attention des lecteurs sur la face sombre du progrès. L'auteur traduit les inquiétudes de son époque pour les sciences et les technologies, la nécessité de réfléchir aux conséquences de ses actes, de comprendre le savoir auquel on accède, comme le suggérait déjà Rabelais dans son *Gargantua* : « Science sans conscience n'est que ruine de l'âme. »

L'Homme invisible dans sa version d'origine se base sur l'archétype du savant fou ; il est un scientifique sans éthique, sans limites morales, seulement motivé par une soif de savoir et de pouvoir qu'il ne parvient jamais à assouvir totalement. Le personnage de H. G. Wells rappelle immédiatement d'autres figures de fiction qui lui sont contemporaines,

telles qu'un Dr Frankenstein (dans le roman de Mary Shelley de 1818, *Frankenstein ou le Prométhée moderne*) ou, mieux encore, un Dr Jekyll (tiré de *L'Étrange Cas du docteur Jekyll et de M. Hyde*, de Robert Louis Stevenson paru en 1886) qui aurait été condamné par sa science à rester un monstre.

En 1933, James Whale (qui vient d'ailleurs de réaliser un mémorable *Frankenstein*) est rappelé par Hollywood pour mettre en scène une nouvelle adaptation de l'Homme invisible. Ce n'est pas le premier long métrage d'adaptation de l'œuvre, mais la version de Whale est sans doute l'une des plus marquantes. En outre, elle demeure assez fidèle au matériau de base, l'Homme invisible étant toujours le méchant de l'histoire. Après une expérience ratée, le Griffin de Whale (prénommé Jack) masque son absence d'apparence sous des bandelettes épaisses et une paire de lunettes noires bien opaques (interprété admirablement par Claude Rains, dont on ne verra le visage que dans la dernière scène du film). Une apparence qui fera ensuite des émules sur les (petits et grands) écrans.

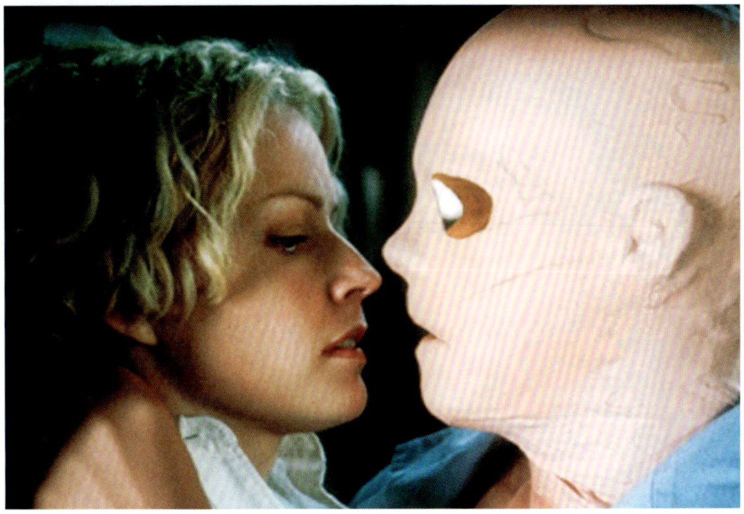

Hollow Man (2000).

Avec la série télévisée populaire de Ralph Smart en 1958, si le visuel de l'Homme invisible est conservé, les créateurs se débarrassent du profil antagoniste et font du scientifique (Peter Brady, interprété par Tim Turner) un détective privé collaborant avec les services secrets britanniques. C'est aussi le cas dans l'adaptation japonaise d'inspiration lointaine *Tomei ningen* (littéralement « l'homme invisible ») de 1954, réalisée par Motoyoshi Oda, qui raconte l'histoire d'un homme devenu invisible pendant la guerre et qui, maquillé de noir en permanence, se déniche un travail... de clown dans un cabaret ! L'adaptation soviétique de 1984 va encore plus loin dans la transformation du méchant en héros. L'Homme invisible, alors accusé à tort de meurtre, se voit promettre de l'aide

L'Homme invisible (2020).

par son ancien camarade d'études, le Dr Kemp, qui ne pense en réalité qu'à l'utiliser pour obtenir le pouvoir. Le film de John Carpenter de 1992, intitulé *Les Aventures d'un homme invisible*, reste dans la même veine d'un personnage (Nick Halloway, joué par Chevy Chase) victime d'un accident scientifique, mais moralement positif, sorte de Richard Kimble (personnage du *Fugitif* de 1993) à la sauce fantastique, avec un soupçon de comédie.

Les adaptations se poursuivent en bande dessinée. À partir de 2001, le scénariste britannique Alan Moore fait de l'Homme invisible un de ses personnages principaux dans la série de *comics La Ligue des gentlemen extraordinaires* : Griffin fait alors équipe avec d'autres personnages de fiction, tels que le capitaine Nemo (issu du *Vingt mille lieues sous les mers* de Jules Verne, 1870) ou le Dr Henry Jekyll.

Au cinéma, il faut attendre l'an 2000 pour que s'exerce un retour aux sources. Dans le mal-aimé *Hollow man : L'homme sans ombre*, Kevin Bacon sert un scientifique antipathique et excessif qu'un sérum d'invisibilité rend complètement fou. Enfin, l'antagoniste et les thèmes de l'œuvre originale sont de retour. L'adaptation la plus récente, réalisée par Leigh Whannell en 2020 (scénariste de *Saw* et d'*Insidious*, notamment), s'intitule sobrement *L'Homme invisible*. Griffin, alors ingénieur en physique optique, s'oppose à son ex-compagne, Cecilia Kass (jouée par Elisabeth Moss) à qui il fait croire à sa mort. Plus tard, aidé par une combinaison d'invisibilité qu'il a conçue, Griffin tyrannise Cecilia et la fait passer pour folle. La jeune femme, cependant, se libérera en retournant l'invisibilité contre lui. H. G. Wells lui-même n'aurait pas renié ce scénario, car le long métrage, tout en se focalisant sur un thème absent du roman de 1933 (les violences conjugales), revient encore plus puissamment à la caractérisation initiale du personnage. Une manière de souligner, une fois de plus, que le pouvoir finit toujours par corrompre celui ou celle qui s'en saisit...

Lilie Bagage

Othello (1965).

IAGO

L'AMBITIEUX MACHIAVÉLIQUE

Nom : Iago.
Œuvre : *Othello* (vers 1603).
Créateur : William Shakespeare.

Le théâtre classique a donné naissance à des personnages aussi charismatiques qu'emblématiques, que ce soit du bon ou du mauvais côté de la balance morale. Avec Iago, William Shakespeare crée l'un des personnages les plus néfastes de son œuvre…

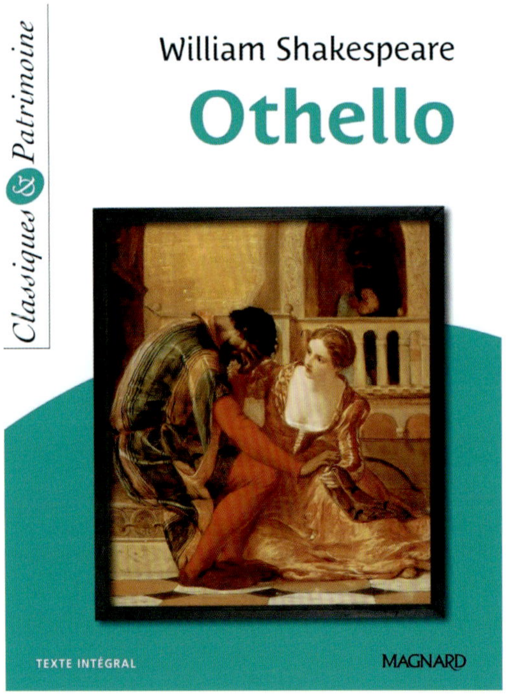

Les apparences sont souvent trompeuses. Et Iago incarne cette maxime avec panache. Conseiller du général Othello, Iago est aussi ce qu'on peut appeler son « âme damnée ». Mais jamais l'expression n'a autant eu de sens que dans le cas de ce personnage. Car Iago est l'araignée qui tisse sa toile autour de ses victimes qui ne découvrent que trop tard qu'elles sont prises au piège. Au fond, Iago est une forme d'incarnation de Méphisto : rien de positif ne peut survenir des actes de ce sournois personnage qui déteste tout ce qui n'est pas à son avantage, tout ce qui n'est pas à sa gloire. Tout au long de la pièce, Iago agit, manipule, avance ses pions et laisse les autres se détruire quand il ne donne pas lui-même le coup de grâce.

Malgré l'image d'homme aimable et de bonne composition qu'il donne en public, Iago hait profondément Othello. Parce que ce dernier a donné de l'avancement à Cassio plutôt qu'à lui, parce qu'il le suspecte aussi d'avoir une aventure avec sa femme Emilia, parce qu'il cristallise toutes les jalousies de Iago. De conseiller, Iago devient traître, les montant tous les uns contre les autres et allumant les flammes de la haine.

À la fois cynique et fin psychologue, Iago provoque et observe : il parvient à cerner la nature des uns et des autres pour les pousser eux-mêmes à la destruction. À Othello, il dira que sa femme Desdémone le trompe avec Cassio avant de se faire l'instrument de la vengeance d'Othello en tentant de tuer

Cassio sur son ordre. Il se délecte de voir le général tuer sa femme qu'il pense adultère, n'hésite pas à tuer quiconque s'approche de trop près de la vérité pour conserver ses desseins secrets. Sous les yeux d'un Iago infiniment patient, chacun deviendra son propre bourreau. Sa fine compréhension de la nature humaine le met presque à chaque fois hors de danger, le poussant à adopter les bonnes attitudes pour se glisser dans le rôle que chacun veut le voir endosser (le bon mari, le bon conseiller, le bon ami...).

Le drame de William Shakespeare, en cinq actes, tend à montrer les différentes facettes de Iago. Jaloux face à la nomination de Cassio, face à sa femme et à ses accusations d'adultère ; ambitieux mais discret devant Othello, il est le conseiller sournois qui déforme la vérité pour peu que cela puisse arranger ses affaires. Mais il est aussi drôle, aimable et amusant dans certaines scènes, montrant presque par l'humour et le cynisme ses capacités de manipulation.

Othello (1951).

Pour beaucoup, Iago et Othello sont l'ombre et la lumière, le vice et la vertu. En ne choisissant pas Iago pour devenir son lieutenant, Othello le rabaisse, fait fi de ses faits d'armes et le renvoie à une forme de médiocrité que Iago ne peut supporter. La force de sa haine et de sa négativité n'a d'égal que sa transparence : dans plusieurs monologues, il explique aux spectateurs ses plans, faisant d'eux les complices passifs de ses manigances. Il instaure le malaise, le fait déborder de la scène jusque dans les rangs du public, comme pour faire s'étendre son emprise. Car que peut faire le public si ce n'est assister, impuissant et silencieux, à la chute des autres personnages ?

À travers les différentes adaptations de la pièce de William Shakespeare, le personnage de Iago fascine toujours autant. L'opéra de Verdi sera l'un des rares à avoir un succès immédiat et

Othello (1995).

à travers les années. Le titre complet de la pièce est *Othello ou le Maure de Venise*, faisant état des origines d'Othello, mais n'étant malheureusement que rarement suivi par la couleur des acteurs l'incarnant. Seul véritable personnage noir du théâtre classique, Othello est devenu un enjeu qui dépasse la moralité de son Iago. Au théâtre en 2023, la brillante et saluée mise en scène de Jean-François Sivadier, avec Adama Diop dans le rôle d'Othello, remet la pièce au goût du jour et lui redonne un nouvel éclairage. Certes, Iago y est toujours l'amoral traître manipulateur, mais il se fait aussi l'incarnation des maux de son époque, tout comme il l'était, d'une certaine façon, à l'époque de William Shakespeare.

La conclusion de la pièce est aussi ironique qu'elle apporte un éclairage à l'ensemble du personnage de Iago. En apparence impossible à arrêter tant sa toile est parfaitement tissée, il n'y a qu'une chose qui aura la capacité de mettre fin à ses manigances : la vérité. C'est en effet lorsque ses manigances sont révélées au grand jour et après de tragiques événements pour les autres protagonistes qu'il est arrêté. Pour le maître du mensonge et de la manipulation, pour l'âme damnée qui se cache derrière de fausses apparences, seule la vérité pouvait être en mesure de stopper ses sombres desseins.

Bénédicte Coudière

IMMORTAN JOE

Noms : Immortan Joe, colonel Joe Moore.
Œuvres : *Mad Max: Fury Road* (2015), *Furiosa: A Mad Max Story* (2024), *Mad Max Fury Road: Nux & Immortan Joe* (comics, 2015, auteurs multiples).
Interprète : Hugh Keays-Byrne (*Fury Road*), Lachy Hulme (*Furiosa*).

MAKE THE WASTELAND GREAT AGAIN

Après l'apocalypse, le Wasteland, cette terre de désolation, ne pouvait être le terreau que de nouvelles mythologies dont allaient s'extraire des figures totalitaires et divines. Parmi elles, Immortan Joe, leader charismatique bien décidé à écrire l'histoire de ce nouveau monde et de l'univers de *Mad Max*.

Saga culte dont le premier film sort en 1979, *Mad Max* brille par ses courses-poursuites violentes et novatrices, sa radicalité… et sa liste de méchants! Si Immortan Joe[1], le tyran au teint blafard obligé de respirer à travers un masque à oxygène orné d'une mâchoire de cheval et pilote d'un *monster truck* rutilant et chromé dans *Mad Max: Fury Road* (2015), n'est pas le premier adversaire à croiser la route du guerrier « Mad » Max Rockatansky, il est le plus intéressant. Il est vrai qu'au sein du bestiaire des méchants créés par George Miller[2] pour affronter son héros torturé, le débat

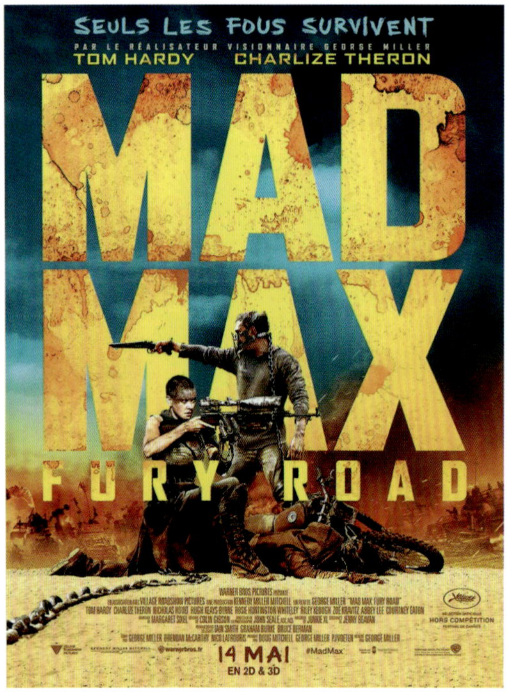

peut s'entendre pour savoir qui mériterait de trôner en haut du podium. *Mad Max 2 : le défi*[3] (1981) marque les esprits et impose une esthétique au genre postapocalyptique[4], notamment grâce à Humungus, ce seigneur qui ne possède qu'un slip clouté et un emblématique masque de hockey comme unique tenue vestimentaire, et dirige une horde de bikers sanguinaires au look tout aussi sado-maso. Il est le seul challenger véritable face à Immortan Joe. Ce dernier est le premier antagoniste du guerrier de la route à posséder une réelle profondeur au Wasteland, par sa volonté de remodeler son monde. Il concrétise d'une certaine façon l'essai non transformé

[1] Interprété par l'acteur Hugh Keays-Byrne, qui jouait déjà le méchant « le Chirugrien » (« Toecutter » en VO) dans le premier film de la saga.
[2] Et ses coscénaristes sur une période de 45 ans : James McCausland, Byron Kennedy, Brian Hannant, Terry Hayes, Brendan McCarthy et Nick Lathouris.

[3] Réalisé par George Miller, comme tous les films cités dans ce texte, sauf précision.
[4] Le manga *Ken le Survivant* (1983-1988) créé par Buronson et Tetsuo Hara tire son esthétique de *Mad Max 2*.

d'Entité (Tina Turner) dans *Mad Max : Au-delà du dôme du tonnerre* (1985), troisième film de la saga.

Avant l'apocalypse, Immortan Joe était connu sous le nom de « colonel Joe Moore ». Vétéran des deux plus grands affrontements de ce tournant de l'Histoire, les guerres du pétrole et de l'eau, Joe Moore est un idéaliste sanguinaire. Il s'adjoint les forces de ses hommes de main les plus fiables et part à travers le désert afin de traquer et détruire les gangs destructeurs qui sévissent sur ces routes sans fin, tuant leurs leaders et capturant leurs femmes. Conscient que l'idée d'un retour à la société passée était un doux rêve qui ne se réaliserait jamais, Joe Moore prit sur lui de reconstruire le monde selon sa volonté. C'est à cette période que son armée découvrit trois lieux aux ressources insoupçonnées : une ancienne mine de cuivre (qui deviendra le « moulin à balles »), une raffinerie abandonnée (la future « Gastown ») et une série de plateaux rocheux surplombés de plantes aquifères, reliées à une inépuisable source d'eau douce. Au terme d'un affrontement lourd en pertes humaines, le colonel Moore sort victorieux et conquiert ce qu'il appellera « la Citadelle ». Lors de l'ultime attaque pour prendre cette dernière, alors que tout espoir était perdu, Moore capture le bâtiment principal au milieu des flammes, ce qui lui valut le surnom d'« Immortan Joe » par ses anciens soldats et nouveaux fidèles, les War Boys.

Immortan Joe a tout du seigneur de guerre à la tête d'une armée de jeunes fanatiques. Que George Miller place son empire au centre d'un désert n'est donc pas anodin. Immortan Joe invente un dieu, le fameux V8 (ce moteur de 24 cylindres est le plus puissant dans l'univers dystopique de Max), qu'il place au centre d'une église, « la maison du saint moteur », dont il devient le messie immortel. Il établit également un contrôle des ressources (eau/essence/munitions) par un système économique qu'il met en place avec ses deux plus fidèles lieutenants, le major Kalashnikov et le Mangeur d'hommes, soit la résurgence volontaire d'un ancien système économique fermé au sein d'un nouveau monde. Pour assoir sa domination, Immortan Joe passe par une stratégie éprouvée : le contrôle des connaissances (ce qu'échouera à faire le trop superficiel Dementus dans *Furiosa*, le vouant à un échec indéniable face à Immortan Joe).

Dans l'univers de *Mad Max*, le monde se reconstruit petit à petit en intégrant certaines ruines de l'ancien. Ainsi, un objet anodin du passé peut devenir un élément crucial, que ce soit une botte, une cartouche de fusil ou une boîte à musique. Immortan Joe est un être cultivé, comme tous les autres leaders aperçus dans *Fury Road* et *Furiosa*. Dementus s'abreuve superficiellement de connaissances inutiles pendant que le dirigeant de Gastown recopie une toile de maître. « Préférant être le maître de l'Histoire

plutôt que son consommateur, Immortan Joe va [...] jusqu'à la réinventer et s'arrange pour appauvrir le vocabulaire de sa cour », écrit le réalisateur et journaliste Alexandre Poncet[5]. Immortan Joe va donc retirer du langage destiné aux êtres qu'il estime inférieurs tous les mots inutiles à leur soumission... même les plus simples, comme « abondance ». En parallèle, il crée un puzzle de vocabulaire à partir des miettes du passé, mélangeant les origines et les idées pour mieux bâtir sa légende (et indiquer au spectateur une intention derrière ces créations). L'eau devient ainsi de l'« aqua-cola » (la nécessité liée à l'addiction) et le Valhalla, lieu où sont emmenés les valeureux guerriers défunts dans la mythologie nordique, se transforme en paradis pour jeunes fanatiques qui auront brillé[6] en mourant au service d'Immortan Joe, où ils pourront dévorer un « McFestin ». On retrouve donc en Immortan Joe autant de stratégies de manipulation appliquées par des groupuscules terroristes que des états de pays développés.

À la tête d'un harem qu'il estime comme son bien le plus précieux et utilise pour son bon plaisir, Immortan Joe s'entoure également des plus belles jeunes femmes qu'il rencontre et capture afin de s'assurer une descendance. Père de fils dégénérés et conscient qu'il ne sera pas éternel, Immortan Joe ne compte pas laisser son empire péricliter à sa mort. Derrière ses actes abjects se cache une volonté de reconstruction du monde. Joe serait-il magnanime ou à la recherche de l'immortalité en rentrant dans l'Histoire ? Une question qui n'aura jamais de réponse, Furiosa l'envoyant manger le sable tel Ozymandias[7] en lui arrachant la moitié du visage, détruisant ses rêves et son empire à jamais.

François Rey

[5] *Mad Movies* #383, juin 2024, Alexandre Poncet.
[6] Littéralement, puisqu'ils rêvent de mourir « brillants et chromés » et uniquement devant témoins, comme ils le hurlent avant de trépasser.
[7] Référence à Ramsès II dans le poème de Percy Shelley (1818) et au passage du temps sur l'arrogance, indiquant que tout grand empire finira indubitablement par être recouvert par le désert. Pour approfondir : *Carnet de l'aventurier du Dr Jones*, Ynnis Éditions, 2023, François Rey.

Louise Fletcher.

INFIRMIÈRE RATCHED
LE SYNDROME DE L'INFIRMIÈRE

Noms : Mildred Ratched, infirmière Ratched, Big Nurse (en version originale, uniquement).
Œuvres : *Vol au-dessus d'un nid de coucou* (roman, 1962, Ken Kesey), *Vol au-dessus d'un nid de coucou* (film, 1975, Milos Forman), *Ratched* (série, 2020, Evan Romansky).
Interprète : Louise Fletcher, Sarah Paulson.

Coiffure impeccable, blouse et coiffe blanches immaculées, visage impassible mais regard qui en dit long : Mildred Ratched est sans doute l'une des pires infirmières mais aussi l'un des meilleurs antagonistes du cinéma.

Personnage créé par Ken Kesey dans son roman *Vol au-dessus d'un nid de coucou*, publié en 1962, Mildred Ratched est inspirée de l'infirmière en chef d'un établissement dans lequel l'auteur a travaillé dans sa jeunesse. En 1975, le réalisateur Milos Forman en réalise une adaptation cinématographique, couronnée de multiples récompenses[1], dans laquelle l'actrice Louise Fletcher incarne avec brio l'iconique infirmière. Un rôle qui lui vaut l'Oscar, le Golden Globe et le BAFTA de la meilleure actrice.

[1] 5 Oscars majeurs (meilleur film, meilleur réalisateur, meilleur acteur, meilleure actrice et meilleur scénario adapté), 6 Golden Globes (meilleur film dramatique, meilleur réalisateur, meilleur acteur, meilleure actrice, meilleur scénario et meilleur acteur dans un second rôle pour Brad Dourif) et 5 BAFTA (meilleur film dramatique, meilleur acteur, meilleure actrice, meilleur acteur dans un second rôle pour Brad Dourif et meilleur montage).

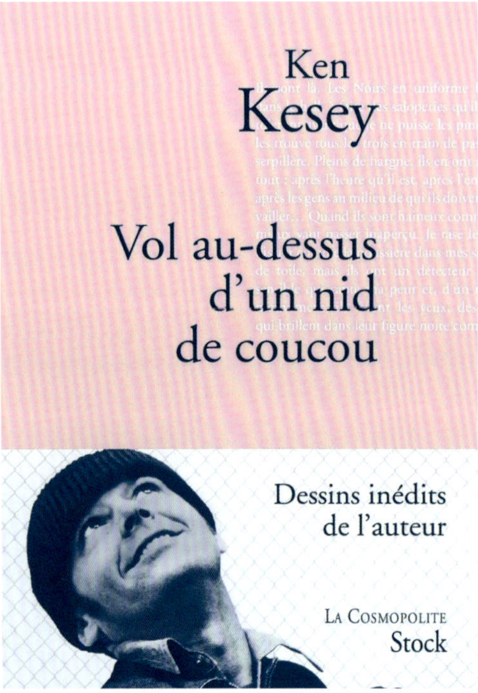

Mildred Ratched fait régner l'ordre dans l'institution psychiatrique dans laquelle elle est infirmière. Tout dans son apparence sévère incarne cette idée d'autorité et de contrôle. Tout, de son impeccable blouse blanche à sa coiffure – datant des années 1940, alors que les événements du film ont lieu en 1963, preuve que pour elle, le temps s'est arrêté il y a bien longtemps déjà – qui évoque les cornes du diable.

Alors que son métier d'infirmière lui confère par définition un rôle de soignante, cette façade et son masque d'empathie empruntée cachent en réalité des manipulations aussi subtiles que perverses pour maintenir l'ordre, au détriment des patients. L'infirmière utilise tour à tour la flatterie, la culpabilisation, les punitions de groupe et les récompenses sélectives pour diviser les pensionnaires et ainsi mieux les contrôler, en les empêchant de former un groupe capable de se rebeller.

Si les patients vivent dans la peur de l'infirmière, c'est que celle-ci les maintient dans un état d'anxiété permanent. Lors de séances de parole dont le but devrait bien évidemment être thérapeutique, elle les force à revivre des expériences traumatiques. C'est le cas du jeune Billy (Brad Dourif), un patient aux tendances suicidaires, qu'elle humilie en lui faisant raconter une situation de rejet par une jeune fille qui lui plaisait.

Sa manière de manier le langage et ses subtilités est également une forme de supériorité qu'elle exerce pour mieux rabaisser, infantiliser et dominer les pensionnaires de l'institution en supprimant leur individualité. Lorsque ceux-ci veulent changer de chaîne pour regarder le sport, elle convoque un vote. Lorsque la majorité du groupe de parole vote en faveur du changement, elle ajoute que c'est l'accord de tous les patients qui doit être obtenu. Et même lorsque celui-ci est donné, Ratched prétexte que la séance est close et qu'il est trop tard.

Personne ne peut gagner face à elle. Pas même le nouvel arrivant, Randall Patrick McMurphy (Jack Nicholson) qui simule l'aliénation pour éviter de purger la peine de prison dont il a écopé pour agressions et viol sur mineure. Tentant de fédérer les patients contre Ratched, McMurphy est le grain de sable qui va enrayer la machine bien huilée mise en place par l'infirmière. Ses tentatives de rébellion vont crescendo, jusqu'à une évasion rocambolesque lors de laquelle il détourne le bus de l'hôpital lors d'une sortie pour emmener pêcher ses compagnons d'infortune. De retour à l'institution, il soudoie le gardien de nuit et fait entrer deux amies pour une soirée arrosée. Au matin, Ratched découvre que Billy a passé la nuit avec l'une des deux jeunes filles. L'infirmière humilie une fois de plus le jeune homme et le menace de prévenir sa mère – une amie de Ratched –, déclenchant une crise du patient, qui finit par se suicider. Sur le point de s'évader, McMurphy s'attaque à Ratched qu'il tient pour responsable de la mort de Billy et tente de l'étrangler. Il ne sortira pas vainqueur de cette violente confrontation. Car même si Ratched revient à son poste équipée d'une minerve, McMurphy regagnera son lit quelques jours plus tard, lobotomisé. Son état végétatif poussera l'un de ses compagnons, Chef, à l'étouffer sous un oreiller avant de s'enfuir.

Personnage froid, sans empathie, sadique, Mildred Ratched est pourtant réputée comme étant l'une des meilleures infirmières de l'institution selon les médecins qui ignorent – peut-être volontairement – ses mauvais traitements infligés aux patients. Figure d'autorité corrompue, elle abuse du pouvoir que lui confère son poste au sein de l'hôpital pour assouvir son besoin d'ordre, de contrôle et de domination sur des patients fragiles. L'infirmière Mildred Ratched est ainsi une incarnation de l'autoritarisme et de la tyrannie, tout autant que les dérives de la psychiatrie institutionnelle du milieu du siècle dernier qui maltraitait les patients : sédation chimique, électrochocs, cellules d'isolement, lobotomie et autres pratiques plus que douteuses.

En 2020, la série *Ratched*, créée par Evan Romansky et développée par Ryan Murphy[2] pour Netflix, prolonge le roman et le film en se penchant sur le passé et la jeunesse de l'infirmière. Interprétée ici par Sarah Paulson, une habituée des productions de Ryan Murphy, l'infirmière montre un visage plus humain.

Sarah Paulson incarne une version plus jeune dans *Ratched*, la série sur Netflix (2020).

L'action de la série se situe à la fin des années 1940 – soit une quinzaine d'années avant les événements du livre et du film. Mildred Ratched se fait embaucher comme infirmière dans une institution psychiatrique de Californie du Nord. Bien qu'elle se perde en sous-intrigues parfois peu utiles, la série dépeint un personnage aux multiples enjeux. On explore son passé d'infirmière de guerre – avant son renvoi pour avoir menti sur ses qualifications inexistantes. Son passé d'orpheline semble expliquer les traumatismes du personnage. Passant de famille d'accueil en famille d'accueil, la jeune Mildred subit de nombreux abus avec son frère adoptif, qui devient un meurtrier. Sa sexualité est également un des enjeux de la série. À une époque où l'homosexualité est considérée comme une maladie, elle refoule sa vraie nature, avant de l'assumer à la fin de la première saison. Annulée, la série s'achève sur un *cliffhanger*, mais aussi sur une situation dans laquelle Mildred Ratched est heureuse, libérée et en couple avec une femme qu'elle aime. Saura-t-on un jour comment elle a basculé ?

Marie Casabonne

[2] Scénariste, réalisateur et producteur américain à qui l'on doit entre autres les séries *Nip/Tuck*, *Glee* et *American Horror Story*.

1985

IVAN DRAGO

LE GRIZZLI DE SIBÉRIE

Noms : Ivan Drago, le Grizzli de Sibérie, le Tueur qui vient du froid.
Œuvres : *Rocky IV* (1985), *Creed II* (2018).
Interprète : Dolph Lundgren.

Par sa carrure, sa puissance et sa détermination, Ivan Drago est l'ennemi le plus emblématique de toute la saga *Rocky*. Mais dans un contexte politique explosif, ses origines et motivations restent des plus obscures.

Ivan Drago, la montagne de muscles que doit affronter Rocky dans le quatrième film de la saga du même nom, est un archétype des méchants sous l'ère Reagan. Après une décennie dominée par le Nouvel Hollywood[1] et ses personnages torturés, reflet des traumas de l'Amérique et de ses syndromes post-Dallas '63[2] et post-Vietnam[3], Ronald Reagan veut *« make America great again*[4] » une première fois. Dans ses armes de propagande massive, Hollywood est son missile et Sylvester Stallone, le porteur de sa missive, quitte à déstructurer l'ADN de Rocky et Rambo, les deux personnages qui l'ont vu naître. Reagan ne veut pas de protagonistes, il veut des héros. Il souhaite des symboles forts et ostentatoires afin d'affronter la menace, qui, pour ne risquer aucune introspection, doit venir de l'extérieur et, si possible, du froid. Trois ans avant de repousser le méchant colonel russe dans *Rambo 3*[5],

[1] Courant cinématographique américain de la fin des années 1960 au début des années 1980. Il se caractérise par la prise de pouvoir des auteurs sur les studios, par une absence de héros archétypaux et de jugements moraux, des thématiques controversées et une profonde désillusion.
[2] L'assassinat du président John Fitzgerald Kennedy à Dallas le 22 novembre 1963 est l'un des plus grands traumatismes vécus par le peuple américain, renforcé par les images du film amateur d'Abraham Zapruder. Témoin de la scène avec sa caméra amateur, Zapruder va involontairement ouvrir une nouvelle ère (télé)visuelle. Pour approfondir la question, lire l'œuvre de Jean-Baptiste Thoret, dont *26 secondes : L'Amérique éclaboussée* (2003, Rouge profond)..
[3] Guerre du Vietnam : 1955-1975.
[4] Avant d'être repris par Donald Trump, qui souhaitait créer un lien évident avec l'Amérique des années 1980, c'est Ronald Reagan qui utilisa ce slogan en premier pour sa campagne présidentielle.
[5] 1988, Peter MacDonald.

dédié à « la bravoure des combattants moudjahidines de l'Afghanistan[6] », l'ennemi de l'Amérique mesure 2 mètres pour 120 kilos de muscles : Ivan Drago.

Ancien militaire, le boxeur blond est un archétype des croque-mitaines soviétiques que tentent d'imposer les dirigeants américains à grands coups d'inceptions collectives. Il est évident que les Russes – sans jeu de mots – ne sont pas tout blancs. Le palmarès de 100 victoires pour 0 défaite affiché par Drago a tout de la propagande stakhanoviste. La séquence clippée à outrance de l'entraînement de la montagne de muscles dans une salle high-tech et de la succession de plans sur les piqûres d'anabolisants et de stéroïdes renvoie à la passion des Russes d'envoyer au cours de ces décennies des athlètes dopés à outrance… surtout dans les compétitions féminines. Mais il ne faut pas oublier non plus qu'ils n'étaient pas les seuls. Sylvester Stallone, qui réalise *Rocky IV*, en fait une véritable machine, par son physique, mais surtout par son absence totale de libre arbitre dont il devient le symbole. Drago passe donc la majorité du film à faire ce que son parti lui ordonne. Stallone filme même le boxeur blond en train de recevoir des ordres de la part de sa non moins peroxydée femme, interprétée par Brigitte Nielsen, soit madame Stallone à l'époque – laissant place à une double lecture ironiquement douteuse.

Ivan Drago met à mal l'Amérique. Il la menace en détruisant ses deux piliers fondamentaux : la liberté et le divertissement. Car en tuant Apollo Creed sans remords et avec une grande indifférence (« S'il meurt… il meurt »), Drago détruit George Washington et sa Déclaration d'indépendance (le costume porté par Creed dans *Rocky*[7]) ainsi que sa culture populaire et son *American way of life*, scandée par le boxeur et James Brown dans la chanson *Living in America* juste avant de monter sur le ring. Ainsi, il impose à Rocky, le héros de Ronald Reagan, d'aller chercher la force de se relever dans la recherche d'une authenticité perdue, dans la nature et dans, donc, ce qui faisait que l'Amérique était *« great »* avant de le redevenir *« again »*. C'est donc sur le sol russe que Rocky retrouve le goût de l'authenticité et les valeurs de l'Amérique. Il faut voir dans cette douce ironie de plus le syndrome d'un artiste en roue libre à qui personne ne sait plus dire « non » et porté par une popularité indécente, délivrant une œuvre fun, certes, mais un poil abrutissante.

Le portrait de Drago édition 1985 ne saurait être complet sans une bonne dose d'*occidentalsplaining*[8] puisqu'après s'être révolté contre ses maîtres, son parti, le géant chute. Plutôt qu'une remise en question (après tout, Apollo l'avait raillé devant des millions de téléspectateurs), Rocky tire la conclusion suivante de son affrontement : « Si j'ai pu changer, alors vous pouvez changer, tout le monde peut changer. » Le boxeur est messianique, mosaïque même, puisqu'il ouvre métaphoriquement une mer rouge – cette fois-ci avec jeu de mots – devant un Drago qui lui, ouvre enfin les yeux. Ivan Drago est donc un personnage né en Russie mais bel et bien créé sur le sol américain.

Ivan Drago devra attendre 33 ans pour prendre sa revanche sur Rocky et sur l'Histoire. Dans *Creed II* (2018), le colosse accompagne son fils et l'encourage à affronter Adonis Creed, fils d'Apollo. C'est donc à travers un duel d'héritiers mis en scène par Steve Caple Jr que les vieilles rancœurs vont se confronter et peut-être ouvrir une voie vers la rédemption. L'URSS n'étant plus, nous découvrons qu'Ivan Drago est ukrainien et rejette toute connexion avec ses anciens supérieurs russes et son ex-femme qui d'après lui l'ont « abandonné », lorsque ceux-ci ressurgissent quand le fiston est frappé par la gloire médiatique. Comme quoi, même en rétablissant l'image de son ancien ennemi, Stallone, alors coproducteur et coscénariste, ne peut s'empêcher de remettre un uppercut à la « mère Russie ».

François Rey

[6] Sur les DVD et Blu-ray édités après le 11 septembre 2001, ce carton sera changé pour « ce film est dédié à la grandeur du peuple afghan ». Quand réécrire l'Histoire n'est apparemment pas un problème…

[7] 1976, John G. Avildsen.

[8] Comme utilisé dans *Carnet de l'aventurier du Docteur Jones*, p. 34, François Rey, 2023, Ynnis Éditions.

2009

JENNIFER CHECK

« ÊTRE UNE ADO, C'EST L'ENFER »

Nom : Jennifer Check.
Œuvre : *Jennifer's Body* (2009, Karyn Kusama).
Interprète : Megan Fox.

Indissociable de la plastique parfaite de Megan Fox, Jennifer Check est la pom-pom girl populaire, cool et sexy du lycée. Un personnage archétypal qui tord pourtant les clichés et revêt une portée symbolique, incomprise à la sortie du film.

Sous la plume de Diablo Cody[1] et devant la caméra de Karyn Kusama[2], Megan Fox incarne Jennifer Check, lycéenne et pom-pom girl. À l'instar de sa consœur Regina George[3], Jennifer est une «*mean girl*» belle, populaire, cool et pas toujours tendre avec son amie d'enfance Anita «Needy» Lesnicki (Amanda Seyfried) avec qui elle entretient une relation aussi toxique que fusionnelle, malgré leurs différences. Jennifer collectionne les conquêtes masculines, s'habille sexy et joue de son sex-appeal, dont elle est totalement consciente. Plus réservée, Needy reste dans l'ombre de Jennifer, avec laquelle elle partage un lien presque télépathique.

Un soir, alors qu'elles assistent à un concert du groupe de rock Low Shoulder dans un bar du coin, Jennifer est enlevée par les musiciens, qui cherchent une jeune fille vierge pour accomplir un rituel qui leur permettrait de devenir riches et célèbres. Mais Jennifer n'est pas vierge et le rituel échoue, la transformant en succube[4]. Laissée pour morte dans la forêt, Jennifer devient alors une mangeuse d'hommes au sens littéral, un nouveau rituel dont elle tire désormais sa force et sa beauté.

La lycéenne se sert de son physique et de sa sexualité pour attirer des garçons

[1] Également scénariste de *Juno* de Jason Reitman (2007), pour lequel elle remporte l'Oscar du meilleur scénario en 2008.
[2] Réalisatrice de *Girlfight* (2010) et *The Invitation* (2015), entre autres.
[3] Personnage de *Lolita malgré moi*, voir page 160.

[4] Démon qui prend une apparence féminine pour séduire les hommes dans leur sommeil.

du lycée qui ne se doutent de rien, malgré l'étrangeté des rendez-vous proposés par Jennifer. La promesse de sexe avec elle suffit à leur faire perdre toute méfiance.

Jennifer Check correspond en ce sens à l'archétype de la femme fatale, qui use de son charme pour manipuler et duper les hommes. De plus, le sous-texte queer du film (certaines répliques de Jennifer, sa relation complexe avec Needy, leur baiser...) place Jennifer dans le sillage d'une réactualisation plus récente de cette figure, devenue bisexuelle avec Catherine Tramell[5]. Celle-ci évoque l'idée d'une sexualité qui pourrait se passer des hommes, remettant en question l'ordre social genré.

Jennifer se détache cependant de cet archétype lorsqu'à la moitié du film, elle apprend à Needy – et aux spectateurs – ce qui lui est arrivé. Les images de son sacrifice en flashback, allongée dans la forêt aux pieds du groupe, puis poignardée et laissée pour morte, éclairent son comportement vengeur et meurtrier. La mise en scène du sacrifice et le regard posé sur Jennifer placent la caméra et l'œil du public du côté du personnage, avec de l'empathie pour lui.

Le sacrifice est ici une métaphore de l'agression sexuelle et Jennifer représente symboliquement l'ensemble des femmes victimes d'abus et de violences par les hommes. Sa transformation est l'allégorie de la colère féminine se retournant contre ceux qui ont fait d'elle un monstre – même si elle s'attaque à des lycéens étrangers à son agression. Si elle est une femme fatale, Jennifer est également une victime. Son attitude vengeresse n'est finalement qu'une réaction face à un système patriarcal : Jennifer devenue succube n'est que le produit de la violence masculine et d'une société qui objectifie le corps des femmes, le brutalise, le détruit.

Jennifer est en réalité une double victime de cette société patriarcale : elle se conforme aux attentes de la société en jouant la jeune fille sexy, puis aussi en se faisant passer pour vierge auprès des membres de Low Shoulder. Elle se coule dans le moule de ce qu'elle pense qu'on attend d'elle, pour finalement être détruite par la violence des hommes.

Et si l'empathie du spectateur se dirige vers Jennifer après son agression, le film n'approuve jamais ses meurtres. Sa meilleure amie Needy se charge de la tuer pour mettre un terme à ses meurtres, après que celle-ci a tué son copain Chip. Pas de rédemption donc pour Jennifer, qui meurt de la main de Needy, dans un ultime trait d'humour tragique. Alors que Needy la poignarde en plein cœur, Jennifer s'écrit « *My tit*[6] », prouvant qu'elle est encore prisonnière de l'objectification de son corps jusqu'à la toute fin. Ce à quoi Needy répond « *No, your heart*[7] », la libérant à la fois de sa malédiction, mais aussi du regard masculin sans cesse posé sur elle.

Si Jennifer meurt, elle vit cependant toujours en Needy, prolongeant la connexion psychique qu'elles avaient depuis l'enfance. En tuant le monstre, son amie s'est vu attribuer une partie de ses pouvoirs. Ce passage de flambeau permet à Needy de poursuivre l'œuvre de Jennifer et de terminer sa vengeance en traquant et massacrant les membres de Low Shoulder dans le final de *Jennifer's Body*.

Devenue succube, Jennifer exerce une attraction fatale sur les hommes qui l'ont sacrifiée.

Totalement incompris à sa sortie, le film n'a trouvé son public que tardivement. Écrit et réalisé par deux femmes, à destination des jeunes filles, *Jennifer's Body* a été marketé à l'attention du public traditionnellement attendu en salle pour les films d'horreur, les adolescents masculins. Une erreur de marketing qui vient confirmer le propos du film et la vengeance de Jennifer. Vendu pour la plastique parfaite de Megan Fox dont la carrière explosait après *Transformers*[8], *Jennifer's Body*, malgré son titre, n'objectifie ni ne dévoile le corps de son personnage et de son actrice. Ni dans une scène où elle se baigne nue dans le lac ni même dans les scènes de sexe. Jennifer et son corps incarnent ici une histoire de colère féminine en réaction à la violence masculine, une histoire tragique de femmes et de sororité salvatrice, car comme le dit Needy en ouverture du film : « Être une ado, c'est l'enfer. »

Marie Casabonne

[5] Personnage incarné par Sharon Stone dans *Basic Instinct*, voir page 40.

[6] « Mon sein. »
[7] « Non, ton cœur. »
[8] *Transformers*, Michael Bay, 2007

JOHANN LIEBERT

LE MONSTRE

Noms : Johann Liebert, le Monstre, le nouvel Hitler.
Œuvres : *Monster*, manga (1994-2001), *anime* (2004-2005).
Créateur : Naoki Urasawa.

Du monstre caché dans l'ombre à celui qui agit en pleine lumière, il est des antagonistes que le spectateur voit mais dont on questionne l'existence même. Tel est le cas du « Monster » donnant son titre à l'œuvre de Naoki Urasawa, Johann Liebert.

« Le grand secret pour enfreindre les règles est de donner l'impression que vous les suivez » selon Johann Liebert, personnage au cœur du manga *Monster*. Y a-t-il plus inquiétant que le monstre ? Figure emblématique et multiple, la monstruosité interroge de tout temps et dans tous les médias. Évoquer le monstre, c'est aussi bien invoquer la différence que l'on ne comprend pas, l'autre que l'on antagonise, l'inconnu que l'on craint… Mais aussi la morale que l'on transgresse. C'est dans cette optique qu'a été créé Johann Liebert. Antagoniste principal de la série *Monster*, il est l'enfant qui est sauvé mais qui ne veut qu'une chose : le chaos et la destruction.

Pour Johann, l'univers n'est que mort. Avec une philosophie proche du nihilisme, il exprime à plusieurs reprises que la vie n'est qu'un épisode, un moment court, tandis que la mort est ce qui reste, ce qui perdure, ce qui façonne l'univers et notre monde. Mais il est aussi celui que l'on ne doit pas voir. Pendant presque toute la série, il reste dans l'ombre, efface ses traces en tuant quiconque l'a croisé, pour ne laisser derrière lui que le docteur Tenma qui le traque et Anna, sa sœur jumelle qu'il veut retrouver. Aucun de ces deux personnages n'est cru lorsqu'il évoque Johann, ou alors c'est déjà trop tard. Course-poursuite comme une chimère dont on doute de l'existence. D'une certaine façon, Johann représente notre côté sombre, le monstre caché en chacun d'entre nous, au point de faire émerger la piste qu'il serait atteint d'un trouble dissociatif de l'identité, que le « monstre » en lui tuerait tous ceux qui le connaissent.

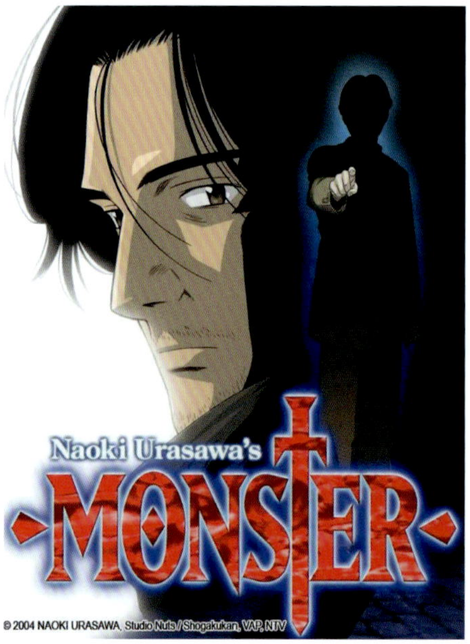

Au-delà de cela, Johann est un personnage tout en extrêmes : tantôt touché aux larmes par l'histoire d'un étudiant ayant grandi dans une famille d'accueil, tantôt d'une grande froideur dénuée d'émotions quand il exécute de sang-froid un adversaire. Sa noirceur n'a d'égal que la blondeur de sa chevelure et son extrême beauté. La fascination que l'on a pour ce personnage vient aussi de son histoire : le manga nous la dévoile sous la forme d'une véritable enquête, d'un jeu de piste où les leurres sont nombreux. Est-il comme cela parce qu'il est profondément mauvais ? Parce qu'il a été façonné, presque créé ainsi ? Le lecteur navigue dans une succession de découvertes et de révélations allant du sordide au génial. De l'orphelinat secret, siège d'expériences sur les enfants, aux extrémismes politiques nationalistes de l'Allemagne de l'Est revendiquant leurs crimes en son nom (faisant de lui le nouvel Hitler, sans pour autant que Johann ait été réellement à l'initiative de ce mouvement), l'aura de Johann n'a d'égal que les passions qu'il déchaîne.

Car finalement, il reste dans l'ombre, présent à chaque instant, menace sourde qui fait réinterpréter la moindre scène sous le prisme de son emprise. Pourtant, le parti pris narratif de *Monster* est audacieux : montrer au lecteur d'emblée l'existence de Johann, quand tous les personnages s'interrogent sur sa réalité. L'auteur nous met dans la confidence, mais nous jette, avec le docteur Tenma, qui lui a sauvé la vie mais qui cherche désormais à l'arrêter, sur la piste du meurtrier. Un chemin sanglant, jonché de cadavres, mais qui fait aussi ressortir le pire et le meilleur des personnages : car le monstre qu'est Johann pose avant tout une question, celle de savoir jusqu'où chacun est prêt à aller. Jusqu'où Anna ira-t-elle pour retrouver son frère ? Le tuera-t-elle ? Jusqu'à quel point le docteur Tenma ira-t-il, lui aussi ? Regrette-t-il d'avoir sauvé cet enfant qui est devenu son enfer personnel ? Et les autres personnages ? L'inspecteur perclus de certitudes qui refuse d'avoir tort ? Jusqu'où Johann les pousse-t-il ? Jusqu'à quel recoin sombre de leur esprit, où se cache leur monstre personnel ?

Johann est une figure fascinante, celle du cerveau contrôlant toutes les intrigues, d'un « méchant » dont on comprend petit à petit le nihilisme et qui révèle à chaque chapitre l'ampleur de son contrôle sur l'histoire et les autres protagonistes. Difficile de rester de marbre devant ce « monstre à la gueule d'ange », ce jeune homme propre sur lui, brillant, aimable, poli, qui parvient à contrôler son apparence et son attitude avant de révéler sa vraie nature. Il mélange à la fois les éléments constitutifs des antagonistes et ceux des cauchemars liés aux expériences scientifiques de guerre, à la quête de l'hégémonie au détriment de la santé mentale, des « super-humains » sans considération pour l'humanité.

Toute son histoire tourne autour de son rapport à la mort, au fait de disparaître. Il ne se montre qu'à certaines personnes, exerce une aura qui pousse les autres à lui obéir et à se plier à ses plans, quand bien même personne ne les comprendrait. Son but est aussi d'isoler, de plonger dans la solitude la plus totale, soit en enlevant la crédibilité de son existence à Tenma, soit en tuant tout l'entourage de ceux qui sont responsables de sa création. Johann jongle entre humanité et monstruosité, entre attraction de cet esprit brillant et répulsion de ses actes et motivations…

Bénédicte Coudière

JOHN DOE

« CE N'EST QU'UN HOMME »

Nom : John Doe.
Œuvres : *Se7en* (1995, David Fincher).
Interprète : Kevin Spacey.

John Doe. L'essence même de l'anonymat. Monsieur Tout-le-Monde, monsieur X, un citoyen lambda. Appelez-le comme vous voulez, car il n'a pas de nom ni de visage. Et c'est bien ça qui est effrayant : ce tueur en série peut être absolument n'importe qui…

L'histoire est vue et revue et constitue la base du *buddy movie*[1] : un duo de flics que tout oppose doit faire équipe pour résoudre une enquête. À sept jours de la retraite, l'inspecteur de la brigade des homicides William Somerset (Morgan Freeman) reçoit son successeur, le jeune David Mills (Brad Pitt), qui vient de s'installer en ville avec sa femme Tracy (Gwyneth Paltrow). Le premier est aussi désabusé et taciturne que le second est idéaliste et impulsif. Les deux vont devoir travailler ensemble pour arrêter un mystérieux tueur en série qui décime ses victimes dans des mises à mort élaborées en fonction des sept péchés capitaux[2].

À cet archétypal – mais solide – duo de flics, David Fincher et son scénariste Andrew Kevin Walker opposent un antagoniste déroutant, John Doe[3]. Tueur implacable et méthodique ne laissant aucun indice compromettant derrière lui, John Doe échappe à tous les regards et se fond dans la foule urbaine, anonyme. Il balade les deux enquêteurs impuissants de scène de crime en scène de crime. La mise en scène se fait

[1] *Buddy movie* : littéralement « film de potes » en français, le buddy movie consister à placer au cœur de l'intrigue deux personnages que tout oppose et qui se retrouvent obligés de collaborer, voire de cohabiter. Ressort comique, leurs problèmes relationnels vont généralement se résoudre au long du film et les deux personnages vont finir par mieux se comprendre, s'apprécier et devenir amis.

[2] Dans la religion chrétienne, la gourmandise, l'avarice, la paresse, la luxure, l'orgueil, l'envie et la colère sont considérés comme les plus graves et comme la source des autres péchés.

[3] John Doe : expression anglaise qui sert à désigner une personne anonyme, le plus souvent un homme retrouvé inconscient ou mort, sans papiers d'identité.

l'écho de cette idée, puisque John Doe est absent pendant la première moitié du film. *Se7en* adopte uniquement le point de vue des enquêteurs, jamais celui du tueur. Le nom de Kevin Spacey, qui incarne John Doe, n'apparaît même pas dans le générique d'ouverture, David Fincher voulant plonger le spectateur dans le même état que les deux policiers, qui ignorent tout de l'identité et du visage du criminel qu'ils traquent.

Toujours dans le contrôle, John Doe s'illustre par sa maîtrise. La planification de ses crimes déroute autant qu'elle impressionne les policiers – et le spectateur. Il maintient alité pendant un an l'une de ses victimes, documentant la dégénérescence de son état par des photos prises au fil des semaines. Le tout sans témoin ni même une empreinte digitale laissée dans l'appartement de la victime – on apprendra plus tard que Doe a pris l'habitude d'arracher la peau de ses doigts pour ne pas laisser de traces.

On ne sait donc rien de John Doe, si ce n'est ce qu'il décide de dévoiler, les indices qu'il sème volontairement, comme un pied de nez aux policiers. Dans le dernier quart du film, alors qu'il vient d'échapper aux enquêteurs lors d'une course-poursuite, John Doe décide de se rendre, nouvelle preuve qu'il est bien le maître du jeu. Alors qu'il était déjà scénariste et metteur en scène de ses crimes, il prend désormais le contrôle du film et du destin des deux policiers. Si *Se7en* s'ouvrait sur une structure scénaristique bien connue, celle du *buddy movie* policier, celle-ci vole en éclats, brisée par l'action inhabituelle de John Doe. Les policiers, comme les spectateurs, perdent leurs repères et sont à sa merci.

« Je n'ai rien de spécial, rien d'exceptionnel », explique le tueur à Somerset et Mills. Un citoyen lambda, passé sous les radars. Investi d'une mission divine, John Doe se voit comme un garant du bien et du mal, agissant pour punir les pécheurs par là où ils ont péché.

Avant sa capture et ses explications, les enquêteurs débattent de la nature de ce tueur hors norme. Est-il fou ? S'agit-il d'un psychopathe ? Deux visions du monde s'opposent ici. Celle de Mills, encore jeune et optimiste, qui a pour premier réflexe de penser que John Doe est fou. Cette tentative de rationaliser ces crimes atroces est une manière de contrôler le monde ou, à défaut, de le comprendre. Pessimiste et réaliste, Somerset est quant à lui conscient du chaos du monde. Pour lui, John Doe n'est pas fou, bien au contraire. John Doe lui apparaît tout à fait rationnel, méthodique et patient dans sa façon d'organiser ses crimes.

Si on ne peut pas dire qu'il est fou, alors John Doe est le diable, le mal incarné. Une nouvelle tentative de justification de Mills tout droit issue de la morale judéo-chrétienne traçant une ligne entre le bien et le mal, entre les bons citoyens (Mills, Somerset et tout le reste de la société) et les méchants (John Doe). Dans les deux cas – que John Doe soit un psychopathe ou l'incarnation du mal –, cette mise à distance salutaire permet à Mills de se rassurer, de mettre le tueur au ban de la société.

« Si on arrête John Doe et qu'il s'avère qu'il est le diable, s'il est vraiment Satan lui-même, voilà qui pourrait être à la hauteur de nos attentes, mais ce n'est pas le diable. Ce n'est qu'un homme », prédit Somerset avant la reddition du tueur.

Cette idée vient secouer les fondations de la société et du monde tel qu'on le connaît, et questionner l'humanité des personnages. Si John Doe est un homme comme les autres, qu'est-ce qui nous différencie de lui ? La réponse est donnée dans un dernier acte tragique. Acceptant de signer des aveux complets si les deux enquêteurs l'accompagnent seuls sur le lieu où se trouvent les deux dernières victimes, John Doe abat sa dernière carte. En plein désert, il fait livrer un colis contenant la tête décapitée de Tracy, la femme de Mills. John Doe se fait ici victime qui doit périr pour son péché d'envie envers Mills et sa vie de famille. En le tuant, Mills cède au dernier péché capital, celui de la colère – ou doit continuer à vivre dans un monde qui ne vaut plus la peine en laissant en vie le meurtrier de sa femme. Il n'y a pas d'échappatoire, c'est John Doe qui gagne quoi qu'il arrive. Dans ce final d'une noirceur abyssale, John Doe tue l'optimiste de Mills et conforte Somerset dans sa vision du monde sombre et désabusée. Si John Doe est un homme comme les autres, qu'est-ce qui nous différencie de lui ? La réponse est radicale : rien. Rien ne sépare Mills de John Doe. Rien ne nous sépare de John Doe.

Marie Casabonne

Ricardo Montalbán dans *Star Trek 2 : La Colère de Khan*.

KHAN

L'ULTIME FRONTIÈRE DE LA RANCUNE

Nom : Khan Noonien Singh.
Œuvres : ***Les Derniers Tyrans*** **(*Star Trek*, 1967, saison 1, ép. 22), *Star Trek 2 : La Colère de Khan* (1982, Nicholas Meyer), *Star Trek Into Darkness* (2013, J. J. Abrams).**
Interprètes : Ricardo Montalbán, Benedict Cumberbatch.

Avec seulement trois apparitions au compteur en bientôt 60 ans d'existence, Khan est le méchant le plus marquant de la saga *Star Trek*. Au milieu de la centaine de races extraterrestres rencontrées, pourquoi cet humain d'apparence a-t-il autant marqué les esprits ?

À la fin du XXe siècle, des humains génétiquement modifiés conquièrent un tiers de la Terre lors des Guerres eugéniques[1], dirigés par le seigneur tyrannique Khan Noonien Singh, plus communément appelé « Khan ». Défaits, Khan et 71 surhommes ayant survécu au conflit sont placés dans un état de stase, bannis de la Terre et expédiés dans l'espace à bord du vaisseau *Botany Bay*. Deux cents ans plus tard, l'équipage de l'*Enterprise* croise leur route (l'épisode « Les derniers tyrans[2] »). Après un affrontement musclé, le capitaine Kirk et ses hommes déposent Khan et les siens en exil sur Ceti Alpha V, une planète déserte aux conditions de vie favorables. Quinze années passent avant que Chekov, le navigateur de l'*Enterprise*, se rende sur Ceti Alpha V par erreur et soit capturé par Khan et ses sbires (le film *La Colère de Khan*[3]). Les conditions de vie sur la planète sont devenues un enfer et le surhomme s'est juré de se venger de Kirk et de son équipage. Ces derniers n'arriveront à se débarrasser une bonne fois pour toutes du tyran qu'au prix d'un terrible sacrifice.

Si l'interprétation et le charisme de Ricardo Montalbán ne sont pas étrangers au succès que va remporter Khan, son aura tient dans un premier temps à une question

[1] Avec une influence des conflits provoqués par l'idéologie aryenne, les Guerres eugéniques marquent dans la chronologie de l'univers de *Star Trek* la première différence avec notre réalité.

[2] *Space seeds* dans la version originale, soit les « graines de l'espace », impliquant une notion de fertilité, qu'elle soit physique ou idéologique.

[3] Une traduction plus juste de *The Wrath of Khan*, le titre original, serait « Le courroux de Khan », plutôt que « la colère ».

Première apparition de Khan dans la série TV.

de timing. Dans la première saison de *Star Trek* (1966-67), l'équipage de l'*Enterprise* rencontre certes une poignée d'adversaires retors et mémorables (Charlie X, Harry Mudd, le Gorn…) mais aucun n'est encore véritablement emblématique comme le seront les versions ultérieures des Klingons, les Romulanais, les Borgs ou le Dominion. Khan débarque donc sur l'*Enterprise* comme sur un territoire vierge, à l'image du paradis perdu qu'il recherche pour son peuple. Il est également l'ennemi qui se rapproche le plus du capitaine Kirk (exception faite de son double en provenance d'un univers parallèle). Ainsi, lorsque le réalisateur Harve Bennett est engagé pour réaliser une suite à *Star Trek, Le film* (1979), avant d'être remplacé par Nicholas Meyer, Khan apparaît comme le choix le plus évident s'il doit inclure un antagoniste de la série dans le scénario. À une époque où les *spin-offs* ne sont pas légion, le retour d'un personnage n'est pas anodin et Khan assoit son statut de *fan favorite*[4], porté par son opposition homérique avec le capitaine Kirk et les conséquences désastreuses de leur affrontement.

Dans *La Colère de Khan*, le méchant éponyme marque une véritable opposition avec Kirk. Il en est un miroir – une image très présente tout au long du film, comme lors du déchirant climax. L'univers développé par Gene Roddenberry, le créateur de *Star Trek*, a toujours été un appel à l'exploration et à la liberté. Mais cette liberté n'est pas binaire et possède bien plusieurs facettes. En citant *Le Paradis perdu* de Milton à la fin de *Les Derniers Tyrans* : « À mon avis, régner est digne d'ambition, même en enfer ; mieux vaut régner en enfer que servir dans le ciel », Khan transpose le combat entre le bien et le mal entre sa vision du monde et celle de Starfleet, l'organisation chargée de l'exploration de la galaxie dont dépendent Kirk et son équipage. Khan préfère régner sur sa petite communauté, confiné sur une planète (supposée) paradisiaque que de pouvoir voguer vers l'infini et au-delà comme le font Kirk et l'équipage de l'*Enterprise* mais sous la coupe d'une hiérarchie à laquelle ils doivent rendre des comptes et obéir aux règles.

[4] Se dit d'un personnage adulé par les fans.

En 2013, dans *Star Trek Into Darkness*, deuxième film se déroulant dans une chronologie parallèle réalisé par J. J. Abrams, c'est le Britannique Benedict Cumberbatch (*Sherlock*, 2010-2017) qui reprend le rôle de Khan. Dans un récit plus orienté politique que les précédents films, Spock (Leonard Nimoy), seul membre de l'équipe d'origine à avoir voyagé dans cette chronologie alternative, apporte son aide au jeune équipage de l'*Enterprise* (dont son double rajeuni, interprété par Zachary Quinto) afin de mettre en déroute Khan et ses plans machiavéliques. Cryogénisé, le tyran est renvoyé dans l'espace.

Benedict Cumberbatch dans *Star Trek Into Darkness*.

Le mot « Khan » signifie « dirigeant » ou « souverain » en mongol et en turc. Dans *Star Trek*, ce cher Khan n'est pas si éloigné de notre Gengis Khan, le célèbre souverain mongol. Tout comme lui, c'est un conquérant qui réussit à défaire ses ennemis et à coloniser une grande partie du territoire lors de la première partie de sa vie. Doté d'une force physique et d'un intellect supérieurs, Khan aurait pu vaincre n'importe lequel de ses adversaires. Bien qu'il déteste les êtres qu'il considère comme inférieurs, il est épris d'une grande compassion pour ses semblables, ce qui le perdra à deux reprises (la série et le film de 2013). Dans *La Colère de Khan*, c'est sa soif de vengeance inextinguible qui lui fait perdre sa clairvoyance. Plutôt que d'utiliser son savoir pour sortir son peuple de la misère, Khan reste obnubilé par la destruction du capitaine Kirk. Tel le monomaniaque Achab et sa quête autodestructrice dans Moby Dick, Khan est une personnification du fanatisme, un damné corrompu par la colère. Il échoue à chaque fois par des actions liées à des traits de caractère humains. C'est ce qui fait de lui un grand méchant et le distingue à la fois d'une caricature de mauvaise science-fiction et des adversaires notables rencontrés dans *Star Trek* : son humanité retrouvée pour un *paradis perdu*.

François Rey

KRISS DE VALNOR
LÉGENDE EN CASES ET BULLES

Nom : Kriss de Valnor.
Œuvres : Les bandes dessinées *Thorgal* (1980) à partir de « Les Archers » (1985), neuvième album de la collection.
Créateurs : Jean Van Hamme et Grzegorz Rosiński.

Archère, pilleuse, aventurière, mercenaire, esclave, mère… et même reine ! Kriss de Valnor est un personnage de bande dessinée aux multiples facettes, toutes mémorables. Rencontre avec une légende de l'univers thorgalien.

Enfant de Jean Van Hamme (au scénario) et de Grzegorz Rosiński (au dessin), Kriss de Valnor apparaît pour la toute première fois dans la série belge de bandes dessinées *Thorgal*, où elle trouve sa place dans un univers de *science-fantasy* teinté de mythologie nordique.

Dans le volume 9 de la saga mère, intitulé *Les Archers*, Kriss entre en scène et laisse d'emblée exploser sa brutalité. Les lecteurs et Thorgal prendront à cette occasion toute la mesure de sa force de caractère et de ses pulsions vengeresses. Kriss, capturée, violée par des brigands, rase leur campement en représailles pour ensuite se faire gifler par Thorgal venu la secourir ! Selon ce héros modèle, les violences que la jeune femme a subies ne justifient pas le massacre perpétré ensuite… Leur relation commence mal. Rancunière, Kriss lui fera payer cet affront en dérobant par la suite le prix du tournoi d'archerie qu'ils étaient censés se partager, avant de lui fausser compagnie. Thorgal, enfant des étoiles au destin tortueux, venait de rencontrer une tornade brune qui n'aura de cesse de bousculer son existence.

Les deux premiers volumes de la série *spin-off* qui lui est consacrée (conduite par Yves Sente) font la lumière sur ses origines et fournissent plusieurs éléments de compréhension quant à sa caractérisation. Sans cesse harcelée par les garçons de son âge, réduite en esclavage par l'homme chez qui

elle et sa mère Olgave ont trouvé refuge, Kriss l'adolescente tente de fuguer plusieurs fois, en vain, jusqu'au moment où Olgave se suicide sous ses yeux. Là, emportée par sa colère et sa haine, la jeune fille tue celui qu'elle considère comme son bourreau et s'enfuit.

La dureté de cette vie en solitaire continue de façonner le personnage. Qu'on se le dise : Kriss de Valnor est prête à tout pour survivre, absolument tout. Commettre des crimes ne l'effraie pas et la culpabilité est un sentiment dont elle ne s'embarrasse jamais. Par hasard, elle croise de nouveau la route de ses anciens harceleurs et laisse parler sa rage. La tempête Kriss est en marche, rasant tout sur son passage.

Cette capacité à faire montre de sauvagerie, voire de cruauté, sans remords, est l'un de ses traits caractéristiques. En grandissant, elle s'associe à un homme, Sigwald, qui cherche en elle la fille qu'il vient de perdre… Kriss, quant à elle, verra plutôt en lui un égal et un amant potentiel avec qui la vie n'a pas été tendre. Bien que la jeune femme se fasse éconduire, elle et Sigwald trouveront une entente motivée en premier lieu par la vengeance. Ils vivront alors une existence de bandits, trompant, volant et tuant sur les chemins, se laissant continuellement guider par l'appât du gain. Un désir et une faiblesse croissants chez la jeune femme qui aura bien du mal à savoir quand s'arrêter. Vouloir toujours plus, au risque de se brûler et de tout perdre…

Kriss de Valnor, que tout oppose à Thorgal (par ses origines d'abord, par ses valeurs et sa personnalité de feu ensuite), partagera avec ce héros foncièrement bon et prudent une relation d'amour-haine durable. Se pourrait-il que la jeune femme voie en lui une nouvelle ancre à laquelle se raccrocher ? Toujours est-il qu'à ses yeux, les prouesses quasi divines de Thorgal le rendent attirant. Ne parvenant pas à le séduire « à la régulière », Kriss, à qui rien ni personne ne résiste, profite d'un moment de faiblesse chez lui (en réalité une amnésie surnaturelle) pour parvenir à ses fins. Sous l'influence de cette manipulatrice amoureuse, Thorgal devient Shaïgan, un pirate sans foi ni loi. Et dans ce mensonge qu'elle crée de toutes pièces, Kriss de Valnor obtient enfin la vie dont elle rêvait, une vie de rafles guerrières et de montagnes d'or aux côtés d'un homme qu'elle aime. Sa fougue, sa débordante confiance en elle et sa détermination sans bornes ont fini par payer.

L'histoire aurait pu s'arrêter là, seulement, la tempête va toujours trop loin dans ses excès. Quand Thorgal reprend ses esprits, la bulle d'illusion éclate et vient la chute. Brutale. Kriss, maintenant mère d'Aniel, finit au bagne, coincée trois ans durant dans un pays lointain, attendant son heure. La rédemption du personnage est proche, cependant. Puisque son amour pour son fils (qui est aussi celui de Thorgal) a remplacé l'appât du gain dans son cœur, la guerrière devenue mère se sacrifiera pour le sauver, lui et la première famille de l'enfant des étoiles. Un acte de bonté étonnant venant d'elle, mis en scène dans le vingt-huitième album de la série qui porte son nom. Mais comme Kriss de Valnor le dit si bien, c'est ainsi qu'elle « entre dans la légende ».

Lilie Bagage

D'ADVERSAIRE À REINE DU JOUR

Dans la série dérivée qui lui est consacrée, la déesse Freyja donnera à Kriss une chance de briller à nouveau (une résurrection sous condition). Plusieurs scénaristes (Yves Sente, Mathieu Mariolle, Xavier Dorison) et dessinateurs (Guilo De Vita, Roman Surzhenko, Fred Vignaux) se succéderont alors pour transformer l'antagoniste de Thorgal en une héroïne couronnée, aux armes plus politiques et moins guerrières qui rappelleront parfois celles d'une certaine Cersei Lannister (*Game of Thrones*).

KYUNG-CHUL

LE DIABLE DE LA PÉNINSULE

Nom complet : Jang Kyung-Chul.
Œuvre : *J'ai rencontré le diable* (2010, Kim Jee-Woon).
Interprète : Choi Min-Sik.

À l'orée des années du XXIe siècle, le cinéma sud-coréen devient le terrain de jeu de réalisateurs réutilisant les grandes figures du cinéma américain, dont celle du *serial killer*. Kyung-chul en devient l'un de leurs plus terrifiants représentants dans *J'ai rencontré le diable.*

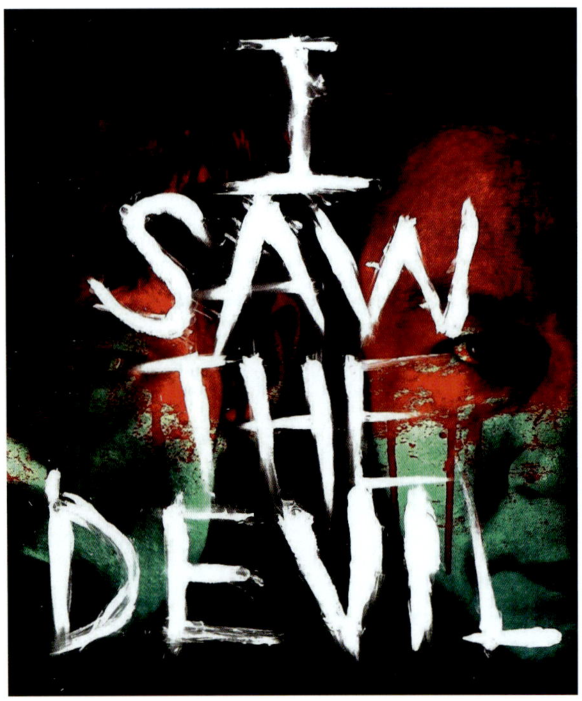

Corée du Sud, 2010. Une jeune femme enceinte attend patiemment dans sa voiture que le dépanneur vienne changer son pneu crevé. Un inconnu se présente à elle avant d'être congédié. Elle finira découpée en morceaux et éparpillée aux abords d'une rivière. C'est avec cette scène d'une violence suggestive incroyable que Kim Jee-Woon ouvre son mémorable *J'ai rencontré le Diable*. Il faut que le spectateur reçoive un électrochoc dès les premières minutes et rencontre Jang Kyung-Chul, le diable du titre, interprété par Choi Min-Sik. À partir de là, Kyung-Chul s'embarque dans une succession de crimes horribles mais devient également la proie de Soo-Hyun, le mari de la jeune femme assassinée en ouverture. Plutôt que d'éliminer le « diable », Soo-Hyun décide de le faire souffrir à de multiples reprises. Les crimes commis par Kyung-Chul, ainsi que la terreur qu'il inspire, posent dès lors une question universelle : jusqu'où sommes-nous prêts à aller lorsque notre chemin croise celui d'un tel monstre et que ce dernier s'en prend aux nôtres ? « Quiconque lutte contre des monstres devrait prendre garde, dans le combat, à ne pas devenir monstre lui-même[1] », comme le rappelle le philosophe prusse Friedrich Nietzsche.

Kyung-Chul fait partie de la grande lignée des tueurs en série fictifs

[1] Dans *Par-delà le bien et le mal*, 1886, Nietzsche.

apparus dans le cinéma sud-coréen à l'aube du siècle nouveau. C'est le cas de *Memories of Murder* de Bong Joon-Ho en 2003 et *Mother* en 2009, ainsi que de *Lady Vengeance* (2005) de Park Chan-Wook, film concluant sa trilogie thématique autour de la loi du talion dans lequel Choi Min-Sik interprétait déjà un tueur extrêmement pervers et manipulateur. Ces réalisateurs de la Génération 386[2] sont les premiers à avoir grandi avec les films de genre hollywoodiens des années 1980-1990 (les films mettant en scène Hannibal Lecter[3], les *slashers*, les polars urbains de William Friedkin, de Michael Mann…) et ils vont l'adapter à la sauce Hallyuwood[4].

Devant la caméra de Kim Jee-Woon, Kyung-Chul devient le catalyseur de tous les travers de la Corée du Sud. C'est le loup qui fait sortir du bois ce que le pays tente de cacher. Car dans *J'ai rencontré le diable*, Kim[5] se plaît à étaler un bestiaire de psychopathes, tous plus sadiques les uns que les autres, au sommet duquel trône Kyung-Chul. Une ribambelle d'agresseurs, de violeurs, de tueurs qui donnent l'impression que son pays est totalement gangréné et corrompu par leur présence insidieuse face à laquelle la police se retrouve désemparée, impuissante et hébétée. Un dernier point que viennent corroborer les films des auteurs de la Génération 386, ainsi que certains plus jeunes, tel Na Hong-Jin avec *The Chaser* (2008) et *The Murderer* (2010).

Dans son incroyable livre *Hallyuwood, Le cinéma coréen*[6], le spécialiste du cinéma asiatique Bastian Meiresonne explique que si « les spectateurs occidentaux voient peut-être dans les personnages principaux uniquement des policiers un peu benêts et dépassés par la situation », les Coréens font le lien avec « des militaires de l'ancien régime […] promus forces de l'ordre du jour au lendemain sans recevoir aucune formation ». Kim dénonce donc un contexte politique évident comme le terreau du développement de Kyung-Chul et de ses semblables. Un contexte doublé d'une réalité sociale indéniable sous forme de clivage entre les zones urbaines bénéficiant de l'attention du pouvoir et rurales à l'abandon : Kyung-Chul est un prolétaire qui évolue principalement dans les campagnes (ou des décors la rappelant, comme la cabane de son ami cannibale, la serre qu'il utilise comme repaire) comme bon nombre de tueurs en série du cinéma sud-coréen depuis *Memories of Murder*.

Avec des forces de l'ordre perdues et abruties – soit l'opposé de ce que propose généralement le cinéma hollywoodien –, Kim Jee-Woon et les autres réalisateurs sud-coréens contemporains ne peuvent opposer à leurs démons que de purs personnages de cinéma. En l'occurrence, c'est ici un agent des services de renseignement coréens. Mari et père des deux premières victimes du film, Kim Soo-Hyuon vient traquer Kyung-Chul comme un animal. La fiction (la figure de l'agent spécial, soit un personnage hors norme) est la seule barrière contre le monstre réel qui rôde dans l'ombre.

Au-delà des crimes horribles commis par Kyung-Chul, c'est la propagation du mal qui s'opère à son contact qui est la plus représentative de sa perfidie et de son aura corruptrice et diabolique. Ce n'est que lorsque Soo-Hyun, le chevalier blanc par excellence, rivalisera enfin avec lui en sadisme et en cruauté que Kyung-Chul sera inquiété. C'est en poussant son adversaire dans ses ultimes retranchements que le diable le forcera à jouer son va-tout et le vaincre de la seule façon possible – là aussi en opposition avec les schémas classiques hollywoodiens. Un démon de l'ombre comme Kyung-Chul ne possède qu'un seul point faible : l'exposition à la lumière.

François Rey

[2] C'est ainsi que l'on nomme la génération de Sud-Coréens nés dans les années 1960 qui sont devenus adultes dans les années 1980 et ont commencé à avoir une influence professionnelle autour du changement de siècle. « 386 » est une référence au processeur Intel 386, processeur utilisé en majorité lorsque cette génération devenait universitaire et engagée politiquement, notamment lors de la grande manifestation de 1987 qui les voit devenir plus critiques envers les États-Unis.
[3] Voir page 84.
[4] Tout comme Bollywood pour le cinéma indien, c'est le surnom dérivé d'Hollywood que l'on donne à l'industrie cinématographique sud-coréenne.
[5] Aucune familiarité ici. Rappelons que les Coréens écrivent toujours leur nom de famille devant leur prénom. Les personnages sont appelés par leurs prénoms, comme c'est le cas tout le long du film.
[6] Bastian Meiresonne, *Hallyuwood, le cinéma coréen*, 2023, Éditions E/P/A Hachette Livres.

Marion Cotillard dans *Macbeth* (2015).

LADY MACBETH

LA FOLIE DU POUVOIR

Noms : Lady Macbeth.
Œuvre d'origine : *Macbeth* de William Shakespeare (1623).
Interprètes notables : Jeanette Nolan (*Macbeth*, 1948, Orson Wells), Francesca Annis (*Macbeth*, 1971, Roman Polanski), Frances McDormand (*The Tragedy of Macbeth*, 2022, Joel Coen).

Quand les amateurs de théâtre pensent « femme de pouvoir », l'image de lady Macbeth se forme immédiatement dans leurs esprits. Une antagoniste majeure, maintes fois adaptée sur les planches et les écrans.

Née de la plume de William Shakespeare, lady Macbeth fait partie des protagonistes de la pièce de théâtre *Macbeth,* une tragédie parue en 1623 dans laquelle il est question de prophétie, de machinations pour le trône et de régicide. Tout comme *Le Roi Lear* (1606) du même auteur, *Macbeth* est une pièce historique qui narre très librement la vie du roi éponyme en s'inspirant de chroniques parues à la fin du XVIe siècle. L'action se déroule donc dans une Écosse médiévale du XIe siècle et dès l'acte un, Shakespeare installe dans *Macbeth* une atmosphère étrange, entre réel et mythologie, qui sert l'intrigue à merveille ; une atmosphère excellemment rendue dans l'adaptation cinématographique de 2015 (par Justin Kurzel, avec Marion Cotillard dans le rôle de lady Macbeth).

Dans les brumes cauchemardesques et lugubres des pays nordiques, trois sorcières rappelant les Nornes s'adressent à Hécate, déesse au triple visage, de la Lune et de la Magie, puis annoncent au couple Macbeth que lui deviendra roi. Mais pour cela, lady Macbeth le comprend tout de suite : il faut écarter le vieux Duncan, actuellement sur le trône d'Écosse. La lady, convaincue dès les premières secondes par la prophétie, devient alors presque sorcière elle-même, car dans la première partie du récit théâtral, c'est elle qui tire les fils et mène la danse. L'ambition chevillée au corps, lady Macbeth, qui a toujours désiré être reine, possède aussi le courage et la détermination qui manquent à son mari. Elle va donc l'empoigner, l'ensorceler par le verbe, repousser les doutes qui l'animent en le mettant au défi de tuer, pour qu'il se prouve et qu'il lui prouve à elle qu'il est un homme, un vrai.

Frances McDormand dans *The Tragedy of Macbeth* (2022).

Il y a souvent cette idée que lady Macbeth serait une « non-femme », une monstruosité qui n'a pas réussi à devenir homme, car cette pulsion de violence qu'elle porte en elle est souvent assimilée à de la virilité. Mais en réalité, peut-être est-elle homme et femme tout à la fois. Au contraire d'autres archétypes (tels que celui de la castratrice, qu'on rencontre assez souvent dans la mythologie ou la fiction), lady Macbeth offre sa propre virilité à son mari, elle l'anime jusqu'au meurtre. Et plus tard dans le texte, le personnage demandera : « Changez à l'instant mon sexe [...]. Épaississez mon sang ; fermez tout accès, tout passage aux remords (...) » Lady Macbeth souhaite qu'on la débarrasse de ce qu'elle associe au féminin, qu'elle cesse de ressentir de la compassion, pour être enfin libérée du remords et de la culpabilité.

Quand son mari se laisse convaincre et commet enfin le régicide, il reste l'esprit troublé, perturbé par les doutes, et c'est encore à elle de prendre les choses en main afin de faire accuser d'autres que lui.

Mais après une montée fulgurante, c'est une chute vertigineuse qui s'ensuit. Macbeth et sa femme inversent les rôles. Lui, plus résolu que jamais, enchaîne les meurtres pour couvrir les premiers, pendant que sa reine sombre, écrasée sous le poids de la culpabilité, frotte inlassablement ses mains qu'elle voit tachées de sang. La première scène de l'acte V, celle dite du « somnambulisme », constitue un climax dans la tragédie : après cette folie bien visible, le personnage de lady Macbeth se suicide hors champ et son mari tombera peu après. Tout comme leur amour, leur pouvoir demeurera stérile, sans aucun descendant pour assurer leur règne. Une fin elle aussi prophétisée par les sorcières de l'histoire...

La pièce écossaise fait partie des œuvres les plus populaires et adaptées de Shakespeare, tant et si bien qu'on peut retrouver la figure de lady Macbeth dans beaucoup de personnages de fiction, y compris dans des réalisations très éloignées de l'Écosse. Parmi les versions les plus mémorables, on peut citer le *jidai-geki Le Château de l'araignée* (d'Akira Kurosawa, 1957), transposition du récit shakespearien dans un Japon médiéval. Lady Macbeth, alors prénommée Asaji (et interprétée par Isuzu Yamada), pousse son mari le général Washizu à accomplir la prédiction de l'esprit qu'il a rencontré dans la forêt, afin de devenir le seigneur du château. La mise en scène de Kurosawa pour ce film, très inspirée du théâtre *nô*, renforce encore l'étrangeté à la fois silencieuse et effrayante d'Asaji.

Plus récemment dans la *fantasy*, le personnage antagoniste de Cersei Lannister (voir p. 42) tiré de la saga *Le Trône de fer* (G. R. R. Martin, 1996 et suites) rappelle par certains côtés la lady écossaise avec son ambition démesurée, ses machinations alambiquées et son statut de reine maudite (annoncée, comme dans *Macbeth*, par une prophétie).

Enfin, dans un contexte plus contemporain, mais tout aussi politique, le personnage de Claire Underwood de la série télévisée *House of Cards* (Beau Willimon, 2013-2018) est une lady Macbeth moderne. L'un des slogans publicitaires de la série : « Derrière chaque grand homme se cache une femme avec du sang sur les mains », est une référence directe au couple de la pièce écossaise, complémentaire, érotique et violent, avec une Claire (Robin Wright) excitant la fureur de son mari Frank (Kevin Spacey) afin de l'aider à gravir un à un les échelons du pouvoir. Un couple uni dans l'ambition, le machiavélisme et la folie, pour le meilleur, mais surtout pour le pire.

Lilie Bagage

2003

LEE WOO-JIN

LE BUSINESSMAN

Nom : Lee Woo-jin.
Œuvre : *Old Boy* (2003, Park Chan-wook).
Interprète : Yu Ji-tae.

La douleur de la perte d'un être cher peut pousser les hommes aux pires extrêmes. Comment se venger d'une personne que l'on estime responsable du suicide de sa sœur ? Lee Woo-jin va mettre au point une terrible machination.

Film sud-coréen sorti en 2003, *Old Boy* traite avant tout de vengeance, répondant au fameux dicton « la vengeance est un plat qui se mange froid ». Le film de Park Chan-wook est le second d'une trilogie en lien avec ce thème. Celle-ci débute en 2002 avec *Sympathy for Mister Vengeance*, avant de s'achever en 2005 avec *Lady Vengeance*. Le large impact d'*Old Boy* à l'échelle mondiale lui a d'ailleurs valu un remake américain en 2013.

Dans ce film, nous découvrons Lee Woo-jin et la machination qu'il a mise en place pour se venger d'Oh Dae-su qu'il tient pour responsable de la mort de sa sœur. Pour se venger, des années plus tard, Woo-jin enferme Dae-su, lui montre des images de sa famille assassinée et

le laisse là pendant 15 ans. Dae-su est finalement libéré, sans qu'il sache qui se trouve derrière son calvaire ni ce qui l'a motivé. Il se met alors en quête de retrouver le commanditaire de ses tortures. C'est là que débute le film, là que le spectateur commence à percevoir l'ampleur de la machination montée par Lee Woo-jin, qui ne dévoilera son implication qu'à la toute fin.

Mais reprenons l'histoire de Lee Woo-jin de façon chronologique. Alors qu'il n'est qu'au lycée, Woo-jin est surpris par Dae-su en train de coucher avec sa sœur, Soo-ah. De peur que leur relation devienne publique et alors que des rumeurs commencent à courir, Soo-ah plonge dans l'angoisse, développe une grossesse nerveuse et finit par prendre la décision de mettre fin à ses jours. Elle saute d'un toit, retenu in extremis par Woo-jin, qu'elle convint de la lâcher. Woo-jin, dévasté, jure à ce moment de se venger, quoi qu'il lui en coûte.

La vengeance de Woo-jin est aussi simple à comprendre qu'elle est complexe à réaliser. Déployant des moyens phénoménaux, il attend des années que Dae-su fonde sa propre famille pour la tuer, le kidnapper et le garder enfermé sans possibilité de voir l'extérieur. Il annihile celui qu'il pense être responsable de la mort de sa sœur uniquement dans le but de lui faire vivre les pires atrocités, mais aussi, et surtout, dans l'optique que Dae-su reconnaisse ce qu'il a fait.

D'une certaine façon, Woo-jin va tenter de transformer Dae-su en lui-même : il l'hypnotise pour que lui et Mi-do, une jeune femme qui croise la route de Dae-su et qui l'aide dans sa quête, tombent amoureux. Seulement voilà : Mi-do a aussi été hypnotisée dans ce but et l'un comme l'autre ignorent qu'ils sont père et fille. En poussant Dae-su à commettre l'inceste, Woo-jin semble vouloir lui montrer qu'il n'est pas plus vertueux que lui.

La personnalité de Lee Woo-jin est complexe : à la fois le cerveau d'un plan diabolique et sur le très long terme pour se venger, il cède à la violence et à ses pulsions lorsqu'il ne peut faire autrement. Sa seule issue est de trouver une réponse au sentiment d'injustice qui l'habite, d'entendre Dae-su avouer sa propre culpabilité. Seulement voilà : les deux hommes sont chacun mus par le désir de vengeance. Dae-su pour la mort de sa famille et son enfermement forcé ; Woo-jin pour la mort de sa sœur. À eux deux, ils forment les deux facettes d'une même pièce, la vengeance de l'un engendrant celle de l'autre. Il ne peut y avoir d'issue si l'un ne renonce pas.

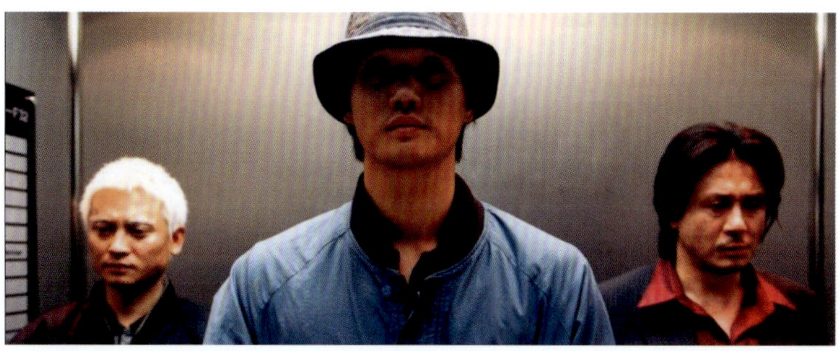

Le film de Park Chan-wook met en avant une vengeance qui ne peut se faire que par la violence, l'escalade incessante dans les actes des protagonistes. Ils sont le reflet l'un de l'autre, Lee Woo-jin mettant leurs actes sur un plan d'égalité. Dans l'esprit de Woo-jin, il est le justicier qui accorde un délai de cinq jours à Dae-su pour comprendre et se repentir.

Finalement, tous deux finiront par trouver une solution à cette inextricable situation : Dae-su en se coupant la langue et en reconnaissant sa culpabilité. Il sauve ainsi Mi-do, avec qui il finira sa vie après avoir demandé à l'hypnotiseuse d'effacer en lui les souvenirs de la véritable identité de Mi-do. Woo-jin, quant à lui, satisfait d'avoir obtenu ce qu'il voulait depuis longtemps, met fin à ses jours, retrouvant ainsi sa sœur dans la mort.

La fin reste en demi-teinte, questionnant la notion de vengeance et l'accession à la vérité. Sont-ils heureux, les ignorants ? Quoi de mieux que ce thème universel pour exporter le film coréen en dehors de ses frontières ?

Bénédicte Coudière

LIGHT YAGAMI

L'AMI DES DIEUX DE LA MORT

Nom : Light Yagami.
Œuvres : *Death Note* (manga, 2003), *Death Note* (*anime*, 2006-07), *Death Note, le film* (film, 2006, Shusuke Kaneko), *Death Note 2* (2006, Shusuke. Kaneko), *Death Note* (série, 2015).
Créateurs : Tsugumi Ohba et Takeshi Obata.

Et vous, que feriez-vous si vous trouviez un carnet qui causait la mort de chaque personne dont le nom est écrit à l'intérieur ? Vengeance ? Justice ? Pour Light Yagami, la question ne se pose pas lorsqu'il trouve le fameux Death Note…

Light Yagami, Kira, le nouveau L… Ses noms sont multiples, tout comme ses rôles au sein de la série, que ce soit le manga ou l'*anime*. Si on peut dire une chose concernant ce personnage, c'est qu'il cultive l'ambiguïté. En tant que protagoniste, il est à la fois le héros et l'antagoniste, le personnage dont on comprend les motivations tant sa cause peut paraître noble, du moins au début. Accompagné du dieu de la Mort Ryuk, associé à son Death Note, Light tente de rendre réels ses idéaux, quitte à tomber dans les extrêmes.

Fils de policier, avec un grand sens de la justice, brillant élève à l'intelligence affûtée, Light est voué à une grande carrière. Sur le papier, si on ne prend que ces caractéristiques, Light aurait été le gentil. Mais toute la force de *Death Note* fut de faire de Light un antagoniste charismatique, utilisant son sens de la justice et son pouvoir pour façonner un monde idéal à sa mesure. Un monde sans criminels, sans meurtriers, un monde sûr… ? Mais est-ce à un seul humain de décider qui doit vivre ou mourir ? Plus encore, Death Note fait de Light son personnage principal : à quelques scènes près – permettant de faire monter la tension –, la série se déroule du point de vue de l'adolescent qui deviendra adulte au fur et à mesure des pages. Sa grande proximité avec le lecteur, sa noble mission, la façon dont il présente les choses renforcent sa proximité avec le spectateur. On sait l'intégralité de sa réflexion et on la comprend.

Et Tsugumi Ohba, l'auteur, commence doucement : en visant dans un premier temps les condamnés à mort, les criminels d'une

extrême violence, sauvant des innocents lors d'une prise d'otages médiatisée... Tsugumi Ohba pose Light comme un justicier aux valeurs nobles, comme un héros de l'ombre, presque un super-héros. Car quelle différence entre l'adolescent qui écrit des noms dans le secret de sa chambre et un super-héros qui se costume pour aller sauver les innocents dans des situations que la police ne peut pas résoudre ? Petit à petit, la puissance et l'impunité montent à la tête de Light. Il peut tout faire, connaît le système de justice et de la police, se fait même inviter dans l'équipe de recherches de Kira (qui n'est autre que lui-même).

À travers ses actes et ce qu'il peut faire faire à ses victimes, Light façonne Kira, nouveau dieu de ce monde qui a le droit de vie et de mort sur ceux qu'il juge indignes de lui. Si au début, il s'agissait de criminels et d'individus condamnés par la justice classique, rapidement, la typologie de ses victimes change et s'étend à toute personne entravant ses objectifs. Sa mission presque divine se propage aux autres porteurs du Death Note dans la série, fondant une religion, un culte à Kira, à celui qui tente de changer les choses.

Sa lutte contre L, le détective surdoué chargé de l'arrêter, devient une lutte d'intelligence qui se termine par la défaite de L et l'avènement de Light en nouveau L, devenant le successeur de son adversaire. À partir de là, la toute-puissance de Kira n'a d'égal que ses stratagèmes pour continuer sa mission. Et c'est vraiment vers la toute fin de la série que toute la folie du personnage prend corps, alors qu'acculé, il tente une dernière fois de détruire ceux qui s'opposent à sa vision du monde.

Light Yagami fait partie de ces « méchants » tout en nuances qui nous renvoient à une réflexion sur la société, sur la justice, sur ce que nous ferions si nous étions confrontés à ce type de pouvoir. Car si un grand homme a dit un jour qu'« un grand pouvoir implique de grandes responsabilités », cela n'a jamais été aussi vrai que dans le cas du Death Note. Bien sûr, il y a des conséquences à son utilisation, mais elles semblent tellement minimes pour Light et le lecteur au regard de la grandeur de la mission du personnage qu'on en vient, à notre tour, à s'interroger. Light est-il le grand méchant ? Ne se bat-il pas, au fond, contre une société à la justice inefficace ? C'est dans ces nuances que se cache un propos qui dépasse le simple fait d'écrire des noms dans un cahier ; d'être du bon ou du mauvais côté d'une ligne fluctuante.

Avec L, dans la série de 2015.

Par son ambiguïté, sa mission, son évolution tout en subtilité, Light est ce personnage dont on interroge la moralité. Tantôt perçu comme un sauveur, tantôt comme un dieu vengeur tuant tous ceux qui s'opposent à lui, il est le cerveau imbattable qui finira par tomber par orgueil. Fort d'une réflexion sur l'humanité et le pouvoir, *Death Note* figure parmi les mangas qui ont largement façonné une certaine esthétique de l'antagoniste, jouant sur l'intelligence des opposants plus que sur leur force physique.

Bénédicte Coudière

Charlton Heston dans le téléfilm de Fraser Clarke Heston.

LONG JOHN SILVER

GENTILHOMME DE FORTUNE

Noms : **Long John Silver, surnommé « Barbecue », parfois appelé « Capitaine ».**
Œuvre : ***L'Île au Trésor*** **(1881).**
Créateur : **Robert Louis Stevenson.**

Fascinant pirate amputé d'une jambe s'appuyant sur une béquille en bois dont le tapotement lugubre glace le sang de ses ennemis, Long John Silver séduit autant qu'il effraie les lecteurs de *L'Île au trésor* depuis 1881. Au-delà du stéréotype, essayons de percer son mystère…

Dans *L'Île au trésor*, le roman d'aventures de Robert Louis Stevenson, on ne sait pas très bien qui du gentil Jim Hawkins ou du terrible John Silver est le véritable héros… Le premier titre auquel avait pensé Stevenson n'était pas *L'Île au trésor* mais *Le Maître Coq*, désignant bien Silver comme le personnage central.

L'auteur prend grand soin de ménager son arrivée dans l'histoire : comme quand un premier pirate déjà bien effrayant demande au jeune Jim de guetter la venue d'un marin à une jambe dont il semble avoir une peur bleue des mers profondes.

Séduisant l'armateur de l'*Hispaniola*, non seulement Long John se fait engager comme maître coq mais il recrute lui-même les marins qui formeront l'équipage de la goélette. Or, celui que tous surnomment

Barbecue était en fait le quartier-maître de Flint. Pour vous situer : parmi les plus grands pirates, Barbe-Noire est vu comme le diable. Il est dit que ce dernier est un enfant de chœur à côté de Flint, mais aussi que Flint lui-même avait prodigieusement peur de Silver, plaçant ce dernier au sommet de la chaîne alimentaire.

Serviable, obligeant jusqu'à l'obséquiosité avec les magistrats, il les berne tous. À bord, il se montre irréprochable, a un mot et une faveur pour chacun. Sa technique est simple : amadouer, séduire les plus jeunes et flatter les plus riches. Il n'hésite pas non plus à endormir leur vigilance en jouant de son infirmité : « Ah si j'avais mes 10 orteils ! »

Devenu l'archétype du pirate avec son perroquet sur l'épaule, Silver est pourtant unique : « glabre et blanc » au milieu

Illustration de N. C. Wyeth pour une édition de 1911 du livre *L'Île au trésor.*

des barbes noires et compagnie, instruit, lettré, sachant le latin et s'abstenant de boire du rhum ! Rangé des voitures, il a plié les voiles et ouvert une petite auberge sur le port de Bristol. Son ambition, après cette dernière aventure, est de devenir rentier. Plus malin que ses matelots, il ne se saoule pas et garde l'esprit clair. Quand ses hommes échauffés par la bouteille et l'appât du gain deviennent difficiles à manœuvrer, il lui faut tout son art pour maintenir le cap et venir à bout des mutineries lorsque son autorité jusque-là incontestée prend l'eau. Mais le bougre sait y faire, même avec des vents contraires.

Bref, c'est un vrai politicien qui garde son sang-froid même dans les plus mauvaises passes, capable de jouer double jeu sans s'emmêler dans les cordages.

Il commande en leader charismatique : son autorité nullement diminuée par sa béquille est légitimée par ses exploits passés. Magnant la carotte et le bâton : il enjôle, cajole, mais n'hésite pas à tuer de sang-froid ou à poignarder dans le dos, vous sautant dessus d'un bon lest et précis, même sur une jambe.

À voir la peur qu'il inflige à son équipage, on se demande comment il n'a pas été capitaine plus tôt (Björn Larsson[1] suggère des connaissances en navigation trop faibles).

S'il est évident que Silver n'agit que pour son propre compte, ses hommes le suivent avec une foi sans cesse renouvelée parce qu'il sait leur donner une vision qui les transporte, un récit qui les fédère : le butin, l'aventure et un code d'honneur propre à la piraterie, mais aussi un ennemi commun : ces messieurs de l'avant dans leurs chemises de soie.

Ces derniers, d'ailleurs, reconnaissent son talent de menteur et sont admiratifs de sa duplicité comme de son autorité, bien qu'ils refusent de traiter d'égal à égal avec lui, le prenant littéralement de haut lorsqu'il tombe à terre.

Comment ce forban redoutable réussit-il à louvoyer entre les courants, attirant la sympathie du jeune Jim et de tous les lecteurs malgré ses forfaits ?

L'auteur s'est inspiré d'un de ses amis, le poète William Ernest Henley, non pour sa méchanceté mais pour sa jambe de bois et sa vigueur intacte ainsi que sa vivacité communicative. Il n'est pas étonnant alors que l'on sente une certaine tendresse vis-à-vis de cet implacable pirate.

Ses talents d'orateur et de mystificateur sont une constante dans la quasi-totalité des déclinaisons du personnage. Ainsi, pour sa première apparition dans un long métrage en 1934, Wallace Beery lui prête une bouille chiffonnée de Popeye menteur comme un arracheur de dents, avec un jeu proche de la bouffonnerie[2]. En 1972, il a l'honneur d'être personnifié par Orson Welles dans une réalisation et une BO très 70's. L'acteur campe un captivant conteur déclinant, dans son dernier baroud d'honneur, marmonnant la moitié de ses répliques[3]. En toute subjectivité assumée, le meilleur Long John de tous les temps est incarné par Charlton Heston, insondable et inquiétant, tout en force contenue, dans un téléfilm tourné en décors naturels au budget pharaonique porté par des acteurs impeccables, dont Christian Bale en Jim Hawkins[4].

Sur le papier, ses aventures inspirent aussi bien Björn Larsson, qui nous livre les palpitantes mémoires du vieux loup de mer, que la BD avec les récents tomes de Lauffray et Dorison[5].

Mais comme tout héros mythique, il se prête également à la raillerie. Première entaille dans la légende : un écumeur terrifiant du nom de Barbecue qui aurait lui-même tremblé devant le capitaine Crochet est mentionné dans *Peter Pan*[6]. Enfin, la plus grande attaque contre sa grandeur est perpétrée par Raul Ruiz dans une adaptation très libre entre réalisme, surréalisme et expérimental. On y découvre Silver sur ses deux jambes, un cordonnier qui, devenu coq sur un navire pirate, régale l'équipage avec ses omelettes à la coquille d'œuf[7] !

Nul doute que Long John Silver n'a pas fini de faire jeter beaucoup d'encre.

Hélène Alméras

[1] *Long John Silver*, Björn Larsson, 1998, Éd. Grasset.

[2] *L'Île au trésor*, film de Victor Fleming, 1934, avec Wallace Beery, Jackie Cooper.
[3] *L'Île au trésor*, film de John Hough et Andrea Bianchi, avec Orson Welles, Kim Burfield.
[4] *L'Île au trésor*, téléfilm de Fraser Clarke Heston, avec Charlton Heston, Christian Bale, Oliver Reed.
[5] *Long John Silver*, BD de Mathieu Lauffray et Xavier Dorison, 2007, tomes 1 à 6, Éd. Dargaud.
[6] *Peter Pan*, J. M. Barrie, 1911.
[7] *L'Île au trésor*, film de Raul Ruiz, 1986, avec Melvil Poupaud, Martin Landau, Vic Tayback.

1931

M LE MAUDIT

DANS L'ANTRE DU ROI DE LA MONTAGNE

Noms : Hans Beckert, le tueur d'enfants, le Monstre, M, l'homme en noir.
Œuvre : *M le maudit* (1931, Fritz Lang).
Interprète : Peter Lorre.

Chef-d'œuvre de l'expressionnisme allemand, *M le maudit* établit l'un des premiers grands méchants du cinéma, le fameux M, et pose les bases du tueur en série à l'écran. Mais derrière ce croquemitaine évanescent se cache une critique sévère de la montée du fascisme.

M le maudit (1931) et son tueur d'enfants éponyme sortent sur les écrans germaniques après une décennie de films ayant marqué l'expressionnisme allemand. Son tueur emblématique, dont on ne connaîtra l'identité qu'à la moitié du récit, le torturé Hans Beckert, diffère des méchants vus depuis 1920, comme le docteur Caligari[1] ou Nosferatu, par le choix de la sobriété plutôt que du surjeu qu'imposait le cinéma muet. Bien qu'il ait réalisé un chef-d'œuvre (*Métropolis*, 1927) et déclare régulièrement s'être inspiré du mouvement, Lang ne se considère pas comme un cinéaste de l'expressionnisme. M, son méchant le plus mémorable, va faire office de transition entre cette période majeure du cinéma (l'utilisation de l'ombre – élément essentiel du récit) et l'arrivée du film noir et policier ; un pont entre la période allemande de Fritz Lang et sa fuite vers les États-Unis.

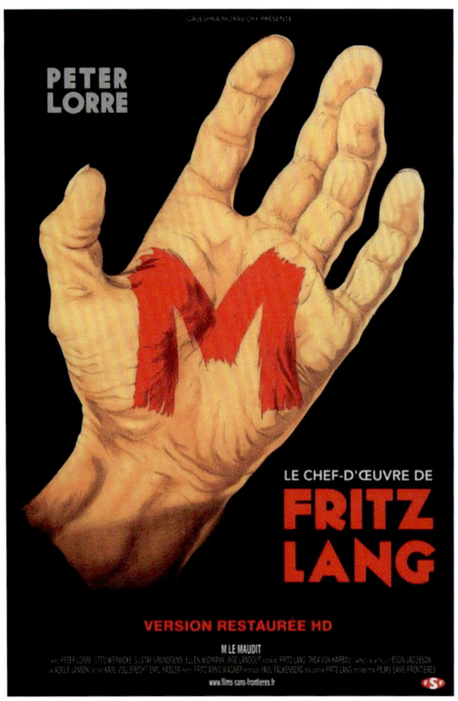

M (de l'initial de « meurtrier » que lui laissera un passant sur l'épaule afin de l'identifier) est une ombre qui plane sur la ville. C'est un assassin d'enfants séducteur et pernicieux[2]. Pour la création de son méchant, Fritz Lang va s'inspirer de quatre affaires de tueurs en série qui ont marqué l'Allemagne au cours des années 1920, dont celle du « vampire de Düsseldorf », qui sera condamné trois semaines avant la sortie du film. Mais le mal principal qui coule dans les veines de son méchant, c'est le parti nazi.

[1] Voir son portrait page 56.

[2] L'introduction du film est une inspiration indéniable pour le personnage de Pennywise, voir page 154.

Si *M le maudit* est avare en musique (rappelons que nous sommes en 1931 et que le cinéma parlant n'a que quatre ans), c'est que Fritz Lang cherche à créer un isolement et associe son tueur de façon ingénieuse à un air de musique qu'il sifflote et qui devient un élément central du récit, et ce, en plusieurs points : *Dans l'antre du roi de la montagne*[3]. Cet air, par la répétition crescendo, aiguë et rapide, de son unique accord, indique l'arrivée imminente d'un danger. Ici, la menace est double. Elle est l'alerte que M entre en scène et s'apprête à se jeter sur sa jeune proie. Une telle utilisation de *Dans l'antre…* est un instant clé de l'histoire du cinéma. Elle annonce la musique stridente associée à l'arrivée de Michael Myers dans *Halloween*, ou de façon encore plus flagrante, l'ostinato[4] des deux notes basses composé par John Williams qui annonce la présence du squale dans les eaux d'Amity, la station balnéaire des *Dents de la mer*[5]. C'est là qu'est le génie de Fritz Lang pour caractériser l'omniprésence du danger : ne pas le montrer. Pendant les 45 premières minutes du film, M n'apparaît que quelques instants, pas plus que le requin chez Spielberg. M est une présence insidieuse et dangereuse (telle une ombre) qui vient d'ailleurs du hors-champ, comme le tueur croque-mitaine de Carpenter, décuplant l'importance du sifflotement qui devient « la musique de la peur invisible », comme l'écrit le journaliste et auteur Pascal Bertin[6] à propos de la partition inoubliable de John Williams.

Le sifflotement est aussi annonciateur du piège tendu par la foule (la seconde menace, donc), la police et les gangsters, qui se rapprochent du tueur, l'encerclent jusqu'à l'étouffement. Car à chacune de ses sorties, M est en alerte constante. Ce danger venant du peuple est mis en image par Fritz Lang de multiples autres façons. Lorsque, comme dans la plupart des séries et films policiers, les forces de l'ordre tracent sur une carte à l'aide d'un compas les secteurs dans lesquels M pourrait agir. Ces cercles agissent métaphoriquement alors comme des pièges, comme des cordons qui vont limiter M dans ses déplacements. Nous sommes témoins de l'étouffement, de l'étau qui se resserre lorsque l'une des petites filles est sauvée de justesse par sa mère – sans que ces dernières se doutent du danger qui rôde – et que M doit libérer sa tension, ainsi que ses pulsions inassouvies, en ingurgitant plusieurs verres de cognac. Fritz Lang réussit donc à inverser le rapport de force à travers ce sifflotement de l'air d'Edvard Grieg, car contrairement à la musique de John Williams ou de John Carpenter, *Dans l'antre du roi de la montagne* est un air intradiégétique – qui se retrouve à l'intérieur de la narration – et peut donc être entendu par les personnages évoluant dans le film ; M sera ainsi découvert et appréhendé par le peuple, et ce, bien plus facilement que par les institutions qui ont découvert son identité.

Pour Fritz Lang, l'ombre qui suit son méchant et le pousse au meurtre à la limite de la schizophrénie est une métaphore de l'ombre du nazisme qui plane sur l'Allemagne et corrompt la jeunesse. En 1932, le parti n'est pas encore au pouvoir mais commence à monter en puissance. Le tribunal de malfrats qui juge M à la fin du film est une métaphore de la république de Weimar que Lang déteste et qui servira de terreau fertile à la montée du nazisme. Goebbels, bien que paradoxalement admirateur de Lang, imposera la suppression du titre d'origine *Les Assassins sont parmi nous* (qui établissait clairement où se trouvait la véritable pourriture dans le film) à celui qui est rentré dans l'Histoire avec son méchant emblématique. Lang, lui, s'attaquera au nazisme encore plus frontalement dans son film suivant, *Le Testament du docteur Mabuse* (1933), avant de fuir pour les États-Unis. Qui l'« M » le suive, en quelque sorte !

François Rey

[3] 1874, Edvard Grieg.
[4] Procédé qui consiste à répéter sans fin une formule rythmique, mélodique ou harmonique.
[5] Pour *Halloween* (1978) John Carpenter composera la musique du film en plus de le réaliser. Voir l'article sur Michael Myers (page 130). *Les Dents de la mer* (1975, Steven Spielberg). Pour en savoir plus sur ces deux films : *100 films d'horreur à voir avant trépas*, 2023, Ynnis Éditions, Rey-Wullsch-Delecroix.
[6] https://philharmoniedeparis.fr/fr/magazine/actus/les-dents-de-la-mer-la-musique-de-la-peur-invisible, 2020, Pascal Bertin.

M. BISON

LE DICTATEUR DES COMBATS DE RUE

Noms : M. Bison, Dictator, Vega.
Œuvres vidéoludiques notables : *Street Fighter II: The World Warrior* (1991) et toutes ses suites jusqu'à *Street Fighter V* (2016).
À l'écran : Raúl Juliá (*Street Fighter : L'ultime combat*, 1994, Steven E. de Souza), Neal McDonough (*Street Fighter: Legend of Chun-Li*, 2009, A. Bartkowiak), *Les Mondes de Ralph* (2012, Rich Moore).

Dans le monde vidéoludique, *Street Fighter* est la référence du jeu de combat. C'est donc tout naturellement que le charismatique M. Bison (« M » non pas pour « Monsieur », mais pour « Master » ou « Mighty ») s'impose ici comme un incontournable.

Créé par l'illustrateur nippon Akira Yasuda (surnommé Akiman) pour la série emblématique de jeux de combat *Street Fighter*, M. Bison apparaît pour la toute première fois dans l'opus de 1991 intitulé *Street Fighter II: The World Warrior*. Le dictateur est présenté tout d'abord en tant qu'ennemi non jouable, avant de devenir jouable (comme trois autres boss de la franchise) dans une seconde version améliorée sortie en mars 1992, *Street Fighter II: Champion's Edition*. Ce basculement en matière de jouabilité a probablement poussé Akiman à approfondir les origines et la personnalité de son personnage.

Question caractérisation, celle de M. Bison se cerne en un seul coup d'œil, le design efficace du méchant parlant de lui-même : un uniforme à la coupe militaire, casquette comprise ; un rouge agressif pour l'ensemble du vêtement, rappelant les plus sombres années du communisme ; des épaulettes en métal et des protège-tibias qui soulignent le profil combattant du dictateur ; et bien entendu, les insignes dorés en forme de crâne sur sa visière et la Siegrune sur sa ceinture, faisant référence aux nazis et plus particulièrement à l'organisation criminelle des SS. Pour ce chara design, Akiman s'est aussi inspiré d'œuvres japonaises contemporaines, telles que la série de romans *Teito monogatari* (de Hiroshi Aramata, 1983) adaptée en 1988 au cinéma sous le titre *Tokyo: The Last Megalopolis* (réalisé par Akio Jissoji), et dans laquelle le personnage principal, Yasunori Katô (interprété par Kyûsaku Shimada), est un militaire haut gradé doté de pouvoirs extraordinaires qui tente de raser Tokyo de la carte.

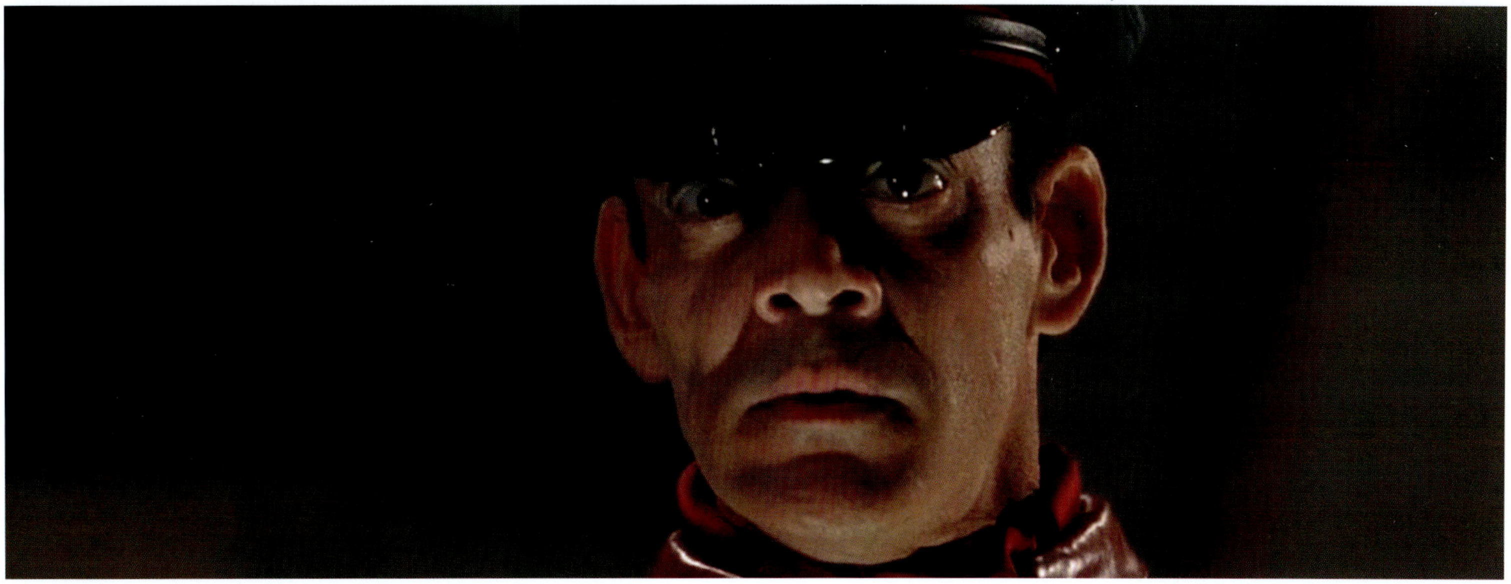

Raúl Julia dans *Street Fighter : L'Ultime Combat.*

L'univers de *Street Fighter* rassemblant plusieurs éléments fantastiques ou de science-fiction, M. Bison n'en est pas exempt. Le boss final tire une grande partie de sa puissance dans une force appelée « Psycho Power ». Cette dernière est une sorte d'énergie magique qui, pour être mobilisée, nécessite que l'utilisateur abandonne ce qui constituait son humanité, ce qui lui permettait de ressentir de l'empathie et de se connecter aux autres. Aussi, afin d'accéder à ce fameux Psycho Power qui le transforme en un combattant hors pair capable de voler, de se téléporter et de fondre sur ses adversaires avec un dévastateur Psycho Crusher, on comprend que M. Bison a tourné le dos à ce qui faisait de lui un être humain, à tel point que cette partie de lui-même s'est matérialisée physiquement ! Baptisée Rose, la Némésis toute désignée du dictateur est par conséquent son miroir inversé ; de puissance égale à celle de son créateur, Rose maîtrise une autre énergie surnaturelle, le Soul Power (opposé parfait du Psycho Power) et n'existe que pour contrecarrer les plans de M. Bison… même si leurs forces s'équilibrent, rendant dès lors leurs affrontements directs totalement vains.

Épisode après épisode, la facette de dictateur et conquérant du monde s'étoffe tandis qu'on en apprend plus sur l'organisation criminelle que M. Bison chapeaute : Shadaloo. Armé de son Psycho Power, M. Bison refuse que sa puissance soit contestée et se crée des alliés de toutes pièces afin de détruire ses ennemis. C'est l'histoire de Seth, un androïde conçu par Shadaloo et chargé de remplacer Bison dans un tournoi ; c'est aussi celle de Cammy, une Doll (jeune femme manipulée par des pouvoirs psychiques) et clone de Bison que ce dernier prévoit d'utiliser comme corps de substitution. Mais tous les plans du dictateur finissent irrémédiablement par déraper. Le mégalomane Seth se retournera contre lui et Cammy parviendra finalement à se libérer de son emprise, prouvant une fois de plus que l'entreprise du chef de Shadaloo de se créer des corps de remplacement pour régner sur le monde est vouée à l'échec.

L'aspect très archétypal (dans le bon sens du terme) du dictateur d'Akiman a incité de nombreuses œuvres (*crossovers* ou non) à inclure M. Bison dans leur galerie de personnages en tant que représentant du mal. Il est ainsi présent dans de nombreux autres jeux vidéo, tels *Capcom Fighting Evolution*, la série *SNK vs Capcom* ou encore *Street Fighter X Tekken*. Mais le méchant fait aussi des apparitions plus ou moins appuyées dans des films d'animation (*Street Fighter II : Le film*, 1994, réalisé par Gisaburô Sugii), des mangas ou des *comics,* tels que la série *Street Fighter* publiée par UDON à partir de 2003, et dans laquelle M. Bison affronte notamment son propre maître.

En 1994, l'acteur portoricain Raúl Juliá (*Le Baiser de la femme araignée*, 1985 ; *La Famille Addams*, 1991) offre au public une interprétation mémorable du dictateur dans le long métrage *Street Fighter : L'ultime combat*. Le comédien, décédé peu de temps avant la sortie du film dans les salles, insuffle à son jeu l'ensemble de sa formation théâtrale, conférant alors au Bison une aura digne d'un Ernst Stavro Blofeld ou d'un Dr No[1]. Un film qui ne fera certes pas date dans l'histoire du cinéma, mais qui aura définitivement popularisé le mythique dictateur sur Internet et contribué à faire de lui un méchant inoubliable.

Lilie Bagage

[1] Voir page 32.

Michelle Gomez en Missy, incarnation féminine du Maître.

LE MAÎTRE

LE SEIGNEUR DU TEMPS RENÉGAT

Noms : Le Maître, professeur Yana, Harold Saxon, Missy, Agent O.
Œuvre : *Docteur Who* (première apparition en 1971, épisode « Terror of the Autons », interprété par Roger Delgado)
Autres interprètes notables : Anthony Ainley (série 1, saisons 18 à 26, 1980-1989), Derek Jacobi (série 2, saison 3, 2007), John Simm (série 2, saisons 3 à 10, 2007-2017), Michelle Gomez (série 2, saisons 8 à 10, 2014-2017), Sacha Dhawan (série 2, saison 12, 2020-2021).

Seigneur du temps renégat, le Maître est à l'image du Docteur. Un être s'affranchissant de la mort en se réincarnant, cherchant à dépasser les limitations des Seigneurs du Temps mais vouant aussi une forme de haine au Docteur, le Maître apparaît sous les traits de nombreux acteurs au fur et à mesure de la série.

Difficile de penser à *Doctor Who* sans évoquer la rivalité entre le Docteur et le Maître. Apparaissant une première fois en 1971, puis en 1981, le Maître devient un antagoniste récurrent parmi la liste des vilains de l'univers foisonnant de la série anglaise. S'ils sont tous aussi glaçants que différents par leurs caractéristiques propres, le Maître les surpasse tous, étant le seul à connaître intimement le Docteur, à venir du même endroit, à connaître certains des secrets de celui-ci. Si la rivalité qui les oppose existe de tout temps et de tout espace, elle trouve des moments de convergence, des moments de grâce où la rivalité s'efface au profit de leur survie, d'une forme d'amitié, de fraternité qui s'est développée au fil des siècles.

Les buts affichés du Maître sont proches de la caricature, de prime abord. Comme les Seigneurs du Temps choisissent leur nom, il se baptise le Maître, affichant sa volonté de dominer l'univers tout entier. Comme pour incarner des valeurs complètement opposées à celles du Docteur (ayant lui aussi choisi son nom, évoquant le soin, mais également la réparation des dommages causés par le Maître), il est en conflit avec l'autre dernier Seigneur du Temps qu'il veut détruire et faire regretter d'être encore en vie.

Amis ? Frères ? La relation entre le Maître et le Docteur a toujours été questionnée, notamment par cette rivalité qui pousse le Maître à essayer de détruire la Terre en priorité puisque c'est là que le Docteur a le plus d'intérêt et d'affection. Dans l'épisode spécial du reboot de 2005, « La prophétie de Noël », le Maître parvient à conquérir la Terre en transformant tous les humains en lui-même. Mais c'est lorsqu'une brèche s'ouvre et que Gallifrey en sort, menaçant d'écraser la Terre, que le Maître décide de sauver le Docteur au détriment de sa domination du monde, révélant une part d'humanité, une blessure plus profonde encore que sa détestation du Docteur, unissant les deux derniers survivants d'une des guerres les plus destructrices.

Roger Delgado.

Némésis du Docteur, le Maître est une figure presque inéluctable. La mort ne semble avoir aucune prise sur lui, revenant toujours d'entre les morts, les réalités, le *void* entre les univers. De même qu'il cultive les contradictions : voulant détruire le Docteur mais ayant besoin qu'il soit présent pour assister à son triomphe, jaloux des relations et des amitiés du Docteur au point de vouloir détruire et isoler ses compagnons. Le spectateur peut d'ailleurs voir son évolution rapide lorsque dans la saison 3, il retrouve la mémoire, passant du professeur Yana au Maître : il est aimable et gentil avec Chanto, avant de se montrer plus colérique, méprisant, au fur et à mesure que ses souvenirs lui reviennent.

Sasha Dhawan.

Comme le Docteur, le Maître parvient à se réincarner. Il est d'ailleurs le premier à parvenir à dépasser la limitation des 13 incarnations, règle pourtant immuable des Seigneurs du Temps. On le découvre sous les traits d'un vieux professeur, Yana, à la fin de l'univers ; en Premier ministre anglais, sous les traits iconiques de John Simm ; en femme distinguée, incarnée par Michelle Gomez ; ou encore sous les traits de Sacha Dhawan dans les toutes dernières saisons. D'une certaine façon, l'évolution du Maître préfigure celle du Docteur, même si cela n'est pas vraiment linéaire. Il est femme avant que le Docteur ne le soit, devenant la première TimeLady visible dans la série. Sa phrase iconique, « *Say something nice* », restera d'ailleurs dans les esprits, à la fois comme une demande de rédemption et comme une injonction glaçante, dont la réponse pourrait engendrer les pires conséquences. Mais le Maître préfigure aussi d'autres transformations du Docteur : Sacha Dhawan est également le premier Seigneur du Temps racisé de l'univers, bien avant Ncuti Gatwa.

John Simm.

Incarné par Michelle Gomez, le Maître devient Missy (diminutif de « *Mistress* », « Maîtresse » en anglais). Elle fait montre d'une instabilité plus grande encore, tuant de sang-froid, ne faisant preuve d'aucun état d'âme, s'éloignant presque de l'image du Maître qu'on avait l'habitude de voir. Mais loin des envies de domination de ses précédentes incarnations, Missy cherche avant tout les bonnes grâces du Docteur, son amitié. Mais dans son esprit, déséquilibrée par plusieurs incarnations à faire le mal et à tenter de dominer le monde, elle semble ne pas savoir comment s'y prendre, renversant les valeurs, tout en cherchant sincèrement l'attention du Docteur.

Bénédicte Coudière

1959

Maléfique (2014).

MALÉFIQUE

FÉE MALFAISANTE MADE IN DISNEY

Nom : Maléfique (Maleficent en VO).
Œuvres : *La Belle au bois dormant* (1959, Clyde Geronimi), *Maléfique* (2014, Robert Stromberg), *Descendants* (2015, Kenny Ortega), *Once Upon a Time* (2011-2018), la saga vidéoludique *Kingdom Hearts* (2002).
Interprètes : Jeanne Dorival (1959), Angelina Jolie (2014), Kristin Chenoweth (2015), Kristin Bauer (2011-2018).

Méchante des contes par excellence, sorcière haineuse, froide et cruelle, Maléfique ne fait pas dans la demi-mesure. Sa personnalité est même contenue dans son nom propre, porteur de magie et de mort.

Une silhouette fine, une longue cape sombre, des ongles tels des griffes acérées et surtout, des cornes imposantes rappelant celles du diable (le costume d'origine incluait même un découpage du tissu imitant les flammes infernales)... Si la Maléfique du long métrage de Disney (1959) est celle qui a marqué tous les esprits, la légendaire méchante possède des origines très littéraires, issues tout à la fois d'une version de *La Belle au bois dormant* de Charles Perrault (1697) et d'une œuvre des frères Grimm intitulée *La Princesse Fleur-d'Epine* (1812). Dans la première, le personnage est dédoublé, la caractérisation de Maléfique se retrouvant dans une vieille fée du royaume et dans une reine adepte de cannibalisme. Dans la version plus récente des Grimm, le terme de « fée » disparaît, mais l'antagoniste est qualifiée de « maléfique » et possède une batterie de sorts et de malédictions à sa disposition pour s'en prendre à la princesse.

C'est finalement dans le film de 1959 que Maléfique (interprétée par Eleanor Audley) devient un personnage à part entière, car elle y reçoit son nom et y retrouve une nature magique. Ses facultés de sorcellerie imposent le respect, elle est d'ailleurs identifiée comme « la fée la plus puissante du royaume » et tout le monde préfère courber l'échine devant elle pour éviter de froisser son ego surdimensionné. Oui, Maléfique connaît ses pouvoirs et surtout, elle en est maladivement fière... Une fierté qui jouera le rôle d'élément déclencheur dans le récit, puisque c'est la vexation immense de ne pas avoir été invitée au baptême de la jeune Aurore qui conduira la méchante fée à lancer une malédiction sur elle.

Les deux visages de Maléfique : humaine et terrifiante dragonne.

Le pouvoir de nuisance de Maléfique est si grand qu'il est difficilement contrecarré : faute de pouvoir annuler la malédiction, les marraines-fées de la princesse doivent se contenter de l'altérer. Aurore se piquera bien au fuseau d'un rouet, symbole du temps qui file et de la fatalité, métaphore du passage à l'âge adulte pour l'adolescente, mais, au lieu de mourir, elle restera en sommeil dans un château envahi de ronces… jusqu'au sauvetage par son prince charmant.

Souvent, l'antagoniste d'un récit possède des compagnons qui viennent le compléter et le caractériser (au même titre que le héros). Maléfique ne fait pas exception à la règle. Parmi sa horde de sbires rappelant gargouilles inquiétantes et autres monstruosités démoniaques, un compagnon sort du lot : un fidèle corbeau répondant au doux nom de Diablo. Le choix de cet oiseau de malheur comme confident de Maléfique n'est pas anodin : sombre comme la nuit, malin et observateur, Diablo représente la mort pour les autres et le succès de sa maîtresse. C'est d'ailleurs lui qui retrouvera la trace de la princesse Aurore pour la livrer à la fée sorcière.

Adepte des métamorphoses, poussée par son orgueil et son désir de vengeance sans limites, Maléfique révèle complètement sa nature malfaisante durant le combat final, pour lequel elle se transforme en un horrible dragon noir. Le prince et son « Épée de Vérité » finiront néanmoins par avoir raison d'elle, le courage triomphant toujours du mal incarné.

La caractérisation de cette méchante fée aurait pu en rester là, manichéenne à souhait. Heureusement, comme pour beaucoup d'antagonistes de contes, Maléfique a bénéficié d'adaptations plus récentes, ces dernières ayant contribué à lui créer un passé et ainsi, à brosser un portrait d'elle plus nuancé. Parmi ces adaptations, on retiendra en priorité le long métrage de 2014 produit par Disney et réalisé par Robert Stromberg, qui propose une réécriture de *La Belle au Bois Dormant* du point de vue de Maléfique, incarnée par une Angelina Jolie aussi effrayante que magnifique. Le film fournit au public une explication à la méchanceté du personnage : alors jeune fée, Maléfique est tombée amoureuse d'un humain, Stéphane, qui s'était introduit dans la Lande (pays des créatures magiques où elle vivait) pour y dérober une pierre précieuse. Maléfique et Stéphane deviennent amis, puis amants. Mais bien des années plus tard, tandis que la fée est devenue protectrice de la Lande, Stéphane la trahit et la mutile en lui coupant les ailes, condition sine qua non afin de remporter la couronne du pays voisin. Dès lors, tous les actes de Maléfique peuvent s'interpréter comme une revanche justifiée, un ensemble de réactions vengeresses en réponse aux mensonges, aux violences et à la cupidité des hommes. Stéphane sacré roi, sa femme Oriane donne naissance neuf mois plus tard à la princesse Aurore… et Maléfique maudit la petite en représailles. Dans cette réécriture, la sorcière-fée atténue elle-même l'effet de sa malédiction sur Aurore et les barrières de ronces qu'elle fait pousser autour de la Lande ressemblent plus à des murs de protection qu'à des barrages dangereux. L'antagoniste métamorphosée en héroïne se prend alors d'affection pour celle qui a été l'objet de sa vengeance… Exit le prince du récit d'origine : à la fin de l'histoire, seul l'amour sincère de Maléfique pour Aurore réussira à la tirer du sommeil éternel. La princesse peut alors régner sur la Lande, adoubée par une fée devenue presque une mère pour elle, et plus si méchante que cela.

Lilie Bagage

1782

Glenn Close dans *Les Liaisons dangereuses* (1988).

LA MARQUISE DE MERTEUIL
BAS LES MASQUES !

Nom : **La marquise de Merteuil.**
Œuvres : ***Les Liaisons dangereuses*** **(roman, 1782, Pierre Choderlos de Laclos),** ***Les Liaisons dangereuses*** **(film, 1988, Stephen Frears),** ***Valmont*** **(film, 1989, Milos Forman),** ***Sexe Intentions*** **(film, 1999, Roger Kumble).**
Interprètes : **Glenn Close (1988), Annette Bening (1989), Sarah Michelle Gellar (1999).**

Désormais étudié au lycée, *Les Liaisons dangereuses* fit scandale à sa sortie. En grande partie grâce à la marquise de Merteuil, libertine cruelle et comploteuse, qui surpasse en malice tous les autres. Madone des saintes-nitouches, à chaque coup, la marquise de Merteuil fait mouche.

La marquise de Merteuil n'est pas une simple intrigante qui s'amuse des malheurs qu'elle cause. Pour gagner la liberté de vivre selon son plaisir, elle a dû mener avec détermination sa carrière de femme du monde : composer un personnage inébranlable, façonner elle-même son armure et fourbir des armes indécelables. Veuve, l'angélique marquise a adroitement acquis la renommée d'un monstre de vertu, d'une forteresse imprenable. Or, elle consomme les plaisirs charnels dans le plus grand secret, ne s'en ouvrant qu'au vicomte de Valmont, ancien amant et libertin notoire avec qui elle se plaît à faire et défaire la réputation de ses congénères.

Dans une lettre fameuse, elle lui confie comment elle a conquis dans la douleur la maîtrise des expressions de son visage pour toujours dissimuler ses intentions, ce que le cinéma aime capturer dans des gros plans sur des actrices aux traits parfaitement étudiés : Jeanne Moreau impassible et mutine[1], Catherine Deneuve en son incandescente beauté froide[2], ou Glenn Close, dont les imperceptibles frémissements suggèrent le tumulte sous le masque[3].

Illustration de la première édition des *Liaisons dangereuses* de Choderlos de Laclos.

Merteuil s'enorgueillit de savoir tout aussi bien dominer ses sentiments. Elle considère tout affect comme une faiblesse, raille tout ce qui touche à la

[1] *Les Liaisons dangereuses,* 1960, film de Roger Vadim avec Jeanne Moreau et Gérard Philipe, 1959.
[2] *Les Liaisons dangereuses*, 2003, minisérie en 2 épisodes de Josée Dayan avec Catherine Deneuve et Rupert Everett.
[3] *Les Liaisons dangereuses*, 1988, de Stephen Frears avec Glenn Close et John Malkovich.

sensibilité du cœur et châtie les âmes faibles en ce domaine. Parée des habits de la morale, elle aime les pousser au déshonneur par revanche, mépris ou sadisme. D'ailleurs, une misanthropie certaine s'exprime lorsqu'elle se revendique *cruelle* et *perfide*.

Féministe ? La marquise est un pur produit de la société cynique de son temps. Consciente certes du carcan des femmes, elle s'éduque en autodidacte par l'observation et la lecture, exerçant son esprit critique afin de ne pas se laisser imposer leur joug. Mais elle s'en libère pour elle seule et n'exprime aucune empathie envers ses consœurs. Quand elle dit vouloir « venger son sexe », ne l'entendons pas au sens des femmes en général mais au sens du sexe avec lequel elle est née et qui la destinait à la soumission. Tant pis pour celles qui sont trop sottes pour s'émanciper, elle n'hésitera pas à les écraser en s'élevant. Non, Merteuil n'est pas féministe (mais le propos de Laclos, lui… peut-être).

La relation malsaine et la correspondance compromettante qu'elle entretient avec Valmont les engagent dans une guerre absolue : « Il faut vaincre ou périr. »

Dans sa bande-annonce, Vadim dit de Valmont qu'il domine les femmes et de Merteuil qu'elle domine Valmont. En effet, elle est le destinataire qui confie au vicomte sa mission, déflorer Cécile, et exige des preuves de sa réussite telle la méchante reine envoyant le chasseur perdre Blanche-Neige.

Sans miroir magique, ses dons d'observation lui offrent toujours un coup d'avance. Lorsque Valmont se laisse attendrir par madame de Tourvel, Merteuil saisit avant lui les sentiments qui l'étreignent et saura parfaitement quel levier activer pour le mener quand même au bout de sa tâche.

Ses manigances n'épargnent pas même le seul être qu'elle semblait estimer (aimer, peut-être) et tous deux passent progressivement de complices à rivaux. Mais, dans la partie d'échecs qui les oppose, ont-ils jamais été autre chose qu'adversaires ?

Toutes les transpositions audiovisuelles du roman surenchérissent sur la relation perverse qui les unit. Vadim en fait des époux libres dans la société bourgeoise de 1960. Dans *Sexe Intentions*, les voilà demi-frère et sœur, histoire d'ajouter un parfum d'inceste[4]. En 2022, une série explore leur amour passé dans un préquel qui réinvente sans scrupule les origines de la marquise[5].

Ailleurs, on peut lui trouver quelques cousines. Loin du propos social, on retrouve sa veine jalouse et revancharde chez la comtesse de Blayac dans le film *Ridicule*[6] ; son double jeu et ses talents de manipulation chez la *Gossip Girl* Blair Waldorf[7], et l'escalade fatale des défis, « cap ou pas cap », parsemée de vengeances cruelles chez Sophie et Julien dans *Jeux d'enfants*[8].

[4] *Sexe Intentions*, 1999, film de Roger Kumble avec Sarah Michelle Gellar et Ryan Phillippe.
[5] *Les Liaisons dangereuses*, 2022, série de Harriet Warner avec Alice Englert, Nicholas Denton.
[6] *Ridicule*, 1996, film de Patrice Leconte avec Charles Berling et Fanny Ardant.
[7] *Gossip Girl*, 2007, série télévisée avec Leighton Meester et Blake Lively.
[8] *Jeux d'enfants*, 2003, film de Yann Samuell avec Guillaume Canet, Marion Cotillard.

Annette Bening et Colin Firth dans *Valmont* (1989).

Mais en définitive, quelle morale nous enseigne la fin de ces deux jouisseurs ?

L'animosité de Merteuil à l'égard de celle qui a su fléchir le cœur de Valmont n'est pas seulement due, comme elle le prétend, à son mépris de la vertu, mais à ce qui ressemblerait bien à de la jalousie (ce poison qui vous contrôle), signe d'un orgueil sans limites ou d'un amour encore vivant pour Valmont. Sa vanité, qui l'empêche d'admettre une défaite, l'aveugle. Celle qui voyait clair dans le cœur des autres n'a rien vu venir dans le sien.

Son personnage montre les sommets où l'esprit critique et la raison, célébrés par le XVIIIe siècle, peuvent nous élever, mais aussi les limites de la raison pure et du déni des sentiments. Le début du roman pave le chemin. Pour Valmont, cela commence par un défi ; pour Merteuil, par une vengeance.

Or, la vengeance est tournée vers soi, une affaire de manœuvres souterraines, une satisfaction personnelle de justice rendue à soi-même. Tandis que le défi est tout en démonstration, une affaire d'exploit tourné vers des spectateurs témoins. À Valmont (et aux hommes), le public et l'éclat au grand jour, à Merteuil (et aux femmes), les coulisses et les secrets d'alcôve. Le même palmarès donne gloire à l'un et opprobre à l'autre.

À la fin, démasquée, elle s'enfuit. Ses manigances révélées au grand jour signent son bannissement. La variole laisse sur le beau visage qui savait si bien dissimuler ses péchés des stigmates reconnaissables. À l'écran, le masque tombe autrement : Glenn Close se démaquille et dissout le fard, tandis que le feu défigure Jeanne Moreau. Les Inconnus laissent à Van Dam le soin de coller une mouche scatophage sur sa face ensanglantée, après lui avoir cassé la figure d'homme à homme[9].

In fine, l'insoumission de Merteuil prend un chemin individuel qui se révèle sans issue. Ni la guerre des sexes ni la domination ne sont la solution pour éradiquer les iniquités entre hommes et femmes.

Hélène Almeras

[9] *Les Liaisons vachement dangereuses*, sketch des Inconnus, avec Bernard Campan et Didier Bourdon.

Halloween (2007), remake de *Halloween : la Nuit des masques* (1978) et neuvième film avec Michael Myers à l'affiche.

MICHAEL MYERS

L'ARCHÉTYPE DU *SLASHER*

Nom : Michael Myers.
Œuvres : La saga *Halloween*, de *Halloween : La Nuit des masques* (1978, John Carpenter) à *Halloween Ends* (2022, David Gordon Green), les remakes *Halloween* et *Halloween 2* (2007 et 2009, Rob Zombie).
Créateurs : Debra Hill et John Carpenter.

Masque blanc inexpressif, silhouette impressionnante vêtue d'un bleu de travail, couteau en main : Michael Myers, antagoniste de la saga *Halloween*, est sûrement le plus iconique des tueurs en série du cinéma horrifique. Et le modèle, malgré lui, des tueurs de *slashers*.

« J'ai rencontré cet enfant de 6 ans. Ce visage pâle et sans émotion. Ces yeux noirs et vides. Les yeux du diable. J'ai passé huit ans à essayer de percer sa carapace, puis sept autres à essayer de le garder enfermé, car j'ai réalisé que ce qui se cachait derrière les yeux de ce garçon, c'était tout simplement le mal absolu. » Cette réplique du Dr Loomis dans *Halloween : La Nuit des masques* de John Carpenter, donne une idée de la personnalité de Michael Myers. Nommé « The Shape », qu'on pourrait traduire par « la silhouette », au générique des deux premiers opus de la saga *Halloween*, Michael Myers est l'incarnation du mal absolu, figure centrale du cinéma de John Carpenter.

Ce mal prend ici la forme d'un être humain et tout d'abord d'un enfant de 6 ans[1], que l'on découvre à la fin de la séquence d'ouverture du film, tournée en vue subjective à travers les yeux d'un tueur masqué qui assassine une jeune fille. Derrière le masque, une petite tête blonde, qui vient de poignarder sa propre sœur, Judith, le soir d'Halloween 1963. Enfermé, Michael Myers grandit, puis réussit à s'échapper de l'hôpital Smith's Grove 15 ans plus tard pour venir frapper à nouveau la petite ville d'Haddonfield…

[1] John Carpenter a acquis la certitude que le mal absolu existe : il l'a vu de ses yeux lors d'une visite dans un hôpital psychiatrique au cours de laquelle il a fait la rencontre terrifiante d'un patient d'une douzaine d'années qui lui inspira le personnage de Michael Myers et cette réplique du Dr Loomis.

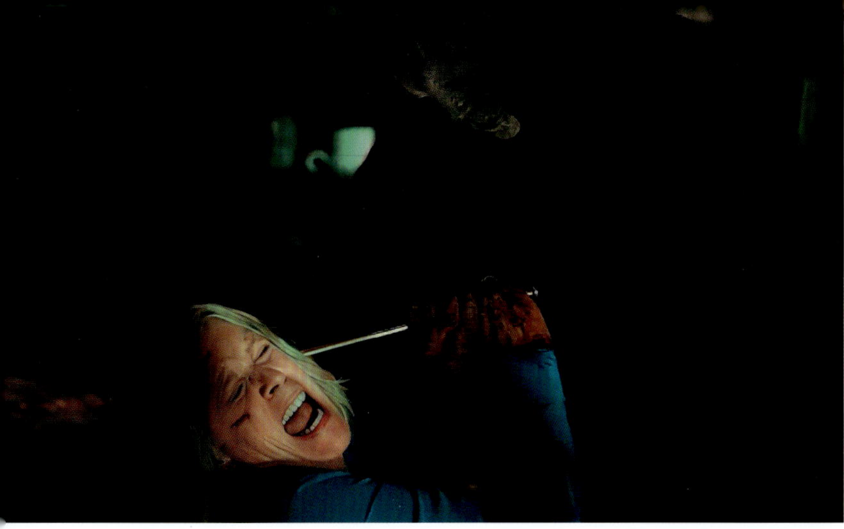

Halloween Ends (2022).

Silhouette menaçante, The Shape hante les rues, les allées bien taillées et les résidences bien alignées de cette banlieue américaine typique. Michael Myers représente ainsi l'idée que le mal peut frapper n'importe où, n'importe quand, et surtout, n'importe qui. Mutique, le visage dissimulé par un masque blanc [2] sans expression, le tueur reste énigmatique. Une page blanche, qui permet au spectateur de projeter ses propres peurs et angoisses. Véritable force de la nature inarrêtable, Michael Myers massacre n'importe qui se trouvant sur son passage. Inéluctable et increvable, le tueur marche vers sa cible, lentement, et se relève toujours, même blessé ou laissé pour mort.

Halloween et Michael Myers ont inspiré, bien malgré leur créateur, le cinéma d'horreur et le sous-genre du *slasher* [3] en établissant les caractéristiques principales de la figure du croquemitaine. Si *Black Christmas* [4], sorti en 1974, est généralement considéré comme le premier *slasher*, c'est bien *Halloween*, sorti quatre ans plus tard, qui s'est établi comme le film matriciel du genre. Avec sa rentabilité record [5], le film de John Carpenter est instantanément devenu le nouveau prototype du cinéma horrifique. Une recette reprise par *Vendredi 13*[6] et sa suite qui fait apparaître le premier « imitateur » de Michael Myers : Jason Voorhees. Grâce à leurs tueurs iconiques, *Halloween* et *Vendredi 13* font office de franchises fondatrices du slasher, qui devient un sous-genre d'exploitation très prolifique dans les années 1980, passant du cinéma indépendant aux studios hollywoodiens.

Les codes du genre reprennent bon nombre d'éléments d'Halloween, avec en premier lieu un tueur mystérieux, souvent masqué comme Myers, ou dont l'identité est inconnue. Rompant avec l'horreur gothique et ses monstres fantastiques (vampires, momies, loups-garous…), le tueur de *slasher*, Michael Myers en tête, s'immisce dans le quotidien en envahissant des lieux réalistes et familiers (la petite ville tranquille, la maison familiale, le lycée, le camp de vacances…). Sa folie meurtrière s'exprime souvent à date fixe (Halloween, Noël, vendredi 13…) et trouve généralement son origine dans un trauma fondateur survenu dans sa jeunesse. Il s'attaque aux ados (supposément délurés) et les attaque à l'arme blanche, substitut phallique qui lui donne sa puissance. Enfin, impossible de parler du *boogeyman* sans évoquer son personnage opposé et pourtant complémentaire, la *final girl*, la dernière survivante Laurie Strode, incarnée ici par l'inoubliable Jamie Lee Curtis. C'est elle que Michael Myers poursuit dans 7 des 13 films de la franchise – puisque Laurie est en réalité sa petite sœur, comme le révèle *Halloween 2*[7].

Michael Myers reprendra du service dans toutes les suites à l'exception d'*Halloween 3*, tentative ratée de changer l'orientation de la saga pour en faire une anthologie d'histoires horrifiques autour de la fête d'Halloween. De moins en moins respectueuse de la mythologie carpenterienne, la franchise se délite jusqu'au sixième opus, avant de renier sa propre chronologie et de céder à la mode du néo-*slasher* post-*Scream*. La saga sera ensuite rebootée par Rob Zombie, qui couche sur pellicule sa propre vision du boogeyman avec son remake du film de Carpenter, puis sa suite [8]. Violent et poisseux, son diptyque tente d'expliquer l'origine de la folie meurtrière de Michael Myers en s'attardant sur son enfance difficile et sa relation avec sa mère, incarnée par la femme du réalisateur, Sheri Moon Zombie. Dans la version *director's cut* de son second opus, Rob Zombie va jusqu'à dévoiler le visage du *boogeyman* et le faire parler – un sacrilège pour les puristes, qui reste néanmoins cohérent avec la vision de son auteur.

Enfin, en 2018, c'est David Gordon Green qui relance une nouvelle fois la saga, en annulant tous les films précédents pour placer son *Halloween* comme une suite directe du film de Carpenter. Quarante ans après les événements du premier film, Michael Myers s'échappe de prison et traque Laurie Strode (Jamie Lee Curtis en grand-mère survivaliste, la bonne trouvaille de cette nouvelle trilogie [9]). Véritable carton au box-office [10], cette nouvelle version de la saga prouve que Michael Myers, plus de 40 ans après sa première apparition sur grand écran, captive et effraie encore les spectateurs à travers le monde. Increvable, on vous dit !

Marie Casabonne

[2] Modifié à partir d'un masque du capitaine Kirk de *Star Trek*, interprété par William Shatner.
[3] Venant du verbe *« to slash »* (découper, taillader, trucider), le *slasher* est un assaillant armé d'un couteau. Le *slasher movie* est donc le sous-genre horrifique mettant en scène un tueur qui élimine ses victimes à l'arme blanche.
[4] De Bob Clark (1984).
[5] 70 millions de dollars de recettes internationales pour un budget de 325 000 dollars.
[6] De Sean S. Cunningham (1980).
[7] De Rick Rosenthal (1981).
[8] *Halloween* et *Halloween 2*, de Rob Zombie (2007, 2009).
[9] *Halloween, Halloween Kills, Halloween Ends* (David Gordon Green, 2018, 2021, 2022).
[10] Plus de 255 millions de dollars de recettes au box-office mondial pour le premier volet, plus de 130 et 100 millions de dollars pour ses suites.

Mylène Demongeot dans *Les Trois Mousquetaires* (1961).

MILADY DE WINTER

Noms : Milady de Winter, Anne de Breuil, la comtesse de La Fère, Charlotte Backson.
Œuvres : *Les Trois Mousquetaires* (1844) d'Alexandre Dumas, *Les Trois Mousquetaires* (1953, André Hunebelle), *On l'appelait Milady* (1974, Richard Lester), *Les Trois Mousquetaires : Milady* (2023, Martin Bourboulon).
Interprètes notables : Mylène Demongeot, Faye Dunaway, Eva Green.

DE L'IMPITOYABLE SÉDUCTRICE À LA FIGURE DE LUTTE FÉMINISTE

De femme fatale à femme en lutte, Milady de Winter (née Anne de Breuil) multiplie les conquêtes autant que les identités depuis plus de 170 ans, pour un résultat détonant.

Personnage incontournable de l'œuvre d'Alexandre Dumas, Milady de Winter est sans conteste l'une des antihéroïnes les plus marquantes de la littérature française, mais aussi du cinéma. Le personnage apparaît en effet dès 1903 dans une première adaptation de Georges Méliès et a été depuis adapté plusieurs dizaines de fois, que ce soit pour le grand ou le petit écran. Ayant été incarnée par de nombreuses comédiennes, cette « méchante » a bénéficié de plusieurs variations dans sa caractérisation et sa représentation cinématographique, même si l'archétype de la femme fatale est celui qui revient le plus souvent. Des actrices telles que Faye Dunaway ou Lana Turner, connues pour leurs rôles de séductrices, ont porté cet archétype

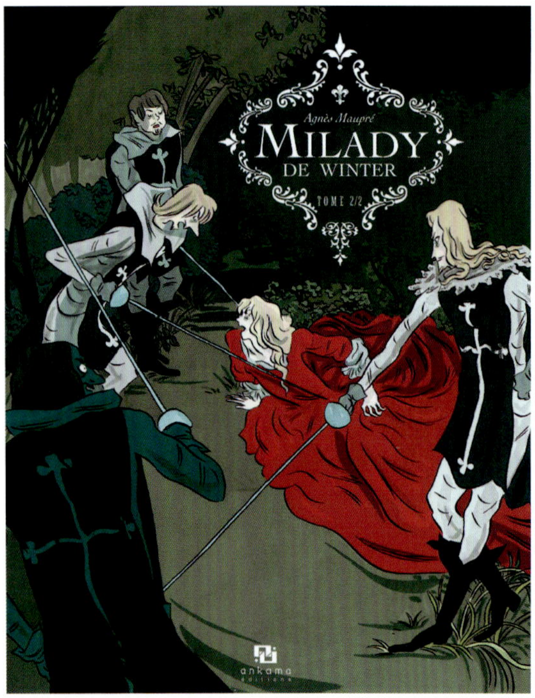

avec brio. Tandis que plus récemment, Eva Green a amené par son jeu plus de complexité et de nuance, en tentant d'expliciter le présent du personnage par les fragiles anfractuosités de son passé.

Dans l'œuvre originale, Milady de Winter est d'abord une espionne à l'histoire trouble. Son premier fiancé, un prêtre qui a renoncé à sa foi pour elle, s'est suicidé après avoir été abandonné par la jeune femme. Marquée au fer rouge par le frère de cet homme, Milady séduira le comte de la Fère qui deviendra bientôt Athos (l'un des « Trois Mousquetaires »). Apprenant son passé de « séductrice », le comte la fait pendre et la laisse pour morte. Mais Milady survit et s'enfuit en Angleterre avant de sévir de nouveau : elle épouse lord Winter

Faye Dunaway dans *On l'appelait Milady* (1974).

puis l'empoisonne, héritant de sa fortune… Ce n'est que plus tard qu'elle se mettra au service du cardinal de Richelieu, s'en prenant alors au duc de Buckingham et à la Couronne d'Angleterre.

Il semble que le personnage de Milady inventé par Dumas soit inspiré d'une personne réelle… L'espionne partagerait des points communs avec une certaine Lucy Percy Hay, aristocrate anglaise du XVIIe siècle, connue pour ses machinations et son influence politique. Dans ses *Mémoires*, François de La Rochefoucauld en fera la responsable de l'anecdote des fameux ferrets de la reine, enjeu central du premier tome des *Trois Mousquetaires*.

Dépeinte par Dumas comme une guerrière impitoyable, la jeune femme est une sorte d'incarnation du mal : belle et intelligente, reine parmi les reines, elle n'hésite pas à faire usage de ses charmes pour obtenir ce qu'elle veut et atteindre ses objectifs. Dumas la rapproche même dans le texte de la femme-sirène, la tentatrice qui charme par la voix, cause la perte des hommes et étouffe ses proies. Recevant ses ordres d'un puissant, Milady peut aussi être assimilée à une version féminine de James Bond (Ian Fleming), détentrice d'un « permis de tuer », calculatrice et séductrice, si ce n'est qu'elle travaille pour le mauvais camp.

Les réécritures plus récentes du personnage attirent cependant l'attention sur son statut de femme dans un monde d'hommes, c'est-à-dire une vie contrainte et marquée (voire abîmée) profondément par les hommes, prenant le contrepied de l'œuvre originale et des premières adaptations audiovisuelles qui l'introduisaient plutôt comme une femme diabolique qui outrepassait les limites prétendument imposées par son sexe. Dans *Milady de Winter*, la bande dessinée en deux tomes d'Agnès Maupré (2010-2012), la jeune femme, en plus de devenir le personnage principal de l'histoire, est présentée comme une victime de la domination masculine, justifiant par là son passage à l'acte criminel, et comme une femme avant tout en lutte (pour sa survie et pour son genre). Que ce soit le viol par un d'Artagnan déguisé ou une tentative de meurtre par un mari (Athos) trahi, Milady de Winter est maltraitée par les hommes et ses actions peuvent être réinterprétées comme une forme de vengeance (justifiée ou non), une manière pour la femme de reprendre le contrôle de son existence.

Son empoisonnement de Constance, la bien-aimée de d'Artagnan, peut être alors compris de différentes manières. La dernière adaptation des *Trois Mousquetaires* (Martin Bourboulon, 2023) opte pour un entre-deux, ménageant les deux parties : si Milady tue et complote autant que faire se peut, si elle tente de tromper et d'abuser de d'Artagnan (plutôt que le contraire dans l'œuvre originelle), elle n'est cette fois-ci plus directement responsable de la mort de Constance. En réalité, son plaidoyer faisant appel à la sororité de madame Bonacieux est si convaincant que Milady est même aidée dans sa fuite par cette dernière et en ressort presque grandie. Constance devient alors une autre victime collatérale d'un monde régi par les hommes et l'espionne, quant à elle, apparaît moins cruelle, moins détestable. Une antagoniste moins manichéenne qu'à ses origines, qui a su, en somme, évoluer avec son temps.

Lilie Bagage

Morgane (Helen Mirren) face à Merlin (Nicol Williamson) dans *Excalibur* (1981).

MORGANE
LA FÉE AUX 1 001 VISAGES

Noms : Morgane, la fée Morgane, Morgue, Morgan Le Fay, madame Mim.
Œuvres littéraires : Les légendes arthuriennes telles *Lancelot-Graal* (env. 1300), *La Mort du roi Arthur* (1485), *Guenièvre* (2002, Nancy McKenzie)/*L'Apprenti de Merlin* (2010-2013, Fabien Clavel).
À l'écran : Helen Mirren dans *Excalibur* (1981, J. Boorman), Léa Drucker dans *Kaamelott* (2005, A. Astier), le Disney *Merlin l'Enchanteur* (1963).

Plus qu'un personnage de fiction, Morgane est d'abord une figure mythique. De la tradition orale aux romans du XIIIe siècle, des œuvres picturales aux représentations audiovisuelles, la fée des légendes arthuriennes traverse les époques, sans cesse réinventée.

Comme l'ensemble des figures des légendes arthuriennes, Morgane est le produit de multiples inspirations, situées au croisement de récits oraux médiévaux et d'influences plus anciennes, venant tout droit des croyances antiques. On la rencontre pour la première fois dans *La Vie de Merlin* (1150), un poème composé en latin par un moine gallois, Geoffroy de Monmouth, qui dépeint Morgen (autre nom de Morgane) comme une fée guérisseuse. L'écrivain et poète français Chrétien de Troyes complétera peu après ce portrait positif en l'imaginant demi-sœur du roi Arthur. Celui-ci, après un affrontement avec Mordred, vient trouver refuge en Avalon où Morgen est première enchanteresse. Elle l'installe alors dans sa chambre et exerce sur lui ses talents de soigneuse. Ainsi, dans ces premières apparitions écrites, la fée Morgane n'a rien d'une antagoniste maléfique s'attaquant aux chevaliers de la Table ronde et à la quête du Graal.

Ce n'est que plus tard, avec une christianisation de la société de plus en plus avancée et une symbolique du féminin évoluant vers le négatif, que le portrait de Morgane change du tout au tout : la fée devient une créature néfaste, une sorcière capable de dialoguer avec l'autre monde et de faire appel à un savoir impie. Tout comme Merlin l'Enchanteur, Morgane est alors une figure représentant les anciennes croyances païennes qui doivent inspirer la méfiance et dont les « bons chrétiens » doivent se détourner. Cependant, au contraire de l'Enchanteur (souvent présenté comme son mentor, avant d'être son

Morgan Le Fay par Frederick Sandys (1864).

les *comics* Marvel.

ennemi), Morgane est une femme. Elle ne peut donc recevoir le même respect, tenir la même place que son homologue masculin dans la société.

Dans les romans du Moyen Âge central, voire tardif, Morgane rappelle alors jusque par son nom des divinités telles que Morrigan, déesse celtique irlandaise de la Guerre et de la Mort, ou bien des figures de la mythologie gréco-romaine telles que Circé (puissante magicienne experte en drogues et poisons) et Médée, avec laquelle les parallèles sont plus qu'évidents. Tout comme cette dernière, Morgane possède une intelligence remarquable et rusée qui vient nourrir à merveille son art de la sorcellerie. Les deux figures féminines se servent des plantes et de la magie aussi bien pour guérir, porter assistance, que pour nuire et faire le mal autour d'elles. Elles sont aussi toutes deux présentées comme des « barbares », c'est-à-dire des étrangères aux yeux de la société, sans respect pour les normes en vigueur. Et quand Médée tue son propre frère et ses propres enfants pour servir ses desseins vengeurs, Morgane, elle, séduit et trompe son monde par pur intérêt égoïste ou revanchard. Dans certains récits, elle devient la mère de Mordred, enfant d'une union incestueuse entre elle et son frère le roi Arthur. Dans d'autres (que ce soit dans le *Lancelot-Graal* du XIIIe siècle ou bien encore l'adaptation cinématographique *Excalibur* de John Boorman en 1981), la fée maléfique devient l'opposante principale de la Table ronde, emprisonnant les chevaliers infidèles dans le Val sans détour (Morgane, parfois appelée Morgue, aurait jeté un enchantement sur ce lieu après avoir surpris son amant dans les bras d'une autre), s'en prenant directement à l'amour adultère entre Lancelot et la reine Guenièvre, ou bien encore se débarrassant de Merlin, son maître d'apprentissage. Les œuvres picturales ne sont pas en reste quand il s'agit de faire de Morgane la « méchante » de l'histoire ; Frederick Sandys, un peintre britannique du XIXe siècle, représente la fée dans un décor oriental, à cette époque synonyme de barbarie mais aussi de sexualité sans bornes, véhiculant une image sulfureuse, celle de l'interdit que l'on contemple à bonne distance, afin de ne pas se laisser tenter ou pire, de se laisser détruire. Selon Laurence Harf-Lancner, « la fée incarne bien la menace d'une femme dominatrice et castratrice et le danger des valeurs féminines[1] ». Morgane est une menace pour elle-même, tout autant que pour ceux qui l'entourent.

Les choses évoluent néanmoins avec le XXe siècle et une nouvelle vision de la femme, qui entraînent tout naturellement une transformation de la symbolique portée par les personnages féminins des légendes arthuriennes. Dans le courant des années 1970-1980, la Wicca, un mouvement inscrit dans le néopaganisme du début du siècle, se diffuse dans les milieux féministes américains : Morgane est alors vue comme une femme opprimée dans un monde d'hommes chrétiens, qui lutte continuellement pour conserver ses croyances traditionnelles, proches de la nature.

Dans les séries : Katie McGrath (*Merlin*), Léa Drucker (*Kaamelott*), Eva Green (*Camelot*).

En tant que figure mythologique, nul doute que Morgane, tantôt fée, tantôt humaine, tantôt guérisseuse bénéfique, tantôt sorcière traîtresse, verra son portrait évoluer encore dans le futur au gré des changements de la société.

Lilie Bagage

[1] L. Harf-Lancner. *Les Fées au Moyen Âge : Morgane et Mélusine. La naissance des fées* (1984).

Andrew Scott.

MORIARTY
LE NAPOLÉON DU CRIME

Noms : Professeur James Moriarty, le Napoléon du crime.
Œuvres littéraires : *Le Dernier Problème* et *La Vallée de la peur* (1893 et 1915, Arthur Conan Doyle).
Interprètes notables : Laurence Olivier (*Sherlock Holmes attaque l'Orient-Express*, 1976, H. Ross), Anthony Higgins (*Le Secret de la pyramide*, 1985, B. Levinson), Andrew Scott (*Sherlock*, 2010-2017), Natalie Dormer (*Elementary*, 2012-2019), *Un loup* (Sherlock Holmes, 1984-1985, H. Miyazaki & K. Mikuriya).

Pour être à la hauteur du génie du grand Sherlock Holmes, il fallait un esprit au moins aussi affûté que celui du détective. Qui de mieux placé que le professeur Moriarty, véritable génie du mal ?

Illustration de *The Final Problem* par Sidney Paget.

Surnommé le « Napoléon du crime », considéré comme l'un des premiers génies du mal en littérature, le professeur James Moriarty apparaît pour la première fois dans *Le Dernier Problème* , écrit par sir Arthur Conan Doyle et publié en 1893. Dans ce récit, on apprend l'existence d'un cerveau caché derrière le crime organisé londonien incarné par Moriarty. Mais le titre de « Napoléon du crime » n'a pas été inventé par Conan Doyle : il lui vient de Robert Anderson, détective de Scotland Yard, qui utilisait ce surnom pour présenter Adam Worth, un criminel d'origine allemande ayant sévi à Londres. Avec de très nombreux méfaits d'armes à son actif, Worth était l'un des maîtres du crime londonien et a servi de modèle au personnage de Moriarty.

Ce dernier est souvent présenté comme le « double maléfique » de Sherlock, un antagoniste à sa mesure, à l'esprit au moins aussi affûté que celui du détective du 221b Baker Street. Au fil des années et des adaptations, il est présenté comme le grand et pire ennemi de Sherlock, mais n'est finalement présent que dans deux des soixante aventures de Holmes écrites par Conan Doyle. Même à l'époque de sa publication, Moriarty avait gagné cette aura maléfique, cette présence charismatique faisant oublier son faible nombre d'apparitions et le rendant incontournable. Pour beaucoup, il est l'antagoniste le plus important de l'œuvre de Conan Doyle, offrant aux lecteurs une des scènes les plus tendues de l'histoire de Sherlock Holmes dans *Le Dernier Problème.* Dans ce récit, Moriarty s'invite dans le salon de Holmes pour lui intimer de ne plus interférer avec ses affaires. Une scène d'une grande tension entre les deux ennemis qui trouve encore des échos inconscients dans la *pop culture*, notamment dans *Heat*[1], avec la fameuse scène du face-à-face entre Robert de Niro et Al Pacino au restaurant.

Car si le professeur Moriarty apparaît peu sous la plume de Conan Doyle, il est un personnage récurrent sous celles d'autres auteurs reprenant l'univers du détective ou l'utilisant comme référence. C'est d'ailleurs plus dans ces réécritures que l'on retrouve les caractéristiques précises du Napoléon du crime. En effet, en scrutant les récits de Conan Doyle, on repère assez facilement des incohérences, dans le fait que Moriarty ait ou non croisé la route de Watson, ou même sur son prénom, né d'une confusion dans les notes de l'auteur entre deux récits. Comme pour Sherlock Holmes, le personnage de Moriarty a rapidement dépassé son auteur, devenant un symbole, un archétype même du génie du mal aux plans complexes, qui juge son esprit supérieur et avec des tendances mégalomanes.

S'il a été parfois oublié le côté mathématique de son génie, sa carrière ayant été lancée par une brillante publication scientifique, c'est une caractéristique que l'on retrouve dans certaines adaptations récentes du personnage. Le rapport aux mathématiques est utilisé pour souligner la rigueur de ses manipulations et la précision de ses machinations, les présentant presque comme l'application de théorèmes ou d'équations savantes. On retrouve cet aspect de sa personnalité notamment dans Sherlock Holmes :

[1] Film de Michael Mann de 1995 mettant en scène l'affrontement entre le cerveau d'une équipe criminelle (Robert de Niro) et un policier (Al Pacino).

Natalie Dormer.

Eric Porter.

Jeu d'ombres de Guy Ritchie en 2010, où le professeur est incarné par Jared Harris. L'une des premières scènes où plane l'ombre du criminel se déroule dans son bureau, avec des ouvrages scientifiques pour souligner autant son niveau d'éducation que son intelligence.

Moriarty a su dépasser les frontières des genres et des médias. En tant qu'ennemi de Sherlock Holmes, on le retrouve incarné par le charismatique Andrew Scott dans le *Sherlock* de la BBC. Dans la série, les scénaristes insistent sur ses multiples facettes, ses capacités à se fondre dans la masse et à manipuler les foules au point de faire douter de son existence.

On le retrouve aussi comme personnage principal du manga *Moriarty*, sous la plume de Ryôsuke Takeuchi et Hikaru Miyoshi chez Kana, qui a débuté en 2016. Les auteurs y développent son enfance et le mettent en rivalité avec Sherlock Holmes. De personnage principal, il devient secondaire dans le manga *Lady Détective* de Ki-ha Lee et Hey-jin Jeon en 2011 en Corée ; dans *Fate/Grand Order*, un jeu mobile RPG ; comme antagoniste principal du premier volume de *La Ligue des gentlemen extraordinaires* d'Alan Moore et Kevin O'Neill (1999) aux côtés du docteur Fu Manchu. Son aura d'antagoniste manipulateur et de génie du mal s'étend même jusqu'aux lointaines contrées de *Star Trek*, où il est jugé comme étant l'unique ennemi possible de Data, le seul androïde à faire partie de la flotte.

Bénédicte Coudière

Charles Montgomery Burns et son fidèle assistant Smithers.

MONSIEUR BURNS
LE PLOUTOCRATE IMMORTEL

Nom : Charles Montgomery Plantagenet Schicklgruber Burns.
Œuvre : *Les Simpson* (depuis 1989).
Créateur : Matt Groening.
Interprètes : Christopher Collins, Harry Shearer.

Si *Les Simpson* a su traverser le temps et les générations, c'est par la force évocatrice de ses personnages, aussi intemporels qu'universels. Parmi eux, il est un homme dont la richesse n'a d'égal que son âge : M. Burns…

Personnage emblématique de la série télévisée *Les Simpson*, M. Burns représente à la fois la figure de l'employeur abusif et du milliardaire vivant dans sa propre réalité, toute à sa gloire. La pérennité de la série, forte aujourd'hui de plus de 35 saisons, débutée en décembre 1989, a beaucoup fait évoluer ses personnages. Malgré un âge parfois fluctuant, M. Burns reste la longévité incarnée, avec tout ce qu'elle peut apporter d'aigreur et de désillusion, mais toujours animée par cette recherche d'argent propre à ce type de personnages.

M. Burns est une figure hybride, aux caractéristiques s'inspirant d'autres : Balthazar Picsou pour sa cupidité, Scrooge pour son caractère, William Randolph Hearst dans *Citizen Cane*, etc.

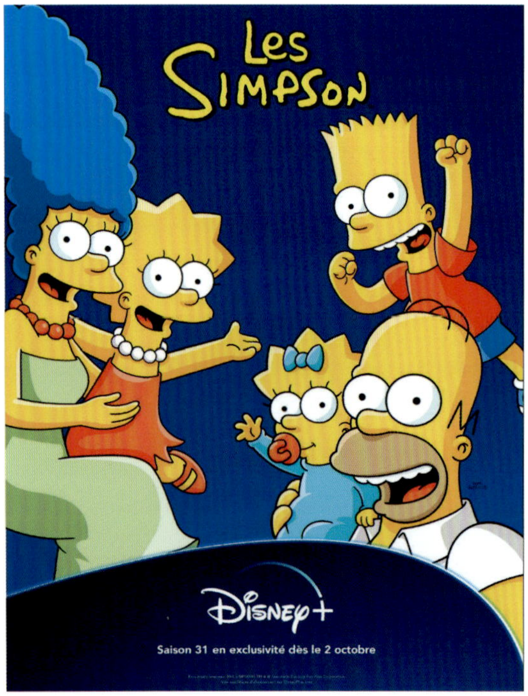

Bien entendu, les analogies sont nombreuses, *Les Simpson* étant connu pour faire des épisodes inspirés d'autres œuvres et y calquant les dynamiques des personnages aux Simpson. À chaque fois, pourtant, M. Burns y est l'antagoniste. Il est le milliardaire caractériel qui laisse le monde s'effondrer tant qu'il peut conserver ses privilèges, l'archétype du vieux mâle blanc/jaune aigri mais cupide, préférant réduire en esclavage ce qui peut l'être pour son propre profit.

Comme les caricatures classiques, le personnage de Burns exacerbe les réalités pour leur donner corps. Son âge indéterminé se voit sur ses traits, fripés, quasiment momifiés. On le dit tantôt originaire de Pangée (dans la version originale), tantôt ayant connu le régime de Prusse (disparu en 1918), tantôt employant des mots inusités et désuets, un phrasé ancien, des expressions disparues. Il éprouve même de la nostalgie à l'évocation du « bon temps », faisant toujours référence à une oppression violente des populations qu'il juge inférieures à lui. Il utilise des technologies de pointe dans le seul but de continuer à vivre, à traverser l'Histoire. Allusion à peine voilée à l'idée que le système capitaliste est le seul véritable système à pouvoir traverser le temps. Idée reçue et véhiculée par le capitalisme lui-même, par M. Burns lui-même. Sa glorification des systèmes oppressifs l'a poussé à faire de sa centrale une sorte de microcosme fasciste où il est le seul maître à bord. Trappe dans son bureau pour dégager quiconque le contredit, mise en quasi-esclavage de son fidèle assistant Smithers, qui présente un fort syndrome de Stockholm, M. Burns va jusqu'à faire partie d'une société secrète des personnalités riches de la série ayant pour but de tout contrôler.

La critique sociale et la dénonciation du capitalisme, des grands groupes et des régimes de connivence et de complicité des entreprises dans la destruction de la planète augmentent avec le temps. Parce qu'il dirige une usine nucléaire, parce que chaque ressource est vue par M. Burns comme un moyen de s'enrichir un peu plus, son personnage représente toutes les valeurs négatives de notre monde.

Cependant, il arrive que M. Burns se retrouve en difficulté. Faisant faillite dans un épisode, cherchant une ancienne relation dans un autre, ayant envie de changer d'existence ou d'avoir un ami... Chaque sursaut d'humanité ne dure cependant que le temps d'une partie d'épisode : celui-ci se conclut inévitablement par un retour au statu quo, où le milliardaire refait fortune, où son humanité se redilue dans l'argent et le pouvoir. Il est l'inexorable caricature vouée à rester éternellement l'homme sans âge, le capitaliste ploutocrate, dirigeant son microcosme et n'acceptant qu'un serviteur aveugle, dévoué à sa cause et à sa personne.

Tant qu'il est en vie et en « pleine forme », M. Burns est craint et personne n'ose se soulever contre lui. Mais dès que des problèmes de santé le poussent à annoncer sa mort prochaine (saison 6, épisode 22), toute la ville se réjouit et envisage un autre avenir, débarrassée du fléau qu'il représente sans avoir eu à lever le petit doigt. Bien entendu, cela ne se produit pas. Mais il est intéressant de noter que l'épisode met l'accent sur l'ambiguïté des habitants de Springfield face à M. Burns : à la fois conscients qu'ils dépendent de lui (et du capitalisme représenté), mais souhaitant tout de même s'extraire de ce modèle, sans avoir à agir eux-mêmes, sans avoir à se rebeller, à prendre la décision de changer.

Caricature du modèle capitaliste classique, impliquant la création d'un microcosme de l'entreprise, M. Burns est aussi une personnification de notre société dans sa globalité. Il n'y a pas de frontière à ce qu'il représente, touchant à l'universalité de son essence, de ce qui le compose, devenant petit à petit l'emblème de la cruauté institutionnelle, entrepreneuriale, de la réjouissance face à l'oppression. Il est d'ailleurs souvent réduit au même diabolique le représentant les mains jointes par le bout des doigts, tête penchée et yeux relevés dans un regard cupide, avec sa fameuse réplique : « Excellent ! »

Bénédicte Coudière

1996

NANCY DOWNS

« SORCIÈRE MAL-AIMÉE »

Nom : Nancy Downs.
Œuvre : *The Craft : Dangereuse Alliance* (1996, Andrew Fleming).
Interprète : Fairuza Balk.

Icône gothique des années 1990 incarnée par Fairuza Balk, Nancy Downs n'a pas seulement un look de sorcière moderne, elle en a aussi les pouvoirs. Une promesse d'émancipation pour cette lycéenne d'origine modeste, qui finira par se retourner contre elle…

Ayant récemment quitté San Francisco pour Los Angeles, Sarah (Robin Tunney) est nouvelle dans son lycée. Elle y rencontre trois élèves, Nancy (Fairuza Balk), Bonnie (Neve Campbell) et Rochelle (Rachel True) qui s'essaient à la sorcellerie et cherchent un quatrième membre pour compléter leur *coven*[1]. Lorsqu'elles aperçoivent Sarah en train de faire léviter un crayon en cours, elles sont persuadées que la nouvelle arrivée est celle qu'elles attendaient tant. Nancy, Bonnie et Rochelle initient Sarah à leurs pratiques et les résultats de leurs premiers sortilèges sont probants. Mais leurs pouvoirs et les conséquences qui en découlent vont vite créer des tensions et des rivalités dans le groupe…

[1] Groupe de sorcières.

Chacune des quatre sorcières lycéennes utilise la sorcellerie comme un moyen de résoudre ses problèmes. Sarah lance un philtre d'amour sur Chris (Skeet Ulrich), Bonnie veut faire disparaître les cicatrices qui recouvrent son dos, Rochelle veut se venger d'une lycéenne qui la harcèle du fait de sa couleur de peau et Nancy veut sortir de sa condition précaire.

Car avant même d'incarner une sorcière, Nancy représente l'Amérique *white trash*[2]. Alors que ses amies vivent dans de belles maisons cossues, Nancy habite dans une caravane, avec une mère dépassée et un beau-père alcoolique et abusif. Sa situation familiale et sociale la place de

[2] Terme d'argot américain du registre du mépris de classe, désignant la population blanche pauvre.

fait comme une marginale. Elle est victime de mépris de classe, y compris de la part de ses propres amies, lorsque Rochelle emploie le terme *« white trash »* pour la désigner. Nancy voit donc la sorcellerie comme un moyen d'échapper à une réalité difficile, une promesse d'émancipation, de contrôle et de puissance. Son souhait se réalise lorsque son beau-père meurt d'une crise cardiaque sous ses yeux, laissant une assurance-vie conséquente à Nancy et sa mère, qui emménagent alors dans un appartement clinquant et tape-à-l'œil.

En pratiquant la magie avec ses amies, Nancy réactualise l'archétype de la sorcière. Historiquement, les femmes accusées de sorcellerie échappent souvent aux normes de la société et du patriarcat. Parfois instruites, des soignantes, des femmes indépendantes vivant seules ou ayant un rapport libéré à la sexualité ou bien encore issues de milieux plus modestes (esclaves ou mendiantes), souffrant parfois de pathologies psychiatriques : les profils des femmes appelées « sorcières » sont multiples. Mais leur point commun est bien souvent d'avoir, par leur mode de vie ou leurs actions, contesté le pouvoir établi. Pour les punir d'avoir voulu sortir du rang, elles sont accusées de pacte avec le diable et sont traquées, punies, brûlées.

Dans la fiction, la sorcière est traditionnellement représentée comme une vieille femme repoussante, vivant seule, sans enfants. Une marginale, en somme – pas toujours par choix.

En se plaçant hors des normes et des conventions du lycée, Nancy réactualise cet archétype pour incarner une sorcière adolescente. Elle embrasse sa marginalité avec un look gothique : elle porte du noir, un maquillage très prononcé, bien loin des lycéennes blondes des *teen movies* habituels. Avec son look non conformiste, son attitude rebelle et sa pratique de la sorcellerie, Nancy représente le cauchemar de tout parent, mais aussi le rêve de nombreuses ados des années 1990, incarné à merveille par l'éclatante Fairuza Balk, entre fragilité et accès de folie.

Les trois autres personnages féminins sont eux aussi marginalisés, pour diverses raisons : Bonnie a le dos couvert de cicatrices, Rochelle semble être la seule élève noire du lycée et la mère de Sarah est morte en accouchant, un événement dont elle porte encore la culpabilité, matérialisée par les cicatrices sur ses poignets. Si les enjeux de chacune sont différents, leur sensation d'isolement est bien réelle. Les quatre adolescentes trouvent dans leur *coven* une amitié et une sororité salvatrices. En s'unissant, elles sont plus fortes et leurs pouvoirs magiques sont décuplés. Elles incarnent les *« weirdos »*, les gens bizarres, excentriques. Lorsqu'un chauffeur de bus les met en garde contre les *weirdos*, Nancy réplique : « Les *weirdos*, c'est nous, monsieur », avant de déclencher un éclat de rire de ses trois amies.

Cette période est cependant de courte durée. Des rivalités viennent vite briser la dynamique du groupe. Alors qu'elle a travaillé dur pour étudier la sorcellerie, Nancy en veut à Sarah qui démontre un véritable talent naturel pour cette pratique.

Mais surtout, ivre de pouvoir, Nancy en veut toujours plus et utilise sa magie à mauvais escient. Elle lance un philtre d'amour sur Chris – autre sujet de rivalité avec Sarah – et finit par le tuer, laissant éclater sa colère quand celui-ci lui dit qu'elle est jalouse de Sarah. Lorsque cette dernière quitte le *coven*, elle est harcelée par Nancy, Bonnie et Rochelle, qui utilisent leurs pouvoirs en représailles.

Au terme d'un véritable combat de sorcières, Sarah triomphe et Nancy sombre dans la folie. La montée en puissance de la lycéenne aura été de courte durée. Comme pour lui rappeler qu'un grand pouvoir implique de grandes responsabilités et la punir de son utilisation abusive de la magie, Nancy finit attachée à un lit, assaillie de visions, dans une institution psychiatrique. À l'instar de Carrie[3], personnage de Stephen King dont elle est très certainement inspirée, Nancy est détruite par un pouvoir dont la force la dépasse. Alors que Sarah s'en sort, Nancy est punie. Toutes les deux sont pourtant des victimes. Victimes de la société et du patriarcat – représenté ici par le personnage de Chris, qui monte les lycéennes les unes contre les autres, lance de fausses rumeurs sur elles et tente d'agresser Sarah.

La fin tragique de Nancy fait écho au sort traditionnellement réservé aux sorcières. Ici, pas de bûcher ni de bourreau, mais un enfermement et un traitement psychiatriques d'un autre temps, qui semble s'éterniser pour elle, si l'on en croit sa brève apparition dans la suite *The Craft : Les nouvelles sorcières*, réalisée par Zoe Lister-Jones et sortie en 2020.

Marie Casabonne

[3] *Carrie*, premier roman de Stephen King qui met en scène une adolescente découvrant ses pouvoirs de télékinésie, sorti en 1974 et adapté au cinéma par Brian de Palma en 1976.

NEGAN

« HERE'S NEGAN »

Noms : Negan, Negan Smith.
Œuvres : *The Walking Dead* (*comics*, 2003-2020, Robert Kirkman, Charlie Adlard, Tony Moore), *The Walking Dead* (série, 2010-2022, Frank Darabont), *The Walking Dead : Dead City* (série, depuis 2023, Eli Jorné)
Interprète : Jeffrey Dean Morgan.

Toujours accompagné de sa batte Lucille, Negan est un personnage si cruel que les zombies semblent être une menace bien moindre. Et pourtant, *The Walking Dead* lui a offert un arc de rédemption étonnant, le faisant passer d'antagoniste à antihéros repenti.

Dès sa première apparition dans la série *The Walking Dead*[1], Negan frappe fort. En tuant de manière particulièrement violente et cruelle Abraham (Michael Cudlitz) et Glenn (Steven Yeun) sous les yeux de leurs proches, Negan Smith rappelle l'un des postulats principaux des films et séries de zombies : la véritable menace n'est pas les morts, mais les vivants.

L'apocalypse zombie et l'effondrement de la civilisation révèlent à la fois le meilleur et le pire de l'être humain. Si le héros Rick Grimes (Andrew Lincoln) semble incarner la préservation de l'humanité et de ses valeurs morales, Negan apparaît comme l'antagoniste qui profite du chaos dans lequel le monde est plongé.

Personnage créé par Robert Kirkman dans son *comics The Walking Dead*, Negan apparaît également dans la série, sous les traits de Jeffrey Dean Morgan. Leader charismatique de sa communauté ironiquement nommée les Sauveurs, Negan a instauré un règne de la terreur sur les communautés voisines. Ayant recours à des méthodes mafieuses, Negan et les Sauveurs promettent d'assurer la sécurité des clans alentour en échange de la moitié de leurs ressources. Et ceux qui refusent connaissent généralement un funeste destin.

Au sein de sa propre communauté, Negan n'en est pas moins autoritaire. Bien qu'il ait créé un conseil de chefs et qu'il s'entoure de conseillers, c'est toujours lui qui a le dernier

[1] Dans le premier épisode de la saison 7.

mot. Il fait régner l'ordre par un système basé sur la peur et la récompense. Infantilisant ses sujets, il administre punitions comme gratifications, en instaurant une hiérarchie basée sur un système de points donnant accès à des privilèges. Agissant en véritable dictateur, Negan assure la survie et la sécurité de son groupe par la menace, la peur et l'emprise psychologique qu'il exerce sur les Sauveurs et sur les autres communautés qu'il traite comme des vassaux. Il profite également de sa position de pouvoir dans ses relations avec les femmes, basées sur la peur de celles-ci.

Au-delà de la confrontation de leurs deux clans, la rivalité entre Negan et Rick est évidente, du fait de leurs caractères et de leurs méthodes. Si leur but est le même, sauver le plus de personnes possible et protéger leur communauté, leurs moyens d'y parvenir sont diamétralement opposés. Ancien adjoint au shérif de sa ville, Rick agit selon un code moral strict – du moins pendant les premières saisons. L'ancien policier fait ainsi souvent preuve de bonté ou de pitié, quitte à mettre son groupe et sa famille en danger. À l'inverse, Negan n'hésite pas à torturer ou tuer ses opposants – ou même ses proches – pour assurer la sécurité des Sauveurs et garder sa place de puissant leader.

Pourtant, Negan n'a pas toujours été l'antagoniste qu'on connaît. Un hors-série du *comic book* et un épisode[2] de la série, intitulés tous deux « Here's Negan », reviennent sur les origines du personnage et sa vie avant l'apocalypse zombie. S'il existe quelques différences mineures entre les deux médiums, le passé de Negan reste le même dans les grandes lignes.

Ancien professeur de sport dans un lycée, Negan perd son travail après avoir passé à tabac un homme dans un restaurant dans lequel il dînait avec sa femme Lucille. Après la perte de son travail, Negan dérive, se laisse aller, trompe sa femme. Jusqu'à ce que celle-ci apprenne qu'elle est atteinte d'un cancer. Negan se consacre alors aux soins de Lucille, y compris après l'invasion de zombies. En mari dévoué, il passe tout son temps à chercher des médicaments tout en étant incapable de tuer des zombies. Lors d'une de ses sorties pour trouver des médicaments et des vivres, Negan est capturé par un gang de motards, ce qui retarde son retour auprès de Lucille. À son arrivée, celle-ci s'est suicidée et s'est transformée en zombie. Dévasté, Negan finit par achever la créature, brûler la maison et enrouler dans du fil barbelé sa batte de baseball – qu'il nomme Lucille en hommage à sa femme.

La mort de sa femme marque la mort du Negan raisonnable et attentionné pour libérer le Negan violent qui avait déjà laissé pour mort un homme avant l'invasion de zombies. Les raisons de

la transformation de Negan posent donc la question de l'évolution du personnage sans ces événements tragiques. Certains épisodes laissent entrevoir l'ancien Negan et sa fibre paternelle dans son comportement avec les enfants, et notamment Carl, puis avec Judith, les enfants de Rick.

De même, Rick aurait-il persisté à s'en tenir à son code moral sans sa femme et ses enfants à ses côtés ? Par ailleurs, tout au long de la série, Rick ne renonce pas à tuer ses ennemis ou à les retenir prisonniers. C'est le destin qu'il réserve à Negan après avoir tranché sa gorge à la fin de la saison 8. Soigné et gardé en vie, Negan est puni par Rick, qui le garde prisonnier dans une cave pendant six ans, avant que celui-ci n'intègre le groupe pour avoir une chance de se racheter.

Dès son arrivée dans la série, Negan s'est imposé comme un méchant unanimement craint et détesté, en tuant à la fois Abraham, le personnage le plus fort du groupe de Rick, et surtout Glenn, le plus aimé par les téléspectateurs. Une mise à mort aussi violente que rejetée par les fans, avec une importante chute d'audience entre les épisodes 1 et 2 de la septième saison.

Et pourtant, son développement jusqu'à la saison finale de *The Walking Dead* a montré que Negan était un personnage multidimensionnel et pas un simple psychopathe assoiffé de sang. Au-delà de son humour, de son charisme et de son charme, apportés par l'acteur Jeffrey Dean Morgan qui trouve là l'un de ses rôles les plus emblématiques, Negan évolue pour devenir un véritable antihéros repenti dans les dernières saisons de la série. Jusqu'à l'apparition en 2023 de *The Walking Dead: Dead City*, troisième série dérivée de la série mère *The Walking Dead,* basée sur deux personnages : Maggie (Lauren Cohan), la femme de Glenn et Negan, devenu enfin le héros de son propre *spin-off.*

Marie Casabonne

[2] « Here's Negan », épisode 22, saison 10.

NORMA DESMOND

GRANDEUR ET DÉCADENCE

Nom : Norma Desmond.
Œuvre : *Boulevard du crépuscule* (1950, Billy Wilder).
Interprète : Gloria Swanson.

Personnage emblématique du cinéma de Billy Wilder, Norma Desmond incarne un monstre hollywoodien. Une ancienne star du cinéma muet, actrice vieillissante délaissée, tombée dans la névrose après avoir été abandonnée par le système qui l'a portée aux nues.

Ancienne gloire du cinéma muet dont la carrière n'a pas survécu au passage au parlant, Norma Desmond (Gloria Swanson) vit recluse dans son manoir de Sunset Boulevard, à Los Angeles. Jusqu'au jour où elle rencontre Joe Gillis (William Holden), scénariste débutant à qui elle demande de réécrire le script qui signera son grand retour à Hollywood. Bien qu'il soit conscient qu'aucun scénario ne pourra relancer la carrière de l'actrice déchue, Gillis voit en Desmond un filon à exploiter pour s'enrichir. Mais l'actrice le manipule elle aussi, en utilisant son argent pour garder le jeune homme dans son orbite et exercer un contrôle malsain sur lui.

Dépendante émotionnellement de ce nouvel homme entré dans sa vie de manière inespérée, Norma le couvre de cadeaux, l'habille et exige une disponibilité et une loyauté totales en retour. Gillis va jusqu'à emménager chez elle puis devenir l'amant de celle qui l'entretient. Malgré sa volonté de se défaire de l'emprise de l'ancienne star, Joe revient toujours au manoir, pris au piège de cette relation toxlque basée sur l'argent, mais aussi pris de pitié pour la fragilité de Desmond. Il y restera jusqu'à sa mort – annoncée dès le prologue du film –, assassiné par l'actrice qui refuse de le voir partir.

« Je suis une grande star. Ce sont les films qui sont devenus petits. » Cette réplique résume à elle seule le personnage de Norma Desmond. Incapable de s'adapter aux exigences techniques et stylistiques du cinéma parlant, comme de

nombreux autres acteurs et actrices, Norma Desmond a vu sa carrière décliner, jusqu'à sombrer totalement dans l'oubli. Refusant d'accepter la réalité, l'ancienne actrice vit dans l'illusion la plus totale. Son immense maison tombe en ruine – reflet de sa vie et de sa carrière. Ce manoir érigé à sa gloire est rempli de portraits d'elle-même, d'images tirées de ses films, de souvenirs de sa grandeur passée. L'actrice subit quant à elle toutes sortes de soins et de traitements pour se préparer physiquement à son grand retour. Son majordome Max von Mayerling, qui n'est autre que son ancien mari, mais aussi ancien réalisateur pour lequel Norma a tourné, entretient ses illusions en lui écrivant de fausses lettres de fans.

Sous son apparence de diva d'un autre temps, Norma Desmond est émotionnellement fragile. Sa dépendance au succès et à l'attention du public l'a rendue profondément malheureuse lorsque sa carrière s'est arrêtée. Elle est un dommage collatéral du système hollywoodien qui met sur un piédestal des actrices jeunes et belles, qui ignorent qu'elles ont une date de péremption et qu'elles sont remplaçables à l'infini. Incarnant le trope de la femme âgée et de l'actrice vieillissante délaissée, Norma Desmond est un personnage rare au cinéma, d'autant plus en 1950. Elle donne à voir celles que le système a remplacées, celles qui ont disparu, mais qui existent toujours, quelque part, loin des studios, des projecteurs et des fans.

Au-delà du fonctionnement du système hollywoodien, le personnage de Norma Desmond est une métaphore de la considération des femmes dans la société tout entière : celles-ci perdent leur valeur supposée en vieillissant. Les jeunes actrices sont sans cesse renouvelées à Hollywood, tandis que les actrices vieillissantes sont priées de se retirer en silence – ou, au mieux, de se cantonner aux rôles de sorcières ou autres méchantes. La névrose de Norma et sa lutte désespérée pour un retour qui ne se fera jamais viennent de son refus de se plier à cette règle implicite de l'industrie.

Il faut également souligner la performance de l'actrice Gloria Swanson, qui incarne Norma Desmond dans le film de Billy Wilder. Elle-même ancienne star du cinéma muet, Gloria Swanson a accepté ce rôle que de nombreuses actrices du même âge d'or (Greta Garbo, Mary Pickford, Pola Negri...) ont décliné. Star dans les années 1920, Gloria Swanson a su embrasser ce rôle difficile, et surtout, la mise en abyme qu'il implique. Car à l'instar de son personnage, Gloria Swanson a vu sa carrière décliner avec l'arrivée du cinéma parlant. Ce sont donc de véritables photos de jeunesse de l'actrice qui peuplent le manoir de Sunset Boulevard. Quand Norma Desmond ressasse le passé, elle regarde *Queen Kelly,* un film dont Gloria Swanson était la vedette. Comble de la mise en abyme, il s'agit d'un film réalisé par Erich von Stroheim, qui incarne dans *Boulevard du Crépuscule* le majordome Max von Mayerling, ancien mari de Desmond et ancien réalisateur de films muets. On note également le caméo des acteurs et actrices Buster Keaton, Hedda Hopper, Anna Q. Nilsson, H. B. Warner, dans leur propre rôle. Enfin, dernier clin d'œil, celui de Cecil B. DeMille tournant son film *Samson et Dalila* lorsque Norma lui rend visite sur le plateau. Le réalisateur américain avait lui-même dirigé Gloria Swanson dans six films, qui furent tous des succès.

En embrassant avec brio le rôle de Norma Desmond, Gloria Swanson réussit là où son personnage échoue : l'ancienne star du muet fait son grand retour à Hollywood dans le film de Billy Wilder, pour lequel elle reçoit le Golden Globe de la meilleure actrice et une troisième nomination à l'Oscar. Une performance remarquable, couronnée par un dernier plan glaçant, celui de l'actrice, après la mort de Joe Gillis, lançant un « Très bien monsieur DeMille, je suis prête pour mon gros plan » en descendant les escaliers de son manoir face aux appareils photos des journalistes qui se confondent avec la caméra de Billy Wilder, pour la toute dernière scène de Norma Desmond.

Marie Casabonne

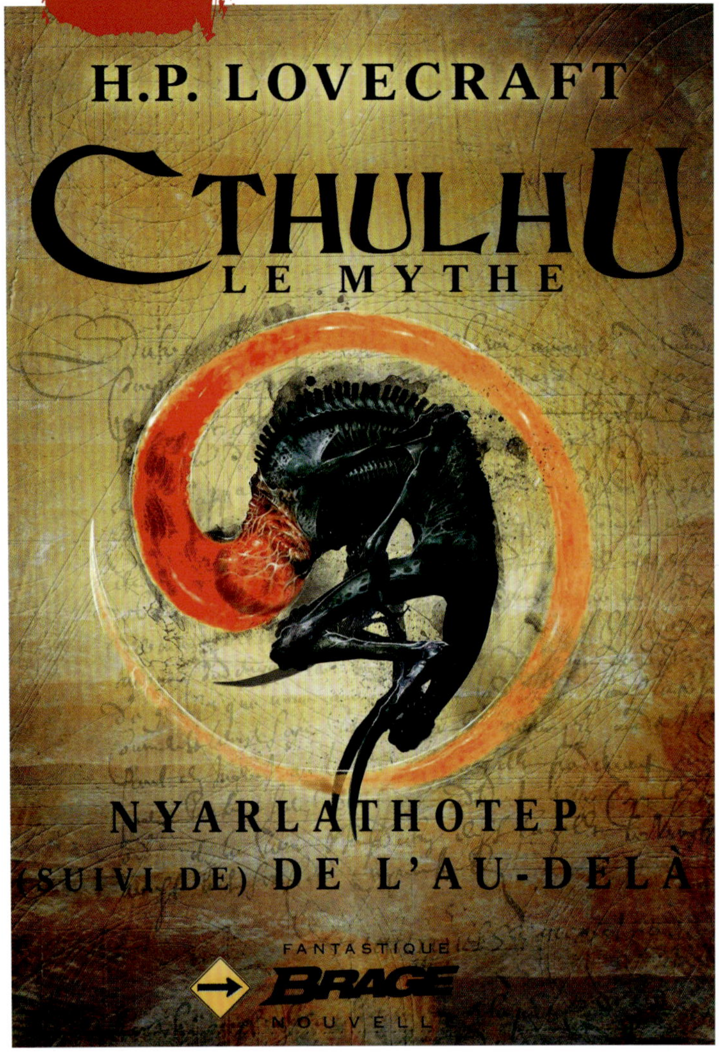

NYARLATHOTEP

LES 1001 FORMES DU CAUCHEMAR

Moins populaire que le Grand Ancien Cthulhu, l'horreur cosmique Nyarlathotep n'en est pas moins effrayante. Imaginés par l'auteur américain H. P. Lovecraft au début du siècle dernier, le « Chaos rampant » et ses innombrables avatars n'ont pas fini de faire parler d'eux.

Noms : Nyarlathotep, le Chaos rampant.
Œuvres par H. P. Lovecraft : *Nyarlathotep* (1920), *La Quête onirique de Kadath l'inconnue* (1927), *La Maison de la sorcière* (1932), *Celui qui hantait les ténèbres* (1935).
Autres œuvres : *Le démon noir et le dieu sans visage* (roman de 1936, Robert Bloch), *L'Appel de Cthulhu* (jeu de rôle, 1984, L. DiTillio & L. Willis).

Nyarlathotep apparaît pour la toute première fois en 1920 dans un poème en prose où son auteur le présente comme un « grand homme » ressemblant à un « pharaon ». Même si dans un premier temps, Lovecraft ne construit pas cette entité extraterrestre à l'image d'une divinité, la consonance même de « Nyarlathotep » rappelle néanmoins celle des patronymes de dieux que l'on vénérait durant l'Égypte ancienne, tel que Thot, dieu de l'Écriture au savoir illimité. Caractéristique principale du Chaos rampant : son côté protéiforme, qui sera mentionné dès *La Quête onirique de Kadath l'inconnue* (1927), et qui reviendra par la suite dans plusieurs textes (que ces derniers aient été rédigés par Lovecraft ou non, la création

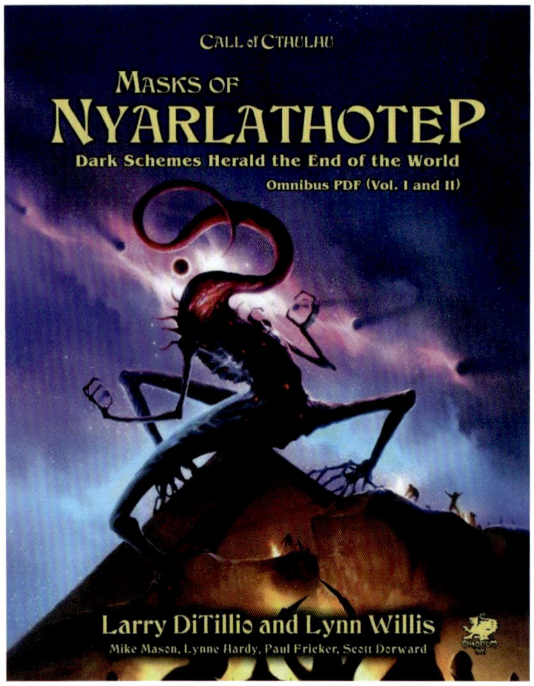

du mythe ayant été poursuivie par plusieurs auteurs après le décès précoce de Lovecraft en 1937). Dans *La Maison de la sorcière* (1933), Nyarlathotep apparaît sous la forme d'un « homme noir », incarnation diabolique présidant aux rituels de sorcellerie de Keziah Mason, une vieille sorcière s'étant échappée d'une prison de Salem en 1692. Plus tard, dans *l'Appel de Cthulhu*, jeu de rôle publié à partir de 1981 et inspiré de la nouvelle éponyme, la campagne *Les Masques de Nyarlathotep* met en scène de nombreux avatars de l'entité extraterrestre, tels que la Femme boursouflée (vénérée en Asie), la Chauve-Souris des Sables (adorée en Australie) ou bien encore la Langue sanglante. Son apparence la plus fréquente ressemble dès lors à un tripode, un monstre géant sur trois pattes muni d'un tentacule effrayant en guise de tête.

L'origine de la création de Nyarlathotep alimente la légende et sa caractérisation horrifique. Selon Lovecraft lui-même, son premier « contact » avec le Chaos rampant s'est effectué par le biais d'un rêve (ou plutôt d'un cauchemar) durant lequel l'auteur parcourait une lettre envoyée par l'un de ses correspondants et amis, Loveman. Dans cette lettre, Loveman lui confiait alors : « Ne manquez pas de voir Nyarlathotep s'il vient à Providence [ndlr : la ville natale de Lovecraft]. Il est horrible – horrible au-delà de tout ce que vous pouvez imaginer – mais merveilleux. Il nous hante pendant des heures. Je tremble encore de ce qu'il a montré. » De ce rêve, Lovecraft tire donc le nom de sa future créature et une première image mentale, celle d'un forain ou d'un conférencier éblouissant son public avec des expériences scientifiques hors du commun le rapprochant d'un certain Nikola Tesla – ce qui donnera d'ailleurs plus tard l'idée à plusieurs dessinateurs de représenter Nyarlathotep sous les traits de l'inventeur. « En quittant la maison, dira Lovecraft de ce rêve, j'ai vu des foules d'hommes qui avançaient dans la nuit, chuchotant tous avec effroi et se dirigeant vers une même direction. » Dans le poème où il décrira l'entité pour la première fois, l'auteur conservera cette idée : Nyarlathotep erre sur la Terre, rassemblant des hordes d'adorateurs autour de lui, les noyant sous les visions de cauchemar avant de les faire sombrer dans la folie, tandis que le monde qui les entoure s'effondre.

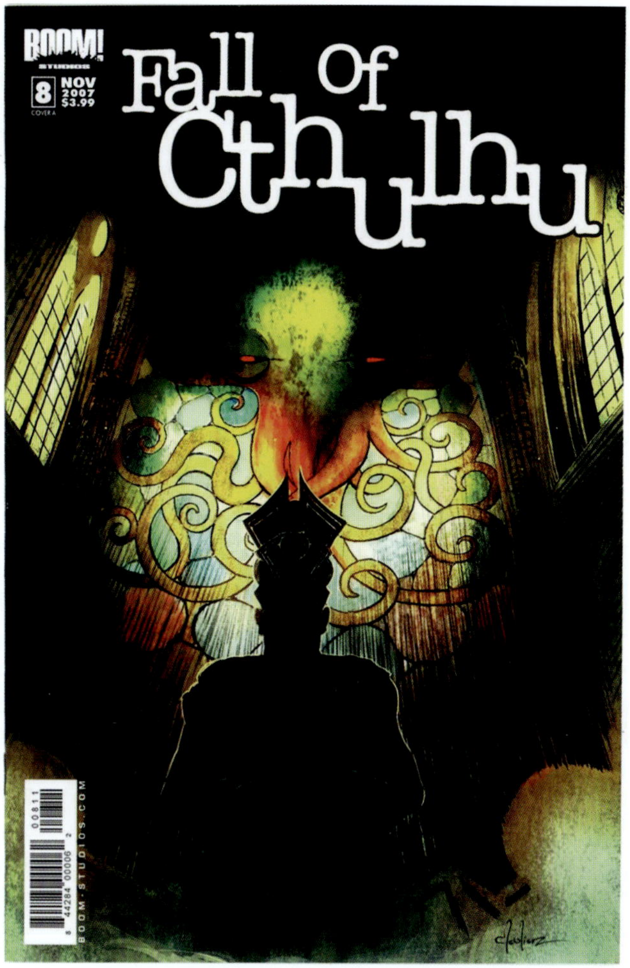

Au fil des textes et des adaptations, la caractérisation de Nyarlathotep s'étoffe. Cette monstruosité issue du vide primordial (des ténèbres inaccessibles où dorment les entités du Chaos) exécute la volonté des dieux extérieurs que sont Azathoth et Yog-Sothoth. Il est leur « messager, cœur et âme ». Contrairement aux Grands Anciens, Nyarlathotep peut se déplacer librement parmi les humains, exerce une autorité sur les dieux de la Terre tout en les protégeant depuis les Contrées du Rêve, et domine les bêtes de la Lune (voir *La Quête onirique de Kadath l'inconnue*, 1943 – publication posthume). Il lui arrive aussi d'être accompagné de joueurs de flûte amorphes (voir *Les Rats dans les murs*, 1924), au point d'être lui-même qualifié de « joueur de flûte azathotien ». Enfin, même si Nyarlathotep semble accorder plus d'importance à la propagation de la folie qu'à la mort et à la destruction, certains suggèrent qu'il détruira un jour l'espèce humaine et peut-être même la planète Terre.

L'une des particularités de l'univers lovecraftien et de ses « horreurs cosmiques » demeure cette capacité à stimuler l'imagination. De nombreux auteurs du genre tels que Stephen King, Alan Moore ou Neil Gaiman citent l'œuvre de Lovecraft comme source principale d'inspiration de leurs travaux. Les bases proposées par le maître de l'horreur restent assez peu fournies, mais peut-être est-ce justement dans cette parcimonie que se trouve la clé de la puissance fantastique de l'œuvre : les éléments concernant Nyarlathotep, si esquissés et éparpillés soient-ils, suffisent à provoquer fascination et émulation créative. Preuve en est avec la multitude d'évocations du Chaos rampant dans les *comics* (*Lovely Lovecraft, Fall of Cthulhu*), les livres (*La Tour sombre* de Stephen King, *Le Songe d'une nuit d'octobre* de R. Zelazny, la série *The Laundry Files* de Charles Stross où Nyarlathotep devient Premier ministre du Royaume-Uni), les jeux de rôle et de cartes évolutifs (*Pathfinder*, *Yu-Gi-Oh*), les jeux vidéo (*Bloodborne*, *Persona*), et même la musique (*The Thing That Should Not Be* de Metallica, *Nyarlathotep* de Nox Arcana)[1].

Lilie Bagage

[1] Pour approfondir sur Nyarlathotep et l'univers de Lovecraft : *Les Mythes de Lovecraft*, 2022, Ynnis Éditions, auteurs multiples dont Bénédicte Coudière.

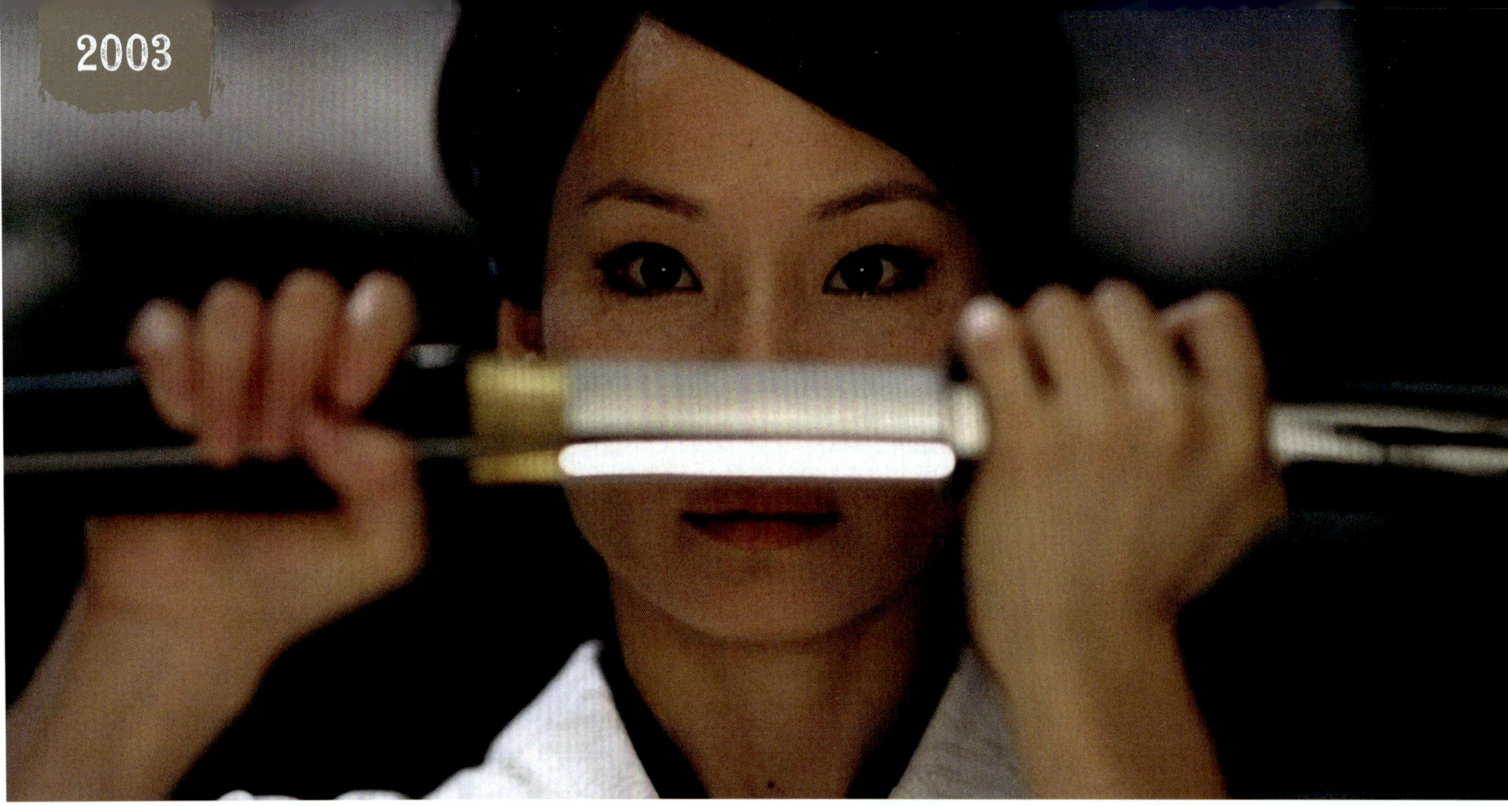

O-REN ISHII

LE SANG DE L'O-REN DES NEIGES

Noms : O-Ren Ishii, Moccassins d'eau (VF), *Cottonmouth* (VO).
Œuvre : *Kill Bill : volume 1* (2003, Quentin Tarantino).
Interprète : Lucy Liu.

Dans *Kill Bill : Volume 1*, O-Ren Ishii est la deuxième adversaire affrontant la Mariée (Uma Thurman), son ancienne partenaire devenue ennemie. À la tête d'un empire du crime, O-Ren Ishii est l'un des personnages les plus profonds du diptyque de Quentin Tarantino.

Comme souvent chez Quentin Tarantino, la saga *Kill Bill* fait place à un mélange de genres cher au réalisateur cinéphile. O-Ren Ishii est ici la caractérisation majeure de cette dualité culturelle. Au milieu de séquences qui allient western, chanbara, polar urbain… et des personnages typiques de la culture asiatique vus sous le prisme qu'en ont les spectateurs américains (inspirés par exemple par la série *Kung Fu*[1]), O-Ren Ishii s'élève fièrement par sa multiple nationalité (americano-sino-japonaise). Des origines triples qui, lorsqu'elles sont insultées, la font sortir de ses gonds et décapiter « ceux qui ont un problème avec cela ». On peut d'une certaine façon déceler dans les insultes racistes subies par O-Ren Ishii, et l'exécution qui s'ensuit, une métaphore de ce que la critique aigrie a pendant des années reproché à Tarantino (proposer un cinéma pot-pourri imbibé de ses références culturelles enfantines et adolescentes multiples) ainsi qu'une réaction secrètement fantasmée de la part de ce dernier.

[1] Série télé diffusée de 1972 à 1975 dont David Carradine (le Bill de *Kill Bill*) interprétait le protagoniste.

C'est au cours d'une incroyable séquence animée réalisée par le studio japonais Production I.G et interrompant le récit de *Kill Bill* que nous découvrons les origines d'O-Ren Ishii, une enfant qui, cachée sous son lit, assiste impuissante au meurtre de ses parents. Traumatisée, la perte de l'innocence de la jeune fille intervient lorsque la lame d'un katana encore recouvert du sang maternel et plantée dans le matelas manque de lui transpercer la tête. La violence de cette scène n'a d'égal que la résilience et l'incroyable détermination dont fera preuve O-Ren Ishii tout au long de sa vie.

Dans la scène de décapitation précitée, qui voit des yakuzas ancestraux refuser toute légitimité à la nouvelle venue avant qu'elle montre de quel bois elle se chauffe, O-Ren Ishii règle également ses comptes d'un coup de lame affûtée avec le mépris de classe qu'elle subit à ses débuts (là encore, la parabole tarantinesque n'est pas loin), ainsi que la question du sexisme subi dans un genre cinématographique majoritairement masculin et misogyne. Dans la grande tradition des personnages féminins chez

Tarantino (Mia « *Pulp Fiction* » Wallace, Jackie Brown, Shosanna[2], les cascadeuses de *Boulevard de la mort*...) O-Ren Ishii est une grande figure féministe caractérisée par des stéréotypes attribués aux hommes dans le cinéma d'action : le déterminisme, la force, l'indépendance, la rationalité et l'efficacité. De plus, alors que la Mariée doit tuer Bill pour s'émanciper, O-Ren Ishii dirige son gang, les Crazy 88, d'une main de maître. Un groupe qu'elle compose uniquement d'hommes masqués (une référence au *Green Hornet*[3] mais un moyen de rendre anonymes les membres masculins) surplombé par sa lieutenante, la terrible Gogo Yubari (Chiaki Kuriyama), unique personnage au visage découvert.

À l'image d'Hattori Hanzô, le forgeron de katanas joués par Sonny Chiba, star de l'âge d'or du cinéma hong-kongais, et de Gogo Yubari, directement inspirée des écolières de *Battle Royale*[4], O-Ren Ishii et les univers graphique et stylistique qui lui sont associés (chaque adversaire de la Mariée en possède un) tirent leurs inspirations du cinéma d'exploitation asiatique. C'est le cinéma japonais des années 1970 que nous retrouvons ici et la saga des *Baby Cart*[5] (1971) en tête dont on peut voir un extrait[6] à la fin de *Kill Bill : Volume 2* (2004) lorsque la Mariée rencontre enfin Bill. Cette série de films initiée par Kenji Misumi et tirée du manga *Lone Wolf and Cub* de Kazuo Koike (lui-même scénariste des adaptations) est reconnue pour ses explosions de violence caractérisées par ses gerbes de sang lors de combats à la scénographie recherchée, soit ce que Tarantino mettra en œuvre lorsque O-Ren Ishii tentera de stopper la progression de la Mariée en envoyant sans succès l'intégralité des Crazy 88.

Mais dans les années 1970, ce qui détonne chez Mizumi/Koike, c'est la multitude de personnages féminins qui vont croiser le chemin d'Ogami Itto/le loup solitaire, héros de la saga. Que ce soit Sayaka (la cheffe d'un groupe de femmes assassines), Oyo (une pickpocket dont le sens de l'honneur dépasse celui des nobles qui la dénigrent) ou Oyuki (une jeune femme violée qui, pour obtenir sa vengeance, devient une tueuse qui désoriente les hommes en se dénudant et en exposant un tatouage explicite juste avant de frapper mortellement avec ses poignards), toutes se retrouvent chez O-Ren Ishii et lui apportent détermination, honneur et une certaine forme de noblesse. De tous les personnages des Vipères assassines, O-Ren Ishii est celle pour laquelle le spectateur ressent le plus d'amertume lorsque la Mariée l'élimine ; de la même façon que nous ne pouvions applaudir la disparition d'Oyuki, lorsque Ogami Itto exécute son contrat (et donc la jeune femme) à la fin de *Baby Cart : L'âme d'un père, le cœur d'un fils* (1972, Buichi Saitô).

Mais l'inspiration première – et la plus explicite, bien que non citée comme pour les trois personnages précédents – de Quentin Tarantino pour O-Ren Ishii se trouve chez un autre personnage de Kazuo Koike : Yuki. Cette femme fatale et experte dans le maniement du katana, en quête de vengeance, est le personnage titre du manga *Lady Snowblood*[7] (1972-1973) adapté en parallèle au cinéma dans *Lady Snowblood* (1973) et *Lady Snowblood 2 : Love Song of Vengeance* (1974). Ces deux films réalisés par Toshiya Fujita vont offrir à la fois à Tarantino le terreau pour la structure narrative de son récit, ainsi que le décor du dojo et du costume porté par O-Ren Ishii lors de son dernier combat. Un ultime duel qui lui offrira de mourir des mains d'une noble et valeureuse adversaire et d'une lame forgée par un artisan de légende (le précité Hattori Hanzô), signant la neige alors immaculée de son jardin japonais par une ultime gerbe de sang, devenant littéralement « Lady Snowblood ».

François Rey

[2] Voir l'article sur Hans Landa, page 86.
[3] *Le Frelon vert* en France. Série télé diffusée de 1966 à 1967 qui voit débarquer Bruce Lee en Occident dans le rôle de Kato.
[4] Le film de Kinji Fukasaku, sorti en 2000, dans lequel jouait déjà Chiaki Kuriyama, compte parmi les films préférés de cette période de Tarantino.
[5] Voir l'article sur Retsudo Yagyu, page 164.
[6] Dans son remontage américain de 1980 baptisé *Shogun Assassin*.
[7] De *Snow* (neige) et *blood* (sang).

1999

OROCHIMARU

LE SERPENT IMMORTEL

Nom : Orochimaru.
Œuvre : *Naruto* (1999-2014).
Créateur : Masashi Kishimoto.

Dangereux, craint, puissant et cherchant à acquérir toujours plus de pouvoir, Orochimaru serpente dans l'histoire de Naruto. Obsédé par l'idée de l'immortalité, il ira jusqu'à tenter les pires expériences pour obtenir ce qu'il désire le plus au monde.

L'un des adversaires principaux de la série de mangas *Naruto*, Orochimaru, possède une esthétique particulière. Dans plusieurs interviews données par Masashi Kishimoto, l'auteur explique avoir joué sur les ombres, les décors, le physique du personnage pour qu'il soit aisément identifiable comme l'antagoniste de l'histoire. Un teint pâle, des yeux cerclés de noir et une chevelure raide et longue d'une noirceur enveloppante, ses pupilles de serpent semblent fixer le lecteur à travers les pages. Mais ce n'est pas tout : le nom d'Orochimaru lui-même provient d'une légende, la *Légende du galant Jiraiya*, une histoire présente dans le théâtre *kabuki* classique, dans lequel on retrouve les mêmes archétypes de personnages que dans Naruto. Dans ce récit, Orochimaru est un serviteur, jaloux de son maître Jiraiya, qui sera ensorcelé par la magie des serpents et attaquera son ancien maître. Un récit qui se retrouve dans l'évolution du personnage du même nom dans Naruto.

Au fur et à mesure des chapitres, et à travers différents flashbacks permettant de mieux cerner le personnage, le passé d'Orochimaru se dévoile. Le parallèle avec Naruto est assez évident : faisant partie d'un petit groupe de ninjas, cherchant à être le meilleur, son ambition le dévore littéralement au point qu'il devient la face sombre du ninja. Pourtant, Orochimaru est un prodige, de ceux que l'on ne voit qu'une fois par siècle. Sa grande connaissance, sa puissance, tout aurait dû lui ouvrir la voie lumineuse, mais ses sombres pulsions ont pris le dessus.

Avec Sasuke.

Le but d'Orochimaru est à la fois l'immortalité de son corps et la maîtrise de toutes les techniques de ninjas existantes. Pour cela, il est prêt à tout, même à mener des expériences sur les enfants et les membres du village qu'il construit et dirige. À la manière du serpent, qui est son emblème, Orochimaru mue. Il change de peau, mais cette fois, littéralement : en volant le corps des gens, parfois en utilisant la technique de réincarnation des cadavres pour ensuite prendre leur enveloppe. Il n'a aucune limite, embrasse complètement toute la symbolique du serpent. En effet, pour beaucoup, il représente l'immortalité, le serpent qui se mord la queue dans une boucle infinie, muant et changeant d'enveloppe pour continuer son existence.

Pour mener à bien ses objectifs, Orochimaru est prêt à tout : expériences sur les humains, quête de pouvoir, corruption… Il devient un criminel de rang S, rejoint un groupe de ninjas renégats, pour se retrouver traqué par eux lorsqu'il les trahit. Et c'est finalement la vengeance qui l'anime, envers son ancien maître et le village qui l'a vu naître.

La liste des actes d'Orochimaru est longue : de la manipulation de Sasuke, qu'il élève pour être son nouveau corps, au vol de cadavres, l'attaque et le meurtre du chef du village de Konoha, le kidnapping de plus de 60 enfants pour en faire des sujets d'expériences, les alliances avec des organisations criminelles… Orochimaru agit comme un virus, corrompant ceux qui l'approchent, cherchant à en prendre le contrôle. Pire encore, Orochimaru s'ennuie rapidement. S'il ne se passe rien, s'il n'y a pas de violence, de trahison, de recherche de pouvoir, Orochimaru se fait un devoir de les créer, de distiller la peur et prend du plaisir à la voir se peindre sur les visages qui l'entourent.

Très puissant, craint et détesté, Orochimaru incarne à la fois le conte auquel fait référence son nom et la symbolique du serpent. Sa longévité et sa soif de savoir le poussent à tenter de tout posséder, toutes les capacités de ninja, au risque de chuter de son piédestal. Mais ses hautes capacités, le fait qu'il est un prodige, ajoutent à son mépris pour les autres, bien conscient de sa supériorité. La quête de l'immortalité, la crainte de la mort, la mue et la possession, mais aussi son apparence, tout converge pour donner un personnage remarquable et inoubliable qui a pendant longtemps fasciné par les secrets qu'il cache.

Bénédicte Coudière

PATRICK BATEMAN

MONSTRE NÉ DU CAPITALISME AMÉRICAIN

Nom : Patrick Bateman.
Œuvres littéraires : *Les Lois de l'attraction* (1987), *American Psycho* (1991), *Glamorama* (1998), *Lunar Park* (2005).
À l'écran : Christian Bale dans *American Psycho* (2000, Mary Harron).

Entre le sang gouttant d'un couteau meurtrier et un coulis de framboise dans l'assiette d'un restaurant huppé, la séquence d'ouverture de l'adaptation filmique donne le ton. Place à Patrick Bateman, le yuppie dérangé d'*American Psycho*.

American Psycho est d'abord un roman écrit par l'auteur américain Bret Easton Ellis et publié au sortir des années 1980. Le texte met en scène Patrick Bateman, jeune requin employé de Pierce & Pierce, grande entreprise d'investissement new-yorkaise, et nous place directement dans la tête de ce protagoniste pour le moins… particulier. Le récit nous apprend que Patrick est aussi le fils du CEO de Pierce & Pierce, mais dans l'adaptation cinématographique, ce dernier n'apparaîtra jamais à l'écran. Un choix alors délibéré de Mary Harron (scénariste et réalisatrice), pour qui la relation filiale n'est pas nécessaire pour appréhender la psychologie d'un monstre.

Afin d'évoluer dans cette société dont il recherche l'approbation tout autant qu'il la méprise, Bateman s'est construit une façade. Un masque sculpté jour après jour à coups de programmes fitness, de soins esthétiques et de séances de shopping chez les plus grands couturiers. Il s'agit pour lui de s'intégrer dans ce milieu de *golden boys* de Wall Street, en exprimant de prétendues préoccupations démocrates sur des sujets tels que le sida ou la socioéconomie, mais aussi en partageant les opinions ouvertement sexistes et racistes de son entourage professionnel.

De sous le masque pointe parfois le véritable Bateman. L'homme est en réalité un sociopathe méprisant et élitiste, envieux et animé de pulsions meurtrières, à l'image d'un monde qui détruit tout sur son passage et laisse peu de survivants dans son sillage. Par le biais de cet effrayant portrait, Ellis et Harron dénoncent une société américaine qui a donné naissance à des personnalités vaines

et dangereuses telles que Donald Trump. À l'époque, celui-ci n'est encore qu'un playboy glamour que le personnage d'*American Psycho* admire de façon explicite. Quand Bateman admire ses muscles dans un miroir pendant qu'il fait l'amour, quand il réfrène sa jalousie devant la nouvelle carte de visite d'un collègue ou bien lorsqu'il classe les personnes en fonction de leur apparence vestimentaire, il évoque justement ce type d'homme, riche financièrement, mais pauvre culturellement, pétri de vanité et de narcissisme. Un égocentrique fanatique, obsédé par le paraître et le regard des autres.

Les pulsions violentes de Bateman sont si puissantes qu'il finira par passer à l'acte, et ce, plusieurs dizaines de fois durant l'histoire. Même si en de rares occasions, le personnage semble prendre conscience de sa monstruosité et exprime de la culpabilité pour ses crimes, il semble tout aussi incapable de mettre fin à cette spirale meurtrière. D'ailleurs, quand il lui arrive d'avouer, personne dans cette société ne semble vouloir écouter, à commencer par ses proches qui prennent ses étonnantes sorties pour de l'humour noir (« J'aime disséquer des filles – tu sais que je suis totalement fou ? »). Son avocat, qui le confond avec un autre, ne le prend pas au sérieux. Quand il aborde ces activités durant une soirée, le mannequin avec qui il discute croit entendre qu'il parle de « fusions et acquisitions » alors qu'il emploie la formulation de « meurtres et exécutions » ! Et même l'inspecteur chargé de la disparition de Paul (Allen dans le film, Owen dans le roman) repousse finalement l'idée que Bateman puisse être suspecté dans cette affaire.

Entre folie assassine et réalité, le Bateman de l'adaptation cinématographique annonce le *Joker* de Joaquin Phoenix (réalisé par Todd Phillips, 2019), dont les troubles mentaux brouillent la lecture et la compréhension du réel. Le scénario d'*American Psycho* applique cette ambiguïté d'interprétation, en particulier à la fin du récit où les événements décrits par Bateman ressemblent plus à des délires hallucinatoires qu'à des faits rapportés. Il semble clair que la course-poursuite dans les rues, les échanges musclés avec la police et l'assassinat du gardien de l'immeuble où Bateman travaille ne sont que des fantasmes alimentés par une paranoïa coupable, car personne n'intervient pour l'écrouer. Mais cela ne signifie pas non plus que tout dans cette histoire n'est qu'illusion ou imagination... Et le doute entretenu ne fait qu'exacerber le sentiment de malaise qu'inspire au public ce tueur psychotique.

Pour poursuivre sur ce parallèle, on constatera qu'Arthur Fleck ne devient véritablement le Joker qu'après avoir été violenté par plusieurs clones de Bateman, des traders haineux pour tout ce(ux) qui se situe(nt) en bas de l'échelle sociale. Finalement, ces deux méchants représentent les deux faces d'une même pièce, celle d'une société américaine en crise, aux inégalités poussées à leur paroxysme. Bateman n'est dès lors que le produit d'un monde à la cruauté intarissable et son créateur, un lanceur d'alerte moderne qui, encore aujourd'hui, met le doigt là où ça fait mal.

Lilie Bagage

1985

PENNYWISE

UN MONSTRE NOURRI PAR LES PEURS

Noms : Pennywise, Grippe-Sou, Ça, le clown cabriolant, Robert « Bob » Gray.
Œuvre : *Ça* (1985).
Interprètes : Tim Curry dans *« Il » est revenu* (1990, Tommy Lee Wallace), Bill Skarsgård dans *Ça : Chapitre 1* et *Chapitre 2* (2017 et 2019, Andrés Muschietti).

Un visage enfariné, des yeux jaunes dans la nuit et un rire qui glace les sangs… Le clown le plus célèbre de la littérature et du cinéma fait son entrée en scène. Effrayant à souhait.

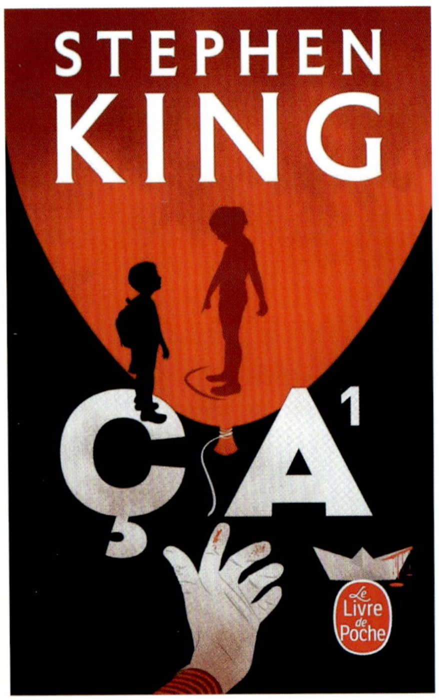

Avant d'envahir les écrans (petits et grands) et de provoquer une augmentation du taux de coulrophobie – entendez : la peur panique des clowns – sur le territoire américain, l'ignoble Pennywise est né sous la plume de Stephen King, roi de la littérature horrifique moderne.

Inspiré dans son écriture par des maîtres tels que Ray Bradbury (*La Foire des ténèbres*) ou Richard Matheson (*Je suis une légende*), King n'en est pas à son coup d'essai quand il publie *Ça* en 1985 et donne naissance à cette monstruosité métamorphe. Créature ancienne aux origines extraterrestres, le clown n'est en réalité que la forme favorite de l'entité, qui s'inspire des peurs de ses victimes avant de s'en nourrir avec voracité tous les 27 ans. Capable de changer d'apparence à volonté et de créer des illusions pour capturer puis dévorer les habitants, *Ça* symbolise la peur d'enfant avec un grand P : celle du monstre sous le lit, d'abandonner ou d'être abandonné, mais aussi et surtout celle de grandir et de changer.

La thématique du passage de l'enfance à l'âge adulte est au cœur de l'œuvre de Stephen King et *Ça* pourrait être vu comme un aboutissement, le diptyque maître de l'auteur sur un thème qu'il avait déjà exploré, et ce, dès son tout premier roman, *Carrie*, où il était question d'une adolescente violentée qui se découvre des pouvoirs de télékinésie en même temps que sa puberté, et dont la caractérisation se retrouve dans celle du personnage de Beverly (interprétée à l'âge adulte sur grand écran en 2017 par Jessica Chastain, qui avait par ailleurs déjà travaillé avec Andrés Muschietti sur l'horrifique *Mama*

Bill Skarsgård.

de 2013, Grand Prix du Festival international de Gérardmer). Dans les deux romans (et les adaptations audiovisuelles), le sang menstruel, symbole du passage de fille à femme, est très présent et mis en scène. Et chaque fois qu'elle apparaît, la collection de ballons de Pennywise résonne comme un clin d'œil écarlate.

Tout droit sorti d'une fête foraine morbide, le clown dansant aime tout particulièrement s'en prendre aux enfants : leur imagination fertile, leur candeur et leur malléabilité en font des proies toutes désignées. Il peut ainsi les attirer dans son repaire et les piéger, les laissant « flotter » dans cette enfance inexorable et les empêchant de devenir adultes, d'évoluer... pour le vaincre. C'est d'ailleurs tout l'enjeu de la construction de *Ça*, récit non linéaire qui propose des allers-retours entre le passé (l'enfance) et le présent (le temps adulte) des protagonistes : à l'exception de Mike, seul du groupe à être resté à Derry après avoir repoussé Pennywise, l'ensemble des personnages ont oublié ce qui s'était déroulé durant leur enfance. Leur rencontre avec *Ça* a figé quelque chose en eux. Certes, ils sont devenus adultes, mais ils font malgré tout encore partie du « Club des Ratés ». Pour exemple, Bill, devenu auteur de romans, ne réussit jamais à écrire une « bonne fin » ; Richie, secret sur son homosexualité, n'est jamais parvenu à avouer ses sentiments à Eddie, autre membre du groupe étouffé par sa mère et hypocondriaque depuis sa jeunesse ; quant à Beverly, elle est mariée à un homme violent dont le comportement rappelle instantanément les mauvais traitements que lui faisait subir son père. Pennywise semble leur avoir à tous dérobé « ce qui compte » : leurs souvenirs, sans lesquels aucun d'entre eux ne parvient à apprendre des événements du passé. Et sans mémoire, la résilience, le fait de rebondir et de se construire un avenir meilleur, demeure inaccessible.

Tim Curry.

La violence de la société, autre thématique vibrante de l'œuvre de King, est bien représentée par l'entremise de *Ça*. Depuis ses égouts, l'entité influence les habitants de la ville imaginaire de Derry et les encourage à commettre des atrocités. Le personnage de Henry Bowers, adolescent violent à la tête d'une bande de harceleurs, reçoit un couteau de la part de Pennywise avec lequel il assassine son père. Dans la seconde partie du récit, le clown aide Bowers adulte à s'échapper de l'établissement psychiatrique où il était interné et le manipule telle une marionnette pour qu'il se lance à la poursuite des protagonistes. Tout comme l'entité métamorphe, la violence au sein des familles est elle aussi multiforme, les parents et les proches exerçant une influence négative sur la santé des enfants, marquant encore la rupture entre leur monde et celui des adultes.

Ça, comme de nombreuses autres œuvres du genre, met finalement en scène la lutte sempiternelle entre le bien et le mal. L'entité métamorphe peut être vue comme une menace environnementale, présente partout et nulle part à la fois ; tantôt impalpable, tantôt rattachée à un lieu où se concentre son pouvoir. Dans *Ça*, c'est la maison de Neibolt Street qui joue ce rôle et, lorsque Pennywise est vaincu, ce lieu s'effondre sur lui-même, barrant la ville d'une cicatrice indélébile. Une ultime preuve que la noirceur est profondément ancrée dans la société : dans le roman de King, écraser le cœur du monstre ne suffit pas à panser les plaies de Derry, Ça emportant la ville dans sa chute. Plus récemment, *L'Outsider* (2019) si proche du clown tueur rappelle encore la sombre conclusion. Il faudra se tourner vers Hollywood et son traditionnel *happy end* pour que l'adaptation fasse disparaître cette destruction totale, offrant dès lors une note d'espoir à l'Amérique.

Lilie Bagage

Karel Roden dans le *Hellboy* de Guillermo del Toro.

RASPOUTINE

CELUI QUI NE MEURT JAMAIS

Noms : **Grigori Efimovitch Raspoutine, le moine fou.**
Œuvres : ***Les Germes de la destruction*** **(1994),** ***Au nom du diable*** **(1996),** ***Le Ver conquérant*** **(2001),** ***L'Appel des ténèbres*** **(2008),** ***B.P.R.D. The Devil You Know*** **(2017-19),** ***Hellboy*** **(2004, Guillermo del Toro),** ***Hellboy*** **(2019, Neil Marshall).**
Créateur : **Mike Mignola.**

Tour à tour molesté à mort, empoisonné, abattu par balle et noyé… Il fallait bien un personnage comme Raspoutine, à la fois prêcheur impie, conseiller de l'occulte et savant fou pour s'opposer à un antihéros issu des enfers !

Après trois années de recherches visuelles et de *teasing* intensif entre deux Comic-Con, *Hellboy*, l'enfant de Mike Mignola, naît officiellement en 1994. L'histoire de ses origines est indissociable de celle de son principal antagoniste, Grigori Raspoutine, qui apparaît la même année dans la minisérie intitulée *Les Germes de la destruction*.

Pour donner corps à ce méchant que la mort elle-même refuse d'accueillir, l'auteur de *Hellboy* s'inspire bien évidemment du véritable Raspoutine[1], un homme du peuple né en Sibérie vers 1869 qui, après une révélation mystique, abandonne femme et enfants afin de se réinventer dans l'errance religieuse. Son aura charismatique et ses prétendus pouvoirs de guérison attirent l'attention sur lui, jusqu'à ce qu'il devienne l'un des plus proches conseillers d'Alexandra Feodorovna, épouse du tsar Nicolas II de Russie au début du XXe siècle. L'influence certaine qu'il exerce alors au sein de la cour impériale inquiète plusieurs membres de la noblesse, d'autant que durant la Première Guerre mondiale, la rumeur court que Raspoutine joue le rôle d'espion pour le compte de l'Allemagne… Des complots naissent contre lui et Raspoutine est tué une nuit de décembre 1916, mais le premier récit qui est fait de cet assassinat « difficile » contribuera à forger sa légende et nourrira allègrement le personnage de Mignola.

Vingt ans après la sortie BD, l'adaptation cinématographique de *Hellboy* par Guillermo del Toro revient elle aussi aux origines

[1] Pour approfondir : *Carnet de l'aventurier du Dr Jones*, 2023, Ynnis Éditions, François Rey.

Le vrai Grigori Rasputin (1916).

Markos Rounthwaite dans le *Hellboy* de Neil Marshall.

et dépeint un Raspoutine (interprété par l'acteur tchèque Karel Roden) incapable de mourir. Le scénario explique cette situation comme le résultat d'une possession : le corps de Raspoutine serait occupé par une entité d'un autre monde, que lui-même, en tant que mystique, considère comme un « dieu », ce dieu se manifestant un peu plus à chacune de ses résurrections.

Si l'occulte façonne l'univers sombre de l'œuvre de fiction, les références à la Seconde Guerre mondiale et au nazisme sont aussi fondatrices de l'univers d'*Hellboy*. Après son assassinat par le prince Félix Yusopov , Raspoutine est ressuscité et contacté par l'Ogdru Jahad, un ensemble d'entités chaotiques et monstrueuses désireuses de provoquer la fin du monde (le Ragna Rok), pour devenir leur agent sur Terre. Himmler, un des leaders du parti nazi, propose alors à Raspoutine de développer une méthode occulte en vue de remporter la guerre. Ayant une connaissance de l'avenir, Raspoutine sait que l'Allemagne nazie ne gagnera pas, mais il a bien l'intention de profiter de ses ressources aussi longtemps que possible afin d'atteindre ses propres objectifs : déclencher l'apocalypse pour, ensuite, voir l'émergence d'un nouvel éden.

C'est ainsi que naît le projet Ragna Rok, dirigé par Raspoutine et un groupe de scientifiques nazis (qui sont aussi ses disciples) dont font partie Ilsa Haupstein, Karl Ruprect Kroenen et Leopold Kurtz. Avec son gant de pierre spécial, la « Main droite de la mort », Hellboy, fils du démon Azzael, a un rôle à jouer dans les desseins de Raspoutine. Car cette main est en réalité celle d'un ancien gardien de l'Ogdru Jahad, capable de commander aux armées infernales et absolument nécessaire afin de lancer le Ragna Rok sur le monde.

Hélas pour Raspoutine, que ce soit dans la BD ou dans la version de del Toro, l'invocation de Hellboy ne se déroule pas exactement comme prévu et l'enfant du démon est recueilli par le « camp du bien » (les Alliés). Hellboy est finalement élevé par un père américain et devient un héros, tandis que Raspoutine ronge son frein. Dans le long métrage de 2004, une fois ramené à la vie par ses sbires Ilsa et Kroenen, Raspoutine tente de faire chanter Hellboy pour qu'il libère l'Ogdru Jahad. Sans succès : le héros terrasse celui qui l'a fait venir sur Terre en le transperçant d'une de ses cornes infernales.

Visuellement, si l'esthétique du film de 2004 est moins sérieuse et plus « cartoon » que le comics, le personnage de Grigori Raspoutine reste assez fidèle à sa version dessinée. Sur un physique imposant qui conviendrait sans doute mieux à un pugiliste, il arbore des attributs et des couleurs que l'on retrouve généralement sur les prêcheurs de foi, robe monacale à l'appui. Son regard magnétique de mystique est mis en valeur, encadré d'un crâne lisse et d'une barbe fournie. Mais concernant les pouvoirs qu'il aurait développés à la suite d'une rencontre avec la Baba Yaga (une référence au folklore russe, cette fois), ceux-là sont bien plus immenses et nombreux dans la BD : ayant offert une partie de son âme à la sorcière russe, Raspoutine, en plus de faire montre d'un talent naturel de guérisseur, est devenu immortel. Il peut aussi, d'un simple contact, lire dans les pensées et contrôler l'esprit des humains. Enfin, réduit à l'état de squelette, Raspoutine réussit, à l'image d'un dragon mythique, à cracher du feu avant de mourir sous les coups de son ennemi ! Une fois sous forme de fantôme, le puissant Raspoutine est encore capable de sévir en voyageant entre les dimensions, en rendant aveugles ses victimes et en les marquant d'une flamme bleue... Sans doute pour les hanter à jamais ?

Lilie Bagage

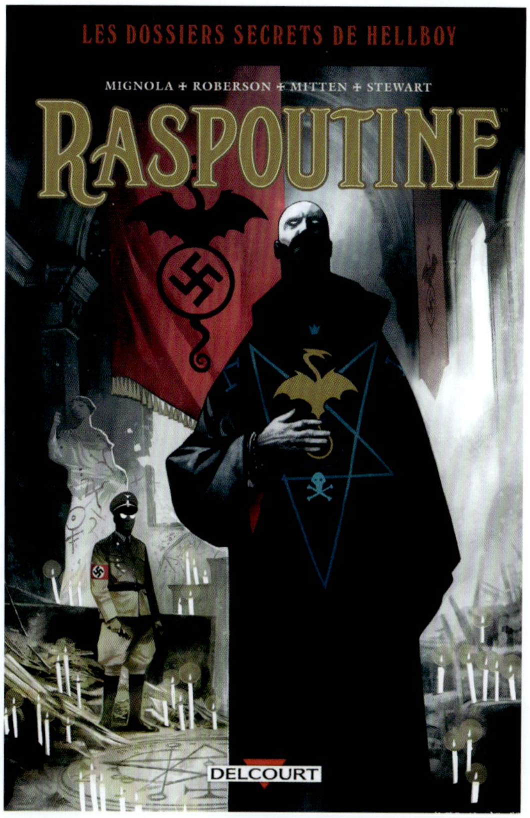

Série animée *Les Aventures de Tintin*.

RASTAPOPOULOS

« GRAND MAÎTRE » DES TRAFICS EN TOUT GENRE

Noms : Roberto Rastapopoulos, le marquis Di Gorgonzola.
Œuvres : *Les Cigares du Pharaon* (1932-1934/1955[1]), *Le Lotus bleu* (1934-1935/1946), *Coke en stock* (1956-1958/1958), *Vol 714 pour Sydney* (1966-1967/1968), *Tintin et le lac aux requins* (film de 1972, Raymond Leblanc), *Les Aventures de Tintin* (série, 1992).
Créateur : Hergé.

[1] Les premières dates correspondent à la publication de l'histoire en feuilleton, la seconde à la sortie de l'album en couleurs.

Génie des organisations criminelles, grand maître d'une société secrète, il est l'homme au monocle et au cigare qui hante les aventures de Tintin. Ennemi récurrent de notre reporter belge préféré, le grand Rastapopoulos est toujours dans les « bons » coups.

Rastapopoulos représente à la fois le méchant sans scrupule et le criminel en costume. Apparu pour la première fois dans un smoking à un gala donné en l'honneur de Tintin (dans *Tintin en Amérique*), puis en producteur de films (dans *Les Cigares du pharaon*), il possède un vernis de respectabilité qui s'effrite rapidement. Il porte sur lui son caractère calculateur et ses vices : son style vestimentaire est discutable, il fait preuve de mauvais goût, arbore toujours un monocle et un cigare, ainsi que des airs supérieurs. Lors de sa rencontre avec Tintin dans *Les Cigares du pharaon*, il lui dira même « Vous ne savez pas à qui vous avez affaire ! ». Preuve que Rastapopoulos préfère, tant que Tintin ne lui met pas de bâtons dans les roues et n'interfère pas avec ses plans, rester cordial et brouiller les pistes, se présentant comme un producteur de films, un homme certes influent mais « respectable ».

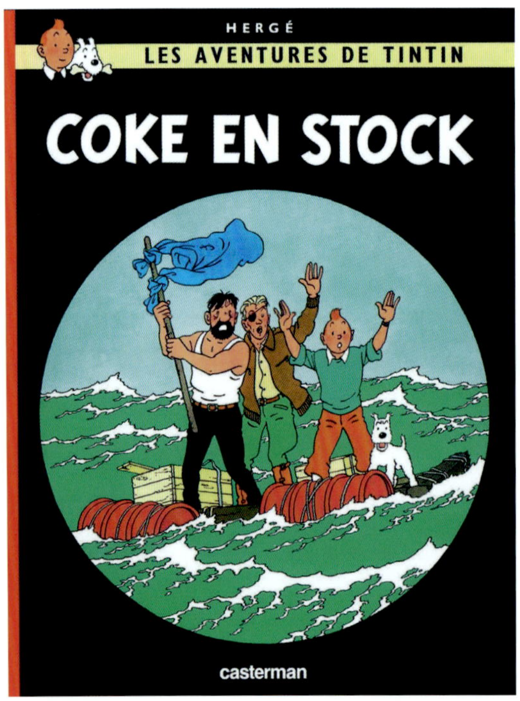

Tintin était alors loin de se douter qu'il était face à un chef de gang, à un trafiquant d'opium et à un criminel de la pire espèce ! C'est d'ailleurs tout le but des albums *Les Cigares du pharaon* et *Le Lotus bleu* : faire monter le suspense en présentant la figure du Grand Maître à la fin du premier album, au visage indiscernable, pour finalement en révéler l'identité dans le second, celle de l'homme séducteur et avenant vu précédemment. Cependant, des indices résident dans la conception du personnage : le port du monocle lui fait froncer les sourcils, lui donnant un air sournois appelant à la méfiance ; la chevalière à son auriculaire et le cigare rappellent

Tintin et le Lac aux requins.

la richesse des hommes d'affaires sans scrupule ou des sociétés secrètes (pour le bijou); le crâne chauve, la moustache, les favoris, tout lui donne une ambiguïté qui vient contrebalancer son amabilité.

Rastapopoulos se veut être un «génie du mal» (selon sa propre expression dans *Vol 747 pour Sydney*), dont l'organisation possède de nombreuses ramifications, s'octroyant, dans un excès de mégalomanie, le titre de «Grand Maître». Hergé lui-même le présente comme «un personnage sans foi ni loi». En effet, parmi les activités illégales de Rastapopoulos, on compte aussi bien le trafic de drogue que d'êtres humains, le meurtre, la vente d'esclaves, les manipulations multiples et même les affiliations avec des organisations proches de la secte.

Figurine à collectionner.

S'il est un personnage emblématique, connu pour son nom aux consonances grecques, beaucoup ignore le prénom de Rastapopoulos : Roberto, un prénom aux consonances italiennes. L'essayiste et spécialiste de *Tintin* Jean-Marie Apostolidès fait le rapprochement entre les noms de Rastapopoulos et de Méphistophélès, dans leur construction. Il met en avant la répétition de deux syllabes (*phis* et *phé* d'un côté, *po* et *pou* de l'autre) ainsi que du début en *isto* et *asta*. Cela accentue d'autant plus le côté génie du mal proclamé, de l'antagoniste charismatique, du «grand méchant» cumulant les vices et sans aucune morale.

Représentant aussi bien le pire des criminels, cumulant les activités illégales, Rastapopoulos est également une caricature des criminels en col blanc : on le voit en membre de la jet set, assistant à des concerts de la Castafiore, habillé en costume trois-pièces. Sa fuite accentue d'ailleurs ce déballage d'argent : d'abord en hors-bord, puis dans un sous-marin de poche après s'être fait passer pour mort. Au fur et à mesure de ses apparitions, le côté ridicule du personnage s'accentue, montrant sa déchéance et la perte de sa superbe : il devient encore plus caricatural, au point que même aux yeux d'Hergé, son intérêt diminue.

L'image du personnage charismatique, du cerveau qui se cache derrière d'insensées machinations, s'effondre dans sa dernière apparition, dans *Vol 747 pour Sydney*, lorsqu'il finit en pleurs, implorant Tintin de plaider en sa faveur. Déjà au début de l'album, il se présente sous l'identité du marquis di Gorgonzola, jouant sur le ridicule de cette identité pour annoncer sa chute prochaine, le décalage entre cette nouvelle identité presque risible et ce que le lecteur et Tintin savent de lui accentuant sa chute. S'il s'agit là de sa dernière incarnation officielle, la fin de ce personnage n'est pas totalement écrite. Bien qu'enlevé par les extraterrestres à la fin de l'album, on en retrouverait une trace dans des œuvres inachevées d'Hergé, dans *Tintin et l'Alph-Art*, sous le nom d'Endaddine Akass, sans que cela ait été confirmé. On le retrouve aussi dans *Tintin et le lac aux requins*, dans une base sous-marine, faisant écho au sous-marin de poche dans lequel il s'enfuit avant de perdre son aura maléfique.

Bénédicte Coudière

Rachel McAdams dans *Lolita malgré moi.*

REGINA GEORGE
LA REINE DES ABEILLES

Noms : Regina George, Queen Bee.
Œuvres : *Lolita malgré moi* (2004, Mark Waters), *Mean Girls : Lolita malgré moi* (2024, Samantha Jayne et Arturo Perez Jr.).
Interprètes : Rachel McAdams (2004), Reneé Rapp (2024).

Reine du lycée au physique de poupée Barbie, Regina George est au sommet de la chaîne alimentaire et règne sur ses congénères dans le *teen movie Lolita malgré moi*. Jusqu'à l'arrivée d'une nouvelle élève, Cady, qu'elle prend sous son aile mais qui finit par menacer l'équilibre de cette microsociété…

« Regina, c'est la Barbie que je n'ai jamais eue. Je n'ai jamais joué quelqu'un d'aussi glamour. » C'est ainsi que Cady (Lindsay Lohan) décrit Regina George (Rachel McAdams) au début du film *Lolita malgré moi*. Blonde au physique parfait, Regina George est à la tête des Plastics, un trio de filles populaires qui règnent sans partage sur leur lycée. Une nouvelle élève, Cady Heron, rejoint le lycée en cours d'année, après avoir vécu en Afrique avec ses parents zoologistes. D'abord adoptée par Damian et Janis, deux lycéens en marge de cette microsociété, Cady est ensuite intégrée dans le groupe très sélectif des Plastics et rejoint Regina George, Gretchen Wieners et Karen Smith. Ayant toujours suivi des cours par correspondance, Cady découvre les codes et rituels du lycée américain à travers son mentor Regina George, redoutable reine de North Shore High. Mais lorsqu'elle craque sur Aaron, l'ex de Regina, celle-ci se sent menacée et sort à nouveau avec lui pour asseoir son pouvoir sur Cady. S'ensuit alors un jeu de pouvoir et de rivalité entre Regina et Cady…

Pour écrire le scénario du film de Mark Waters, Tina Fey s'inspire de *Queen Bees and Wannabes* de Rosalind Wiseman, un livre dédié aux parents qui étudie la sociologie des bandes au lycée, le harcèlement scolaire et ses effets, ainsi que les comportements violents chez les ados. Le titre original du film, *Mean Girls*, est donc plus parlant que sa traduction française, qui s'attache à la transformation de Cady en lolita au contact de Regina, Gretchen et Karen.

Reneé Rapp dans *Mean Girls : Lolita malgré moi.*

Modèle de superficialité, les Plastics, et Regina en premier lieu, dictent les tendances et l'étiquette au lycée. Vêtements, coiffure, poids et fréquentations sont soumis à des règles strictes – et le mercredi, elles portent du rose. Les commérages sont au centre de leurs discussions, matérialisés dans le « Burn Book », le cahier de Regina qui contient rumeurs et méchancetés sur toute l'école. Regina vient d'une famille riche, elle conduit une décapotable et son passe-temps préféré est le shopping.

Regina George est donc la « *queen bee* », la reine des abeilles, dans la petite ruche que représente le lycée, qui recrée une microsociété à l'image de celle, violente, des adultes. Reine du lycée, Regina – qui veut dire « reine » en latin – est aussi belle que méchante, aussi populaire et admirée que crainte et détestée.

Son image glamour est importante et son apparence physique, cruciale : Regina est charismatique et exerce une forme de fascination sur ses camarades de classe, y compris sur ceux qui la détestent. Sa confiance en elle, qui passe par une image totalement maîtrisée, tant quant à son corps qu'à ses vêtements, renforce sa position dominante.

Au-delà de sa beauté, Regina est brillante, mais elle met son intelligence au service de son ambition de domination. Elle sait manipuler ses pairs pour maintenir son pouvoir : flatterie, menaces à peine voilées, fausses rumeurs… Regina sait qu'il faut diviser pour mieux régner. Au sommet de la chaîne alimentaire, Regina la reine des abeilles n'a aucun intérêt à renverser le système et l'ordre établis qui lui sont favorables. En monarque absolu, Regina puise sa force de son peuple, le lycée étant devenu une cour et un peuple qui maintient la monarchie en place. Ses opposants sont souvent des rebelles, des marginaux mis au ban de la microsociété du lycée. Et si Regina déteste ces outsiders, comme Damian et son ancienne amie Janis, c'est que ceux-ci, en ne se conformant pas aux règles du lycée, menacent l'ordre établi.

Pourtant, malgré les apparences, la vie de Regina n'est pas aussi rose que ses tenues du mercredi. Sous sa carapace, la reine du lycée cache une vulnérabilité et des insécurités certaines. À commencer par sa vie en dehors de l'école : ses parents font chambre à part et sa mère (Amy Poehler), qui veut être sa meilleure amie, ne sait pas imposer de limites à sa fille. Être une *mean girl* qui règne sur ses sujets est pour elle un moyen d'avoir le contrôle sur sa vie et un moyen d'adaptation dans la jungle du lycée, et plus globalement dans un monde capitaliste régi par les puissants écrasant les faibles. Ayant compris le fonctionnement du monde, Regina se hisse au sommet de la chaîne alimentaire, conjurant ainsi ses propres craintes de rejet. Illustration version lycéenne de l'idée que le pouvoir corrompt ceux qui en ont, Regina George incarne l'élite et la superficialité des riches et des puissants, dans un système déjà cynique et corrompu, hérité de celui des adultes qui l'entourent.

Et lorsque Regina perd le contrôle de sa vie, notamment de son poids, en mangeant des barres énergétiques Kälteen, c'est tout son statut qui s'effondre, révélant sa profonde vulnérabilité, et finalement, son humanité.

Devenu culte, le film de Mark Waters a eu droit à son adaptation en comédie musicale, avec Tina Fey à l'écriture, puis à une nouvelle version cinéma, elle-même adaptée du spectacle joué à Broadway. Dans cette version, toujours écrite par Tina Fey, Regina George a un nouveau visage, celui de la chanteuse Reneé Rapp, qui avait déjà incarné la reine des *mean girls* sur scène. Le nouveau visage de Regina George offre une réactualisation du personnage bienvenue, qui rationalise les canons de beauté en passant de la taille XS de Rachel McAdams à la taille L plus réaliste de Reneé Rapp, qui incarne une Regina George tout aussi belle, charismatique et redoutable. Un véritable *apex predator.*

Marie Casabonne

LA MÉCHANTE REINE
LA BEAUTÉ AU POUVOIR

Noms : La méchante reine, la reine-sorcière, reine Grimhilde.
Œuvres : *Blanche-Neige* (1812), *Blanche-Neige* (1937), *Once Upon a Time* (2011-18).
Créateurs : Les frères Grimm pour le conte originel, Albert Hurter et Joe Grant pour sa représentation populaire dans le film de 1937.
Interprètes notables : Lucille LaVerne, Charlize Theron, Lana Parilla.

Fausse mère et vraie sorcière, la méchante reine du conte de Blanche-Neige effraie des bataillons d'enfants depuis plus de deux siècles maintenant... Que ce soit dans la littérature, au cinéma ou dans les jeux vidéo, son règne despotique ne semble pas encore terminé.

Blanche-Neige et ses personnages ont fait l'objet de moult versions plus ou moins proches du texte original. Et, depuis la première publication du conte par les frères Grimm en 1812 (intitulée *Neige-Blanche : L'enfant malchanceuse*, qui servira de base à toutes les futures adaptations cinématographiques), la méchante reine a su garder sa place d'antagoniste écrasante, marquant les esprits des petits et des grands pour les siècles à venir.

Brièvement mère biologique de la princesse de l'hiver, la méchante reine est rapidement devenue, après réécriture, la figure par excellence de la marâtre maléfique cherchant à nuire à sa belle-fille. Le premier long métrage d'animation de Walt Disney (1937) la dépeint déjà comme une femme faisant appel à la sorcellerie pour tenter de piéger Blanche-Neige.

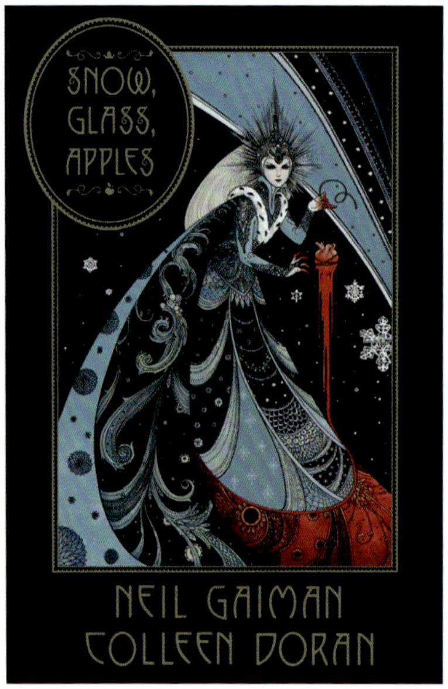

Dans la réécriture du conte proposée par Neil Gaiman et Colleen Doran, la reine n'est pas si méchante contrairement à Blanche-Neige aux instincts sanglants.

Son seul « soutien » est par ailleurs un esclave qui se présente sous la forme d'un miroir et qui, au fil des échanges, ne fait qu'exacerber sa jalousie dévorante pour la princesse à la peau d'albâtre.

Walt Disney décrit en outre le personnage de la méchante reine comme un mélange entre lady Macbeth (dans Macbeth, de William Shakespeare) et le Grand Méchant Loup (du *Petit Chaperon rouge*, un conte de la tradition orale française ayant aussi bénéficié d'une transcription par Charles Perrault ou les frères Grimm). Dans la pièce éponyme, lady Macbeth pousse son mari à commettre un régicide pour devenir reine d'Écosse, mais sa culpabilité la consumera de l'intérieur et la poussera au suicide. Pour la méchante reine de *Blanche-Neige*, point de mari (plutôt absent de cette histoire) ou de culpabilité, certes, mais une

volonté dévorante de régner, autant sur sa belle-fille que sur son royaume. Cet angle de caractérisation sera d'ailleurs utilisé plusieurs fois afin d'étoffer des arcs narratifs secondaires, tels que ceux des nains ou du miroir, créatures magiques victimes de l'oppression politique de la reine. Dans la série télévisée *Once Upon a Time* (2011, d'Edward Kitsis et Adam Horowitz) où s'entrecroisent et sont réinterprétés plusieurs contes, la méchante reine est présentée comme Regina, maire tyrannique d'une petite ville américaine, usant de chantage et d'influence afin de contrôler tous ses habitants.

Mais c'est avant tout dans son opposition avec la princesse Blanche-Neige que la caractérisation de la méchante reine trouve tout son sens. Tel le refrain d'une chanson (ou la mécanique de la comédie), la marâtre des origines tentera par trois fois de tuer sa belle-fille : en utilisant les liens d'un corset pour l'étouffer d'abord ; en la coiffant d'un peigne enduit de venin ensuite ; puis, enfin, en lui offrant de croquer une pomme rouge sang, elle aussi empoisonnée. Ce n'est qu'à ce troisième essai qu'elle parviendra à ses fins, tant et si bien qu'aujourd'hui, la scène de la pomme est reprise de façon quasi systématique en tant que symbole de l'œuvre, même si c'est fait de façon détournée (comme dans *Blanche comme neige*, une adaptation française de 2019 dans laquelle la marâtre jouée par Isabelle Huppert rate son coup, Blanche-Neige se débarrassant de la pomme empoisonnée sans croquer dedans – et tuant un pauvre écureuil au passage).

Qu'en est-il alors de la symbolique ? Pour la pomme, si on pense facilement à une interprétation chrétienne (le fruit offert par Ève à Adam sous l'influence du serpent), ce n'est vraisemblablement pas dans cette direction qu'il faut chercher pour expliquer l'acte dans *Blanche-Neige*. Dans d'autres récits aux racines païennes, la pomme est avant tout le symbole de la fertilité. Aussi, la pomme empoisonnée offerte par la marâtre peut être une manière imagée d'attaquer la jeunesse et la fertilité incarnées par la belle-fille. Et du côté du corset et du peigne, ils pouvaient alors représenter la coquetterie, une faiblesse jadis attribuée aux femmes… La méchante reine, dont la beauté se désagrège petit à petit (le miroir le dit : elle n'est plus la plus belle du royaume), laisse déborder sa jalousie et s'en prend à la belle Blanche-Neige, à la peau diaphane et aux lèvres d'un rouge parfait… Une jeune fille encore féconde, a contrario de cette marâtre prenant l'apparence d'une vieille femme, stérile, pour tromper sa cible. Loin d'être l'adaptation la plus proche du texte des frères Grimm, le long métrage américain de 2012 réalisé par Rupert Sanders, *Blanche-Neige et le chasseur*, propose néanmoins une version de la marâtre (interprétée par la lumineuse Charlize Theron) qui revient aux origines : tirant son pouvoir de sa beauté (obtenue à la suite d'un rituel mené par sa propre mère sorcière), la méchante jalouse Blanche-Neige avec ardeur, se sentant menacée dans son statut social de femme régnante (à la fécondité déclinante) par la fougue de la jeunesse… La pomme empoisonnée refait alors son apparition, symbolisant de nouveau un désir chez la reine de supprimer cette fertilité chez Blanche-Neige, comme une atteinte à la féminité. Enfin, on assiste parfois à un inversement des rôles, avec une méchante reine plus jeune affrontant une Blanche-Neige devenue vampire, comme dans *Blanche Neige, Rouge Sang* (de Neil Gaiman et Colleen Doran, 2019).

Lilie Bagage

Charlize Theron dans *Blanche-Neige et le chasseur*.

RETSUDÔ YAGYÛ
LE SABRE DANS L'OMBRE

Noms : Retsudô Yagyû, Bizen Yagyû, Retsudô Gisen Yagyû.
Œuvres : *Lone Wolf and Cub* (manga, 1970-1976, Kazuo Koike & Goseki Kojima), *Baby Cart : Le Sabre de la vengeance* (film, 1972, Kenji Misumi), *Baby Cart : L'Âme d'un père, le cœur d'un fils* (film, 1972, Buichi Saitô), *Baby Cart : Le Paradis blanc de l'enfer* (film, 1974, Yoshiyuki Kuroda).
Interprètes : Tokyo Oki (*Le Sabre de la vengeance*), Tatsuo Endo (*L'Âme d'un père...*), Minoru Oki (*Le Paradis blanc...*).

Tout au long du manga *Lone Wolf and Cub* et de son adaptation au cinéma sous le titre *Baby Cart*, Retsudô Yagyû est l'ombre qui plane sur le récit et tire les ficelles afin d'éliminer Ittô Ogami, le samouraï déchu qui parcours le pays en poussant le landau de son enfant.

Dans *Lone Wolf and Cub*, Retsudô Yagyû[1] est ce que l'on pourrait appeler en occident le « parrain » d'une organisation tentaculaire exerçant une emprise sur tout le pays. La famille Yagyû opérant pour l'État, il ne faut pas la confondre avec les organisations mafieuses yakuzas, qui apparaissent dans le pays vers 1603, soit une centaine d'années avant le début du récit. Historiquement, les Yagyû sont les membres d'une famille de nobles seigneurs (*daimyô*) qui devint l'une des principales écoles de maniement des armes du Japon. Munemoshi Yagyû (1527-1606) et son fils Munemori Yagyû (1571-1646) deviendront les instructeurs du clan Tokugawa dont Ieyasu, alors shogun[2] du Japon.

Munemori Yagyû a deux fils (Jûbei et Munefuyu) qui deviennent de célèbres sabreurs, ainsi qu'un troisième (Tomonori) qui fait partie de la cour du shogun. Munemori est également père d'un quatrième garçon : Restudô Gisen, qui par son choix de devenir moine bouddhiste va rester dans l'ombre de l'Histoire. C'est depuis cette différence de traitement historique que la culture populaire japonaise va s'approprier Retsudô et lui créer une légende de fiction, principalement dans le manga *Lone*

[1] Nous respecterons ici la graphie de l'édition française du manga, qui, contrairement à la tradition japonaise, place le prénom avant le nom de famille. Par souci de cohérence, il en est de même pour tous les noms cités dans ce texte.

[2] Chef militaire et civil du Japon, laissant peu de pouvoir à l'empereur qui reste cependant à la tête du pays.

Wolf and Cub[3] («Le loup solitaire et son petit») et les six films de cinéma de la série *Baby Cart* (littéralement, le «landau»), initiée par Kenji Misumi. Kazuo Koike, le scénariste du manga, offre à Retsudô une organisation secrète, le Ura-Yagyû, dont l'objectif est d'accroître l'influence du clan afin de secrètement diriger le pays par le contrôle de l'information et la manipulation. Retsudô veut placer tous ses fils et petits-fils à des postes clés du shogunat. Ittô Ogami occupant l'un des plus prestigieux et des plus importants du pays, celui du *kogi kaishakunin* (le bourreau officiel du shogun), Retsudô Yagyû complote et par le mensonge fait d'Ittô un hors-la-loi. Obligé de parcourir le pays accompagné de son jeune enfant à la recherche de contrats pour survivre, Ittô est inlassablement traqué par Retsudô.

Retsudô Yagyû est donc à Ittô Ogami ce que le cardinal de Richelieu est aux mousquetaires du roi dans les romans d'Alexandre Dumas, à savoir un personnage ayant réellement existé mais fantasmé et réécrit pour la fiction, dont la légende dépasse parfois la réalité. C'est dans *Le chemin blanc entre les fleuves*, seizième chapitre du manga, que Retsudô apparaît pour la première fois. Il expose déjà l'un de ses traits de caractère qui deviendra une signature scénaristique de Kazuo Koike, reprise par Misumi pour les films : Retsudô ne combat (presque) jamais. C'est un sabreur aguerri. Malgré son âge avancé, c'est le seul combattant capable de rivaliser avec Ittô Ogami. Pourtant, il envoie toujours ses sbires accomplir ses vils actions – quitte à sacrifier bon nombre de membres de sa famille – et a toujours une bonne excuse pour ne pas sortir son sabre de son fourreau. Il estime être capable de battre facilement Ittô lors de leur première rencontre mais ne veut pas d'«une victoire au goût amer» car il est triste du décès de son petit-fils qu'il vient d'envoyer à la mort en le sommant d'arrêter le loup solitaire.

Retsudô Yagyû devient dès lors un véritable archétype : l'homme de l'ombre qui ne bouge le petit doigt que lorsque sa vie est directement en danger. Que ce soit le manga, dont la parution débute au début des années 1970, ou les films de cinéma, qui sortent peu de temps après, les aventures d'Ittô Ogami et ses affrontements avec Retsudô Yagyû vont directement s'inspirer de deux genres cinématographiques ultra-populaires à l'époque : le western et les films de James Bond. Si le landau d'Ittô regorge de gadgets à rendre jaloux l'agent 007 (une infinité d'armes blanches, il dissimule des mitraillettes, peut «transformer» ses roues en skis), Retsudô et son Ura-Yagyû ne peuvent que renvoyer à Blofeld et son S.P.E.C.T.R.E.[4] Impossible de ne pas penser également à la ribambelle de seigneurs de guerre à la tête de généraux hauts en couleur qui pulluleront dans toutes les séries de *super sentaï*[5] japonais (de *Bioman* à *Power Rangers* pour les plus connus chez nous).

Machiavélique, Retsudô est un stratège hors pair qui n'hésite pas à sacrifier des centaines d'hommes au cours d'affrontements épiques contre Ittô Ogami. Avant le duel final qui verra les deux hommes s'affronter pour la conclusion du récit, Retsudô noie le loup solitaire sous une avalanche de bombes humaines (des kamikazes avant l'heure) afin de l'affaiblir et d'espérer briser son katana. Retsudô n'en reste pas moins paradoxalement un homme d'honneur et un adepte du *bushido*, la voie du samouraï. Tout ce qu'il désirait était assurer la pérennité de son clan et son aveuglement (caractérisé par le bandeau qu'il porte sur un œil) dans la destruction d'Ittô aura mené les Yagyû à leur extinction. Tout comme le loup solitaire, Retsudô est une relique du passé qui, par ses manigances, a tenté sans succès de ne pas être effacé par le temps qui passe.

Après six films de cinéma, la fin de Retsudô Yagyû reste en suspens (aucune autre suite ne verra le jour, Kenji Mismui décédant peu de temps avant le tournage du dernier opus). Deux ans plus tard, Kazuo Koike offrira dans son manga une conclusion digne de ce nom à Ittô et Retsudô, faisant enfin de ce grand méchant shakespearien de l'histoire du manga un samouraï inoubliable.

François Rey

[3] 142 chapitres publiés en 28 volumes. La dernière édition, plus luxueuse et publiée en France chez Panini Manga depuis 2021, compile désormais l'histoire en 12 imposants volumes.

[4] Voir le portrait de Blofeld, page 32.

[5] Séries de science-fiction japonaises dans lesquelles des groupes de jeunes gens affrontent des forces du mal grâce à des pouvoirs prodigués par des armures colorées.

1953

RÉVÉREND HARRY POWELL

L'HABIT NE FAIT PAS LE MOINE

Noms : Révérend Harry Powell, Prêcheur, Pasteur.
Œuvres : *La Nuit du Chasseur* (roman, 1953, Davis Grubb), *La Nuit du chasseur* (film, 1955, Charles Laughton).
Interprète : Robert Mitchum.

En 2019, Harry Powell arrive en tête d'un sondage Radio France sur les réseaux sociaux à propos des plus grands méchants du cinéma. Les doigts tatoués de Robert Mitchum dans *La Nuit du Chasseur* sont devenus une référence tant pour les cinéphiles que pour tout *bad guy* qui se respecte.

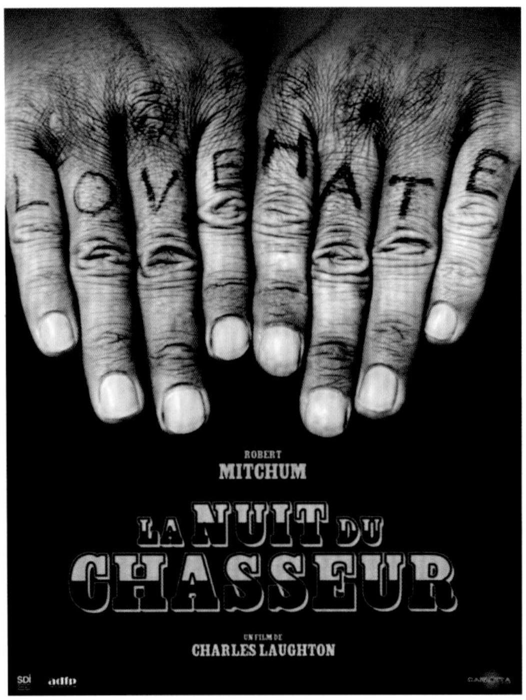

La Nuit du chasseur, film noir tourné en 1955, adapte à l'écran le roman éponyme de Davis Grubb paru deux ans plus tôt. Il en reprend assez fidèlement l'histoire. Un mystérieux révérend débarque à Cressac, petite ville au bord de l'Ohio, et se rapproche de Willa, dont le mari a été pendu à la suite d'un hold up ayant mal tourné. Sa prestance et ses belles paroles séduisent tout le village sauf le petit John, âgé de 8 ans, qui a bien compris les intentions du prêcheur. Harry Powell s'impose comme figure de confiance dans la bourgade, épouse Willa puis la tue sans éveiller aucun soupçon. Devenu le seul « parent » des deux enfants, il entend bien leur faire cracher le morceau : « Où est l'argent ? » Ces derniers parviennent à s'enfuir ; commence alors une traque sans relâche.

Le personnage est librement inspiré à Davis Grubb par le tueur en série Harry Powers, qui séduisait des veuves esseulées avant de les voler puis de les tuer, et fut pendu dans la ville de Moundsville.

Élégant, bel homme, éloquent : Powell a toute la verve d'un moralisateur. Il abuse tout le monde avec ses prêches et ses poses, notamment avec son laïus sur la lutte entre le bien et le mal qu'il illustre grâce à ses deux mains tatouées des mots *LOVE* et *HATE*, symbole de la dualité de l'âme, mais également du double visage du prédicateur. Ce discours, présent dans le livre et à l'écran, sera repris dans le film de Spike Lee *Do the Right Thing*[1], avec deux poings américains au lieu de tatouages. Les inscriptions seront

[1] *Do the Right Thing*, film de Spike Lee, 1989, avec Spike Lee, Danny Aiello, John Turturro.

réutilisées dans *The Rocky Horror Picture Show*[2] sur les phalanges du personnage d'Eddy.

Se présentant comme un guide vers la pénitence et la contrition, Powell exerce rapidement son pouvoir de gourou sur toute la communauté, spécialement sur Willa. Il fait peser sur ses épaules la responsabilité des péchés de son défunt mari et fait d'elle son assistante soumise et repentante. Le voyant comme un sauveur, elle accepte de l'épouser. Le soir de la nuit de noces, il l'humilie avec un sermon des plus puritains.

Pendant ce temps, il tente de se rapprocher des enfants pour gagner leur confiance et leur soutirer la cachette du magot. Mais John, lucide du haut de ses 8 ans, envoie paître le pasteur. Celui-ci, roi du mensonge et de la calomnie, habitué à discréditer sa proie aux yeux de son entourage, monte la mère contre le fils qui se retrouve isolé. Après quoi il fait passer Willa pour instable de manière que personne ne s'étonne de sa disparition après le mariage.

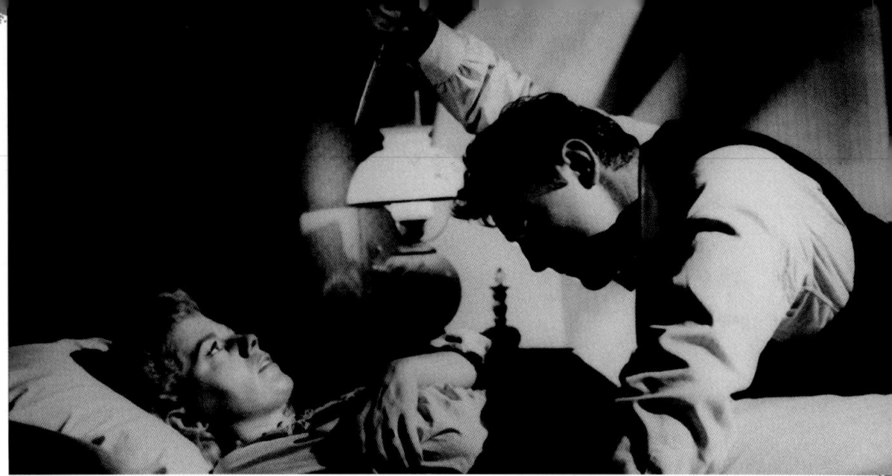

Ce cerveau machiavélique est en proie à une folie délirante révélée dès le début du film[3] : Harry apparaît menant sa calèche sur les chemins et conversant directement avec Dieu, lui posant des questions, réagissant à ses réponses. Le spectateur découvre donc un psychopathe misogyne lancé dans une mission divine : traquer les femmes moralement coupables et les punir. Dès lors, récupérer leur argent n'est qu'un salaire que Dieu lui octroie pour mener sa croisade.

Toutefois, l'effrayant croque-mitaine n'est peut-être pas aussi viril et assuré qu'il n'y paraît.

Dans le roman, Powell se fait vider d'un motel comme un vulgaire pantin. Plus tard, il essaie bien de mutiler une prostituée dans son sommeil, mais – n'est pas Patrick Bateman qui veut – il finit par lui faire une égratignure qui ne la réveille même pas et cicatrisera avant qu'elle la remarque. L'auteur se moque ainsi de son personnage (qui a quand même déjà tué impunément 6 ou 12 femmes) avant de le rendre vraiment inquiétant.

Le film opère à l'inverse : la fragilité et la couardise d'Harry sont traitées à la fin. Lorsqu'il tient le siège devant la maison de Mrs Cooper où les enfants ont trouvé refuge, la scène la montre calme au premier plan, assise dans un rockingchair, fusil à la main. Lui, à l'arrière-plan, essayant de les intimider avant d'attaquer. Son arme, le couteau qui l'accompagne partout et a déjà commis de nombreux meurtres, est cependant bien plus petite et moins impressionnante que le fusil. Dans le roman, l'impuissance de Powell et le fait que le couteau soit un substitut de son phallus sont plusieurs fois suggérés : il est le manche auquel il s'agrippe quand il pense aux femmes, la lame qu'il dégaine et enfonce dans leur corps. Mais *in fine*, c'est bien une femme avec un plus gros calibre que le sien qui met en déroute le prédateur ! Il détale en hurlant comme un loup affolé. Le jeu grotesque de Mitchum dans ces scènes lui a été imposé par Laughton sous l'impulsion de l'écrivain. Il contribue à montrer la fragilité du monstre.

Dès l'introduction, le spectateur est averti : « Méfiez-vous des prophètes. » Harry Powell incarne le mal caché dans un costume de pasteur aux épaulettes démesurément larges qui utilise les valeurs de la religion pour justifier ses crimes et son vice.

Véritable fiasco à sa sortie, dézingué par Truffaut, le film est tourné en 1954 en noir et blanc au format 1:37 du cinéma muet mais avec une pellicule moderne qui permet des noirs plus noirs. La réalisation articule l'opposition entre l'ombre et la lumière, le bien et le mal, les enfants et les adultes, l'homme et la femme… Laughton assume le côté théâtral des décors, des éclairages et impulse à Mitchum un jeu comique à l'ouverture, glaçant au milieu puis empreint de cabotinage à la fin.

Sa voix de basse qui entonne un cantique lugubre exhortant à se reposer sur lui hante nos oreilles à l'évocation de ce film noir absolu et longtemps intouchable. Pourtant… un téléfilm avec Richard Chamberlain a tenté une version transposée dans les années 1980[4] et, en 2020, un remake modernisé avait été annoncé, prévu pour 2026[5]…

Hélène Almeras

[2] *The Rocky Horror Picture Show*, film musical de Jim Sharman, avec Tim Curry, Susan Sarandon, Barry Bostwick.

[3] *La Nuit du Chasseur*, film de Richard Laughton, 1955, avec Robert Mitchum, Shelley Winters, Lillian Gish.

[4] *La Nuit du Chasseur*, téléfilm de David Greene, 1991, avec Richard Chamberlain, Diana Scarwid, Reid Binion.

[5] *La Nuit du Chasseur*, remake de Scott Derrickson annoncé pour 2026.

Metal Gear Solid : The Twin Snakes.

REVOLVER OCELOT

L'AGENT TRIPLE

Noms : Revolver Ocelot, Shalashaska, Adamska, Adam, Liquid Ocelot, Major Ocelot.
Œuvre : La série de jeux vidéo *Metal Gear*, depuis *Metal Gear Solid* (1998).
Créateur : Hideo Kojima.

Sur le champ de bataille naissent les grandes intrigues. Chaque camp a une histoire à raconter. Celle de Big Boss, de Solid Snake et de Revolver Ocelot en est une bien complexe parmi tant d'autres…

La série de jeux vidéo *Metal Gear* a beau débuter en 1987 avec la sortie du jeu du même nom, elle n'en reste pas moins une licence dont la chronologie réelle ne suit pas celle de sortie des épisodes. Par exemple, *Metal Gear Solid 3: Snake Eater* est en réalité le premier chronologiquement, se déroulant en 1964 ; quand le *Metal Gear* de 1987 se passe en 1995 ; ou que *Metal Gear Solid* (sorti en 1998) a lieu en 2005. Malgré cette chronologie en apparence complexe, il est un élément commun à l'ensemble des dix jeux de la ligne temporelle principale et ce n'est pas le personnage de Solid Snake, mais bien Revolver Ocelot.

Tout d'abord connu sous le nom de code « Ocelot », il devient « Revolver Ocelot » lorsque son arme s'enraye face à son adversaire, celui-ci lui conseillant de s'équiper plus sûrement. Ocelot choisit alors le Colt Single Action Army, un revolver avec un barillet à six cartouches réputé comme étant l'arme la plus fiable qui existe. Comme pour renforcer cette image de cow-boy moderne, son apparence dans le jeu *Metal Gear Solid* a été inspirée par l'acteur de western Lee Van Cleef, vu dans *Le Bon, la Brute et le Truand*. Son histoire se dessine au fur et à mesure des jeux. Entre allié et antagoniste, il se transforme au fil des opus.

L'intrigue de *Metal Gear* reprend la lutte entre plusieurs groupuscules sur fond de guerre froide et d'opposition entre la Russie et les États-Unis. Une histoire complexe, faite de trahisons, de changements de côté, de clones et d'IA contrôlant le monde. Une façon très rapide de résumer la série, certes, mais qui nous brosse un tableau vaste et complexe de ses arcs narratifs. Enlevé à sa mère à sa naissance, Ocelot a été élevé par le colonel Volgin, membre du GRU (l'état-major des forces armées russes). Il devient major et chef de son groupe de combat mais officie rapidement comme agent double, voire triple. D'abord casseur de codes pour la NSA, puis trahissant les USA pour le KGB, il travaille cependant toujours pour la CIA et les Philosophes, un groupe secret qui l'a élevé.

Au fur et à mesure de ses missions, Ocelot va faire équipe et rencontrer différents personnages, et notamment un certain Big Boss auquel il voue rapidement une grande admiration. Accompagnés d'autres personnages, ils intègrent les Patriotes, une organisation secrète dont le but est de contrôler l'État américain. Seulement voilà : dans le but de créer des soldats parfaits, les Patriotes mettent en place le projet Enfants terribles, utilisant à son insu l'ADN de Big Boss pour créer trois clones : Solid Snake (le héros de la série *MGS*), Liquid Snake (dont Ocelot devient le bras droit) et Solidus Snake (clone devenant président des USA). Étant contre l'initiative et la trahison faite à Big Boss en utilisant son génome, Revolver Ocelot fait scission et crée son propre groupe. Mais il décide tout de même de ne rien en montrer, devenant agent double, puis agent triple, afin de saboter ou de récolter des informations sur les agissements des Patriotes.

Visuel promotionnel de Konami pour *Metal Gear Solid*.

Bande-annonce de *Metal Gear Solid V.*

Les événements s'enchaînent alors : Ocelot perd sa main face à Gray Fox, Liquid Snake meurt d'un virus nommé FoxDie censé tuer tous les clones de Big Boss. Revolver Ocelot décide alors de greffer le bras de Liquid à la place de sa main manquante, devant ainsi Liquid Ocelot. Cependant, de nouveaux problèmes apparaissent : Liquid Ocelot semble doté de nouveaux dons, mais aussi d'une nouvelle personnalité, celle de Liquid qui, à travers son bras, tenterait de prendre le contrôle. Rapidement, on entre dans une ère de duplicité : puisqu'il est agent multiple, qu'il tente de rester fidèle à Big Boss malgré les forces en puissance, on ignore dans quelle mesure la personnalité de Liquid essaie réellement de le contrôler, s'il est désormais doté d'une double personnalité ou s'il fait semblant pour servir ses objectifs.

Revolver Ocelot est présenté comme un antagoniste, mais ses motivations sont fondamentalement liées à son allégeance à Big Boss et à ses propres valeurs. Afin de servir ses plans, il va faire appel, à plusieurs moments, à l'autohypnose pour se convaincre de ses mensonges et éviter de craquer sous la torture ou la pression, et de dévoiler ses véritables plans. Ainsi, il est convaincu que l'âme de Liquid le possède, par exemple. Son objectif est de détruire les Patriotes et leur hégémonie sur les États-Unis, ces derniers étant allés jusqu'à mettre des IA au pouvoir. Avant de mourir, à la suite d'un combat épique contre Solid Snake, Ocelot reconnaîtra en son adversaire le véritable clone de Big Boss...

Bénédicte Coudière

Cinématique de l'extension *Wrath of the Lich-King* de *World of Warcraft.*

LE ROI-LICHE

MAÎTRE DU FLÉAU

Nom : Le roi-liche (The Lich King).
Œuvres notables : *Warcraft III: Reign of Chaos* (2002), *World of Warcraft: Wrath of the Lich King* (2008) et leurs suites et produits dérivés.
Créateur : Blizzard.

Geôlier des damnés, Seigneur du Fléau, Seigneur Noir des Morts, allié de la Lame d'ébène, il cumule les titres et les craintes à son sujet sont immenses. Ayant su dépasser les frontières d'un jeu pour devenir l'aura maléfique de tout un univers, le roi-liche règne en haut de son glacier sur les hordes qui s'abattent sur Azeroth.

Au-delà de la créature maléfique, le roi-liche est un fardeau, une entité corruptrice qui prend possession de qui porte sa couronne. L'univers de *Warcraft* est vaste : jeux vidéo de stratégie en temps réel avec *Warcraft I, II et III*; jeux en ligne en 2004 avec *World of Warcraft* (avec une extension, en 2008, *Wrath of the Lich King*, centrée sur ce méchant); mais aussi novélisations, romans et nouvelles, dont les récits sont canons. Au centre de ceux-ci, héros, créatures, conflits politiques et guerres jalonnent l'histoire d'Azeroth. Mais il est un ennemi plus puissant que les autres, une ombre qui recouvre le monde : le roi-liche.

L'histoire de ce personnage est un récit de possessions multiples, d'âmes corrompues et de recherche de domination. Plus qu'un antagoniste, il fait figure de titre qu'on se transmet plus ou moins contre son gré. Originellement, c'est l'orc chaman Ner'zhul qui, capturé et torturé par un seigneur démon, se voit privé de son corps et enfermé dans un bloc de glace. Ainsi piégé, il sent s'éveiller en lui quelque chose de plus... plus puissant, plus terrible et plus noir encore. Désormais doté de pouvoirs psychiques gigantesques, dont la télépathie, pouvant contrôler les morts-vivants et souhaitant la destruction et le carnage, le roi-liche s'éveille et détruit tout ce qu'il peut sur son passage. Malgré tout, la conscience de Ner'zhul est encore présente, quelque part au fond de son esprit, qui tente d'alerter ou du moins d'attirer des héros à lui, dans le but secret de les détruire, puis de les faire revenir sous la forme de morts-vivants et de semer le désespoir.

Le roi-liche dans *Hearthstone*.

Arthas, paladin de son état, est le premier à tenter de vaincre le roi-liche et à presque y parvenir. Mais poussé par la voix pernicieuse de Ner'zhul, il enfile le heaume maudit et devient à son tour un roi-liche plus fort encore. Ainsi, dans l'esprit du roi-liche se déroule une guerre interne entre Ner'zhul, la puissance démoniaque du roi-liche, Matthias (la personnification de l'humanité perdue d'Arthas) et Arthas, qui les détruit presque tous pour devenir pleinement la puissance démoniaque qui détruira le monde. Le roi-liche va jusqu'à retirer son propre cœur pour enlever ce qui lui reste d'humanité.

Envoi de graines empoisonnées pour transformer le monde en goules, attaque des capitales, corruption des héros et des figures d'autorité, création d'un ordre de chevaliers de la mort, les actions du roi-liche sont nombreuses et toutes plus maléfiques les unes que les autres. En réalité, cet antagoniste charismatique est l'incarnation du mal dans toute sa splendeur. Ici, nulle morale, juste la destruction incarnée. Au point que seule la combinaison d'une foi sans bornes et d'un sol consacré par le plus béni des pouvoirs peut percer la défense du roi-liche. Mais uniquement le temps d'un instant, le faisant battre en retraite, mais ne l'exterminant pas.

Car le mal ne peut être vaincu, seulement contenu. Probablement du fait que l'univers de *Warcraft* est toujours en expansion, vivant à travers le jeu et les novélisations, l'ombre du roi-liche plane toujours sur Azeroth. Enchaînant quelques périodes de sommeil, donnant un peu de répit au monde et aux héros pour tenter de trouver les stratégies adéquates, le roi-liche finira par tomber, mais pas totalement. Instrument de la guerre et de la destruction, ce n'est donc qu'au terme d'un combat long et épuisant que le roi-liche fut « vaincu », ou du moins scellé dans l'esprit de Bolvar qui, plus mort que vif, endosse sa couronne, non pour devenir la nouvelle incarnation du mal mais pour la maintenir sous son contrôle, elle et les légions mortes-vivantes.

Car le roi-liche n'est pas seul. Derrière lui se trouve le Fléau, armée de morts gigantesque avec pour seul but la destruction totale des anciens mondes et l'avènement du sien. Pour Bolvar, il s'agit donc de maintenir le roi-liche sous contrôle, sa présence empêchant le déchaînement du Fléau. Mais ce statu quo n'est que de courte durée. Une nouvelle héroïne, Sylvanas, finit par accéder au roi-liche et à le détruire. Mais cette fois, elle n'endosse pas son heaume, elle l'extermine, brisant le roi-liche et libérant le Fléau.

Le rapport à la mort et à la destruction est ici particulièrement présent. L'histoire du roi-liche est complexe et pleine de ramifications à travers le temps. Elle nous parle de héros corrompus, de pouvoir, de mort et de vie, sans oublier la fatalité derrière son existence. Le mal est-il mieux que le Fléau encore plus maléfique ?

Bénédicte Coudière

SARAH KERRIGAN
LA REINE DES LAMES

Noms : Sarah Louise Kerrigan, la Reine des lames.
Œuvres : *StarCraft* (1995), *Brood War* (1998), *StarCraft 2: Wings of Liberty* (2010), *Heart of the Swarm* (2013), *Legacy of the Void* (2015).
Doubleuses : Glynnis Talken Campbell (VO en 1995 et 1998), Tricia Helfer (VO depuis 2010), Sophie Riffont (VF).

D'héroïne à antagoniste, le parcours d'un personnage peut être multiple. Les expériences qu'il vit le façonnent, le conditionnent, parfois, à être la pire version de lui-même. Souvent qualifiée d'icône du jeu vidéo, Sarah Kerrigan illustre parfaitement ce parcours semé d'embûches.

L'univers de *StarCraft* est divisé en plusieurs races : les Terrans, les Zergs et les Protoss, chacune ayant ses affinités et ses inimitiés les unes envers les autres. À l'image de *Warcraft*, *StarCraft* fait partie de ces univers à l'histoire s'étendant sur différents supports : jeux vidéo et livres, notamment. Un moyen de découvrir différents protagonistes et de suivre de près l'évolution tumultueuse de l'une d'entre elles : Sarah Kerrigan. À l'origine, elle est une Terran (une humaine) dotée de pouvoirs psychiques largement supérieurs à la moyenne. Des capacités qui vont attirer la convoitise de la confédération, dans un premier temps, qui va en faire un Fantôme, un assassin d'élite ; puis d'un mouvement révolutionnaire qui ne voit en elle que ses talents et son extrême discrétion.

Ce sont eux, et leur leader, qui finissent par abandonner Sarah au milieu des Zergs, des créatures vivant en Essaim et s'étant transformées au fur et à mesure du temps en machines de guerre vivantes, sans utiliser aucune technologie, mais avec des mutations biologiques. Ce sont une nouvelle fois ses capacités psychiques qui attirent l'attention du chef de l'Essaim qui va la transformer en quelque chose de nouveau : mi-humaine avec son libre arbitre et ses capacités, mi-Zerg avec la possibilité de comprendre et de communiquer avec l'Essaim. De nombreux événements vont mettre Sarah Kerrigan au centre de toutes les attentions : le conflit opposant les trois races et les dissensions internes chez les Terrans ; la recherche d'un artefact afin de rendre toute son humanité à Sarah…

Seulement voilà : pour tous, Sarah Kerrigan est un outil dont on utilise les capacités sans faire attention à l'humaine. Même une fois débarrassée de son côté Zerg, elle est étudiée dans un laboratoire pour déterminer si elle peut encore être utile ou si elle peut encore communiquer avec l'Essaim. De là naissent ses envies de vengeance et sa colère. Sa transformation, son évolution, lui vaut d'être crainte par tous, joueurs inclus. Pour la presse vidéoludique, elle devient l'un des méchants les plus iconiques du jeu vidéo, mettant en avant qu'elle est « aussi brutale qu'incomprise » (selon la journaliste Liz Lanier du magazine *Game Informer* en 2013). Car sa transformation en Zerg la change : dans son rapport au combat, la rendant plus agressive et appréciant plus le combat au corps à corps. Son utilisation par les autres entretient ses envies de vengeance et ses désirs d'émancipation.

Trahie de multiples fois, que ce soit par le leader des révolutionnaires qui l'abandonne aux Zerg une première fois, par son amour pour lequel elle se retransforme en Zerg pour lui sauver la vie, Sarah Kerrigan perd peu à peu toute capacité à faire confiance. Cela renforce sa solitude. Sarah Kerrigan est ambivalente, subit traumatisme sur traumatisme, tente de se reconstruire, mais sans succès. Malgré le fait qu'elle soit clairement identifiée comme un antagoniste, ne serait-ce que par son implication dans plusieurs factions dans une guerre sanglante, sa violence exacerbée par les épreuves et sa volonté de vengeance, elle n'en reste pas moins une enfant enlevée à sa famille par la force à cause de ses pouvoirs et instrumentalisée toute sa vie. Au point même d'être au centre d'une prophétie des Xel Naga, race cosmique presque disparue, qu'elle finit par embrasser, abandonnant complètement toute humanité et tout lien avec les factions qui tentent encore de s'emparer de ses capacités.

Sa volonté de fer n'a d'égal que sa terrible situation : toujours tiraillée entre plusieurs camps, jamais vraiment perçue autrement que comme un outil ou une arme, elle s'est longtemps battue pour les autres avant de le faire pour elle-même. Ses transformations multiples, en Zerg, puis en Terran, puis de nouveau en Zerg plus puissant encore une fois échappé du laboratoire, et ainsi de suite, la façonnent à la dure. Et ce sont d'ailleurs ces multiples facettes qui en font un personnage aussi profond que complet, fascinant dans son évolution et cruel en réaction à toutes les épreuves qu'elle a subies.

Bénédicte Coudière

L'ange déchu par Alexandre Cabanel (1847).

SATAN

L'ADVERSAIRE ULTIME ?

Noms : Satan, Lucifer, le diable…
Œuvres : *La Divine Comédie* (début XIVe siècle), *Lucifer* (2016-2021), *The Sandman* (1989), *Supernatural* (2005-2020)…
Créateurs : Dante Alighieri, Tom Kapinos, Neil Gaiman, Eric Kripke…

Existe-t-il plus « méchant » que le diable lui-même ? Figure emblématique de la religion devenue un trait commun des plus grands vilains de la *pop culture*, ils sont nombreux à se faire surnommer ainsi, que ce soit sous le titre de « diable » ou sous l'un de ses autres noms.

Le diable est légion et ses facettes nombreuses : Méphisto sous la plume de Stan Lee dans l'univers Marvel (première apparition *Silver Surfer #3* en 1968), le Lucifer de DC Comics (*Sandman*) peut se retrouver face à ses nombreuses occurrences nippones (dans *Blue Exorcist*, *Devilman*, *Digimon*, *Beelzebub*, etc.). Sous un nom ou un autre, Satan a une place privilégiée dans de nombreux univers de la *pop culture*, que ce soit la bande dessinée, les séries ou même le jeu vidéo : par exemple dans les jeux *Castelvania*, les *Shin Megami Tensei*, les *Devil May Cry*, qui font une passerelle intéressante entre le jeu vidéo et l'œuvre de Dante, *La Divine Comédie*.

Au fil du temps, son origine s'est un peu perdue. De l'accusateur (*« diabolos »* en grec) de Job ne reste bien souvent que l'adversaire (*« ha-Satan »* en hébreu). Mais ce sont ses multiples noms qui façonnent différents imaginaires autour de sa personne. Dans *Supernatural*, Lucifer a une apparence humaine, le personnage évoluant avec un arc de rédemption, luttant par moments contre ou avec des sentiments bien humains qu'il peine d'ailleurs à comprendre. Mais on peut aussi faire deux Lucifer en un seul. Deux facettes du même personnage, celui de Neil Gaiman et Dave McKean, incarné successivement sur le petit écran par Tom Ellis dans *Lucifer* et par Gwendoline Christie dans *Sandman*. Deux versions, l'une mettant en avant la curiosité pour les us et coutumes humains ; une seconde se centrant sur son rôle politique, mais aussi offrant la possibilité de voir une femme prendre les traits de l'adversaire.

Al Pacino dans *L'Associé du diable* (1997).

Puisque le diable a de multiples facettes, la vision qu'en a la *pop culture* aussi. La partie animale du diable a plusieurs façons d'apparaître : tantôt humoristique, tantôt plus effrayante. Dans *Doctor Who*, dans le double épisode « The impossible Planet/The Satan Pit » (*reboot* de 2005, saison 2, épisodes 8 et 9), il est présenté comme une créature gigantesque, attachée au fond d'un puits, dont l'intelligence est en décalage avec son enveloppe charnelle, bestiale. « Certains l'appellent Abaddon. Certains l'appellent Krop Tor. Certains l'appellent Satan. Ou Lucifer. Ou le Seigneur du Désespoir. Le Prince immortel. Le Porteur de la Nuit. Et ce sont ces noms qui le libéreront[1]. »

Autre univers, autre facette, dans le jeu vidéo *Guacamelee!*, il est présent sous le nom de « Diablo » ou « El Diablo », et sous la forme d'un coq maudissant notre protagoniste et le transformant à son tour en volaille.

L'appellation de Belzébuth est d'ailleurs antérieure à la vision du diable telle qu'on la conçoit aujourd'hui, dérivé sémite de Baal, devenu « Baal-Zebul/Baal-Zebub » au fil du temps pour finalement être intégré à la hiérarchie infernale. Bien entendu, ce n'est pas tout. Le Satan du jeu vidéo *Biding of Isaac* est une créature noire aux yeux rouges, au faciès rappelant une chèvre (avec oreilles et cornes) mais possédant une paire d'ailes dans le dos. Il existe en deux versions : une « calme » au physique normal et une « énervée » complètement bodybuildée qu'il faudra combattre lors d'un affrontement de boss.

Les références sont aussi nombreuses qu'il existe d'œuvres. Dans le cas de Neil Gaiman comme dans celui d'Eric Kripke, c'est le poème *Le Paradis perdu* de John Milton. La figure de Satan représente, par essence même, l'antagoniste suprême. Par son statut d'adversaire, son origine et le rôle ancestral qu'il possède dans la culture à travers le monde, il est la grande figure du méchant, l'incarnation du mal. Il est celui avec lequel on passe un pacte : *Le Portrait de Dorian Gray* d'Oscar Wilde, le film *Sleepy Hollow* (1999), l'opéra *Doktor Faust* de Ferruccio Busoni, les jeux vidéo *Tekken* et *Cuphead*, mais aussi de très nombreuses œuvres reprenant la légende du docteur Faust. C'est d'ailleurs dans ce récit que l'on voit apparaître pour la première fois un autre de ses noms : Méphistophélès. Tantôt incarnation du diable, tantôt Seigneur des Enfers (notamment dans la saison 6 de *Xena la guerrière*), tantôt démon principal ou archidiable (dans le jeu *Diablo II*, il fait partie du triumvirat dirigeant l'enfer), Méphisto, de son surnom le plus utilisé, fait partie des avatars du diable... selon les œuvres. Il est le Méphisto de DC Comics avec qui Johnny Blaze conclut un pacte, devenant le Ghost Rider, par exemple.

Mais les œuvres ont bien montré qu'il existe plusieurs facettes à cette figure maléfique. Du diable qui maudit et trompe au Lucifer qui s'interroge sur l'humanité, il n'y a qu'un livre, qu'un jeu, qu'un film... bref, qu'une œuvre de différence.

Bénédicte Coudière

[1] « *Some may call him Abaddon. Some may call him Krop Tor. Some may call him Satan. Or Lucifer. Or the King of Despair. The Deathless Prince. The Bringer of Night. And these are the words that shall set him free.* » Paroles prononcées par les Oods, créatures avec des pouvoirs psychiques, pendant le double épisode « The Impossible Planet / The Satan Pit » de *Doctor Who* (2005), saison 2, épisodes 8 et 9.

Le Seigneur des anneaux : Les deux tours (2002).

SAURON

LES ORIGINES DU MAL DANS LA *FANTASY*

Noms : Sauron, Gorthaur, Annatar, Mairon, Le Nécromancien, le Seigneur ténébreux, L'Oeil qui voit tout, Halbrand.
Œuvres littéraires de J. R. R. Tolkien : *Le Hobbit* (1937), *Le Seigneur des Anneaux* (1954-1955), *Le Silmarillion* et *Contes et légendes inachevés* (1977/1980, posthume).
Interprètes : Benedict Cumberbatch (la trilogie du *Hobbit*, 2012-2014, Peter Jackson), Sala Baker (*La Communauté de l'Anneau* et *Le Retour du roi*, 2001/2003, Peter Jackson), Charlie Vickers (*Les Anneaux de pouvoir*, 2022, Juan Antonio Bayona, Wayne Che Yip, Charlotte Brändström).

Avant d'être le titre d'une œuvre magistrale, le Seigneur des Anneaux désigne l'un des plus grands méchants de *fantasy* que le monde ait connus. Sans lui, Voldemort, Dark Vador ou le Ténébreux n'auraient sans doute jamais existé. Retour sur la naissance d'une légende.

Le Seigneur des anneaux : Les Anneaux de Pouvoir (2022).

Sauron. En quenya et en sindarin (langues des Elfes, créées de toutes pièces par J. R. R. Tolkien, auteur et créateur du mythe), ce nom signifie respectivement « le Détesté » et « l'Horreur abominable ». De la littérature au cinéma en passant par le jeu vidéo ou le jeu de rôle, on ne compte plus le nombre d'œuvres de *fantasy* qui se sont inspirées de cet antagoniste pour matérialiser une opposition puissante aux héros. Cependant, si Sauron est bien celui qui a donné son titre à la trilogie maîtresse de Tolkien, force est de constater que l'illustre méchant brille par son absence dans le feu de l'action. Certes, la bataille introductive de l'adaptation cinématographique tente de lui donner un corps, le représentant dans une armure gigantesque tandis qu'il se fait trancher le doigt par Isildur ; certes, tel un œil nimbé de flammes qui voit tout, sa présence maléfique plane sur le monde pendant que la Communauté lutte pour se frayer un chemin vers le Mordor et se débarrasser de l'Anneau unique, artefact majeur de son pouvoir… Mais pour savoir qui est véritablement le Seigneur des Anneaux, il est nécessaire de se plonger dans d'autres récits moins accessibles et consacrés à la genèse d'Arda (la « Terre » en langue elfique).

Comme Gandalf, qui deviendra le fameux magicien de la Communauté de l'Anneau, Sauron fait partie des Maiar, des êtres primordiaux créés par les Valar (l'équivalent des dieux dans l'univers de Tolkien). Alors désigné sous le nom de « Mairon » (« Admirable »), il est l'un des élèves les plus puissants et prometteurs d'Aulë, le dieu forgeron ; mais bientôt, Mairon se laisse séduire par les idées de Morgoth, le

Ici avec l'Anneau unique.

La silhouette de Sauron menant ses armées dans *Le Seigneur des Anneaux* de Ralph Bakshi.

Seigneur sombre qui avait été rejeté par les autres Valar et s'escrimait depuis lors à contrecarrer leurs plans sur la Terre du Milieu. De fait, si Morgoth peut être comparé au diable de la mythologie biblique (un ange déchu ayant commis un péché d'orgueil qui tente d'imprimer sa marque malfaisante sur le monde), Sauron représente son lieutenant le plus dévoué. Non pas son bras armé, mais son agent rusé et séducteur, capable de changer de forme pour mieux amadouer et corrompre au nom du Seigneur des Ténèbres. Un archétype transposé dans plusieurs œuvres récentes (on peut notamment citer Dark Sidious, alias le sénateur devenu l'empereur Palpatine après force machinations politiques – George Lucas ayant pioché pour son *Star Wars* certaines inspirations dans l'univers du Tolkien).

Là où la série d'adaptation *Les Anneaux de Pouvoir* suggère à demi-mot que Sauron aurait pu suivre un chemin différent dans d'autres circonstances, les écrits de Tolkien ne font pas tant dans la nuance : Sauron est un être cruel qui méprise, abhorre même, les mortels, car ce sont des êtres imparfaits, très inférieurs à sa nature primordiale. Et, quand son seigneur et maître Morgoth souhaite « seulement » détruire les créations des Valar, lui désire ardemment les faire plier sous son joug, les mettre au pas, les asservir.

Parmi ses nombreux pouvoirs, la capacité de se métamorphoser afin de tromper la vigilance des mortels est celle dont Sauron use le plus souvent dans les récits. En s'éloignant des écrits originels, *Les Anneaux de pouvoir* y fait néanmoins référence, avec ce « déguisement » d'homme que Sauron emprunte afin de s'attirer la sympathie de Galadriel, puis des habitants de l'île de Númenor. Dans *Le Silmarillion*, Tolkien dépeint Sauron tantôt sous la forme d'un loup, d'un serpent ou bien encore d'un vampire. De même, lorsqu'il s'agit de guider les Elfes pour qu'ils forgent leurs propres anneaux de pouvoir, Sauron prend l'apparence d'un des leurs, se faisant appeler Annatar (« Le Seigneur des Dons »).

Ses capacités surnaturelles en matière de manipulation le servent à maintes reprises, notamment à Númenor durant le Deuxième Âge. D'abord prisonnier, Sauron parvient après sa libération à grimper un à un les échelons du pouvoir jusqu'à devenir le plus proche conseiller du roi… et à renverser la religion en place ! Sous son influence, les Númenoréens prient désormais Morgoth et se rebellent contre les Valar, ouvrant le chemin vers la Guerre de la Dernière Alliance. Sa conclusion (Sauron perdant sa forme corporelle et l'Anneau unique qu'il a lui-même forgé pour contrôler les peuples de la Terre du Milieu) servira de prologue à la trilogie cinématographique de 2001.

Sauron n'est pas un dieu, non. Comme Morgoth, il sera vaincu par son propre orgueil, sous-estimant la volonté et la résistance sans faille des Hobbits. Mais cela n'a pas empêché Tolkien de trouver l'inspiration dans plusieurs récits divins pour créer ses esprits primordiaux. Ainsi, Sauron est souvent rapproché d'Odin, dieu suprême du panthéon nordique, à la fois dieu des Morts, de la Victoire et du Savoir, redoutable sorcier affichant de multiples attributs, tel un anneau source d'inépuisables richesses… et souvent représenté avec un unique œil (le dieu ayant sacrifié l'autre pour pouvoir boire à la fontaine de Mìmir, source du Savoir). Enfin, selon Georges Dumézil, philologue et historien des religions contemporain de Tolkien, plusieurs indices rapprocheraient Sauron de l'archétype du « dieu lieur » dans le légendaire indo-européen, à la fois au sens propre et au figuré. L'indice le plus flagrant étant la magie d'emprise qui entoure l'Anneau unique, résumant à elle seule toute la caractérisation du méchant : « Un Anneau pour les gouverner tous, un Anneau pour les trouver, un Anneau pour les amener tous et dans les ténèbres les lier. »

Lilie Bagage

SCAR

LA PART DU LION

Nom : Scar.
Œuvres : *Le Roi Lion* (1994, Roger Allers et Rob Minkoff), *Le Roi Lion* (2019, Jon Favreau)
Doubleurs VO : Jeremy Irons (1994), Chiwetel Ejiofor (2019).

Antagoniste principal du film d'animation *Le Roi Lion*, Scar est un lion perfide, jaloux et manipulateur, guidé par sa soif de pouvoir et de reconnaissance, qui n'hésite pas à tuer son frère Mufasa pour accéder au trône. Des caractéristiques humaines, trop humaines…

« La vie est injuste, tu vois. Moi hélas, hélas, je ne serai jamais roi. Et toi, tu ne reverras jamais la lumière du jour. Adieu… » Les premières répliques du *Roi Lion,* après la présentation – sans paroles – de Simba aux animaux de la savane, sont prononcées par Scar. L'essence du personnage est résumée dans ces quelques mots : tant son ambition et sa frustration que sa cruauté, s'adressant à une souris qu'il s'apprête à manger, davantage par désœuvrement que par réelle faim.

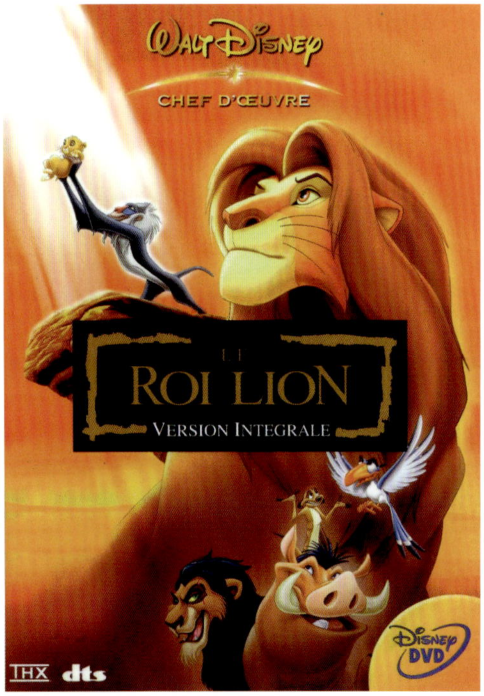

Frère cadet du roi Mufasa, Scar recule encore d'un rang dans l'ordre d'accession au trône à la naissance de son neveu Simba. Paria qui vit à l'écart de la troupe de lions, Scar a semble-t-il développé un complexe d'infériorité vis-à-vis de son frère aîné. Tout les oppose, autant leur physique que leur caractère. Scar est plus mince et anguleux que son frère et la couleur de son pelage différente de toute la troupe de lions et de lionnes le singularise et le place à l'écart. Une large cicatrice barre son œil gauche. Même si on en ignore l'origine[1], cette marque laisse deviner son tempérament belliqueux.

Sarcastique, cynique, arrogant et narcissique, Scar nourrit une profonde jalousie envers son frère. Dévoré par son ambition et sa soif de pouvoir, il est prêt à tout pour régner sur la Terre des Lions, y compris à

[1] Même si l'origine de cette cicatrice est évoquée dans la série *La Garde du Roi Lion* (2016-2019), nous considérons ici que l'analyse du personnage tient principalement au film original, les suites, séries, *comic books* et le film *live* de John Favreau (2019) assurant une continuité davantage commerciale qu'artistique.

faire disparaître son frère Mufasa et son héritier Simba. Pour y parvenir, il sait qu'il ne peut compter que sur son intelligence, ne faisant pas le poids physiquement face à Mufasa. Il préfère donc s'appuyer sur la force du nombre – tant celle de son armée de hyènes que celle des gnous. Scar fomente la mort du roi et de son héritier en manipulant le jeune et naïf Simba. Lorsque celui-ci se retrouve au milieu d'un troupeau de gnous lancé à toute allure, Mufasa n'a pas d'autre choix que de plonger dans le canyon pour le sauver, ce qui causera sa perte – et un traumatisme chez bon nombre d'enfants des années 1990.

Plus qu'un simple méchant de dessin animé pour enfants, Scar incarne les thèmes universels de la jalousie, de la soif de pouvoir et de la trahison. Des thématiques qui font écho à celles de l'histoire d'*Hamlet*[2], une des principales influences du film d'animation Disney, avec *Bambi* – d'où la contraction «Bamblet», utilisée par les équipes travaillant sur *Le Roi Lion*.

Le film Disney partage de nombreux points communs avec l'œuvre de Shakespeare, tant dans les thématiques abordées que dans les arcs des personnages. Dans les deux œuvres, il y a une trahison dans la famille royale : Scar, comme Claudius, assassine son frère pour devenir roi à sa place. L'héritier légitime – Simba comme Hamlet – est en proie à la culpabilité de la mort de son père[3] et doit se battre pour se venger et récupérer son royaume. Et dans les deux histoires, l'antagoniste connaît une fin tragique. Claudius est tué par Hamlet lors d'un duel tandis que Scar est tué par les hyènes après avoir été vaincu par Simba.

En adaptant la trame narrative d'*Hamlet*, *Le Roi Lion* transpose les thématiques de la trahison, de la vengeance et de la rédemption dans un contexte animalier et enfantin, adapté à un jeune public. Scar est ainsi plus sombre que les méchants des films Disney sortis jusqu'alors, qui sont habituellement des personnages extérieurs à la famille du héros, tout au plus une belle-mère jalouse, mais n'appartiennent jamais à la famille de sang du protagoniste.

L'aspect totalitaire et autoritaire de Scar renforce son aspect tyrannique. La chanson *Soyez prêtes*, au son de laquelle les hyènes défilent en rang devant un Scar haut perché qui inspecte ses troupes, convoque l'imagerie fasciste et est une référence directe aux images de propagande nazie.

Une fois au pouvoir, Scar s'avère être un dictateur mégalomane. Celui qui s'estimait plus intelligent et plus digne de régner que son frère révèle qu'il n'a aucune des qualités requises pour être un bon monarque, mais au contraire, toutes les caractéristiques

d'un dictateur. Il muselle son peuple et enferme son opposition : il a interdit de prononcer le nom de Mufasa et enfermé Zazou dans un squelette d'animal.

Se souciant davantage de ses propres besoins que de ceux de son peuple et du bien commun, Scar, devenu roi, mène son royaume à sa perte. En quelques années, la Terre des Lions et sa luxuriante savane sont devenues une terre désolée, sans végétation ni ressources pour son peuple. En laissant les hyènes chasser à outrance, Scar a rompu l'équilibre expliqué par Mufasa à Simba, le fameux cycle éternel.

Bien entendu, au lieu d'en tirer des conclusions et de reconnaître ses responsabilités, il préfère blâmer Sarabi, la mère de Simba, qu'il a nommée responsable de la chasse. Celle-ci lui fait remarquer qu'il n'est pas la moitié du monarque qu'était Mufasa, mettant en évidence le fait que Scar n'a jamais été respecté ni même accepté en tant que roi.

Au retour de Simba, Scar tente à nouveau la manipulation en essayant de lui faire endosser la responsabilité de la mort de Mufasa, avant de lui révéler qu'il est lui-même à l'origine de la mort de son frère. Dans un combat contre Simba, Scar feint la faiblesse pour mieux attaquer son adversaire, puis tente de l'attendrir au nom des liens familiaux qu'il a lui-même bafoués des années auparavant. Ayant grandi, Simba ne se laisse plus manipuler et vainc Scar, le laissant aux hyènes qui se chargent de punir l'usurpateur. La vie est injuste, mais pas cette fois.

Marie Casabonne

[2] *La Tragique Histoire d'Hamlet, prince de Danemark*, par William Shakespeare, 1603.
[3] Tous deux voient apparaître le fantôme de leur père.

Face à Clint Eastwood.

SCORPION

QUAND SAN FRANCISCO S'ALLUME

Nom : Scorpion.
Œuvre : *L'Inspecteur Harry* (1971) de Don Siegel.
Interprète : Andrew Robinson.

Sous un soleil de plomb, la classe moyenne franciscanaise déguste des cocktails et profite de la piscine d'une terrasse de toit. Face à elle, cheveux au vent et regard vissé à sa lunette de tir, Scorpion s'apprête à entrer en jeu.

Portée par la caméra à la fois voyeuriste (le *rooftop*) & chirurgicale (le nid du tireur) de Don Siegel et la musique lancinante et jazzy de Lalo Schifrin, la scène d'ouverture de *L'Inspecteur Harry* (1971) détone comme la déflagration d'un tir de fusil. Le personnage de Scorpion, un tueur énigmatique qui va transformer la ville en son terrain de jeu, observe, domine et agit[1]. Une séquence si forte que Don Siegel peut se permettre immédiatement d'oublier son méchant pendant presque la première moitié du film tant son empreinte persiste dans nos rétines.

Scorpion est l'opposé d'Harry Callahan qui va naître dans le même moule que celui de l'inspecteur de la police de San Francisco. Il est ce qu'exècre Harry, son pire cauchemar personnifié. Harry est réactionnaire, possède un fort sens moral et sa propre vision de la justice. C'est un mâle alpha qui déambule dans les rues de la Golden Gate City avec un hot dog dans une main et un Magnum .44, « le plus puissant soufflant qu'il y ait au monde », dans l'autre. Scorpion, quant à lui, avec ses cheveux ébouriffés, est la personnification des hippies et du flower power, tout en rejetant paradoxalement les valeurs les plus profondes du mouvement phare de la City of Love.

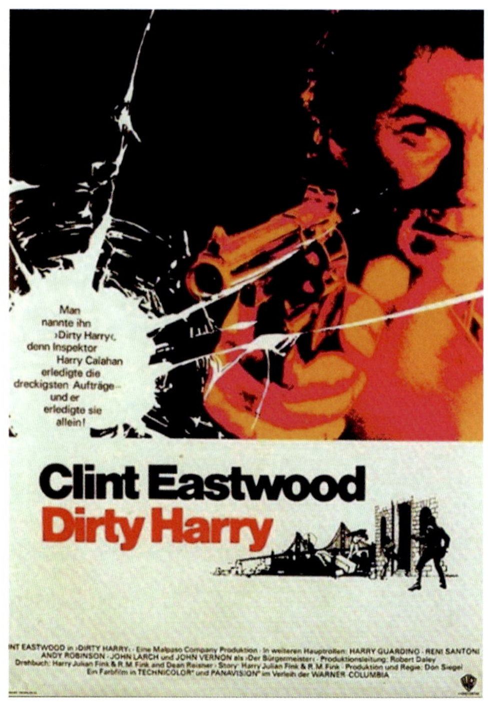

[1] Un procédé introductif que reprendra John McTiernan dans *Une journée en enfer* (1995), troisième opus de la saga *Die Hard* dans lequel Simon (Jeremy Irons) se joue de la ville de New York et de sa police à travers une série d'énigmes.

C'est là encore une différence majeure entre Harry et Scorpion, entre le chasseur et le chassé : Scorpion ne se revendique d'aucun mouvement, ne suit aucun agenda politique. Il possède un mépris, quand ce n'est pas une indifférence prononcée, comme l'expose la scène d'ouverture de la piscine, pour la vie humaine. Il tue sans distinction de genre, d'âge, d'origines sociales ou ethniques. Sa demande de rançon pour l'enlèvement d'une enfant n'a pas vraiment de but. L'argent qu'il pourrait en tirer n'est pas une finalité mais un détail dans le jeu qu'il instaure entre lui et la ville de San Francisco. Si Harry est le produit d'un ras-le-bol d'une génération qui a du mal à s'adapter au changement, Scorpion est la personnification d'une décadence grandissante et d'une jeunesse désabusée qui trouve son existence dans la violence. Sans que le premier ait inspiré le second (les deux films sortant la même année et le script de *L'Inspecteur Harry* existait depuis presque une décennie), on trouve dans le Scorpion du film de Don Siegel de nombreux points communs avec Alex DeLarge[2], le méchant d'*Orange mécanique* : même regard psychotique aux yeux bleus perçants, même tignasse folle, même amour pour l'ultra-violence et même rejet des conventions.

Dans la première version du script[3], appelé un temps *Dead Right*, Travis est un tueur en série new-yorkais qui pousse l'inspecteur Callahan dans ses retranchements et questionne les limites que la justice peut s'imposer à elle-même pour protéger le pays. Le scénario passe entre de nombreuses mains qui le remanient à chaque fois, dont celles de Terrence Malick[4], qui change les motivations de Travis afin de lui faire exécuter les prisonniers qui ont échappé à la justice grâce à leurs fortunes confortables. Vers la fin des années 1960, la côte ouest étasunienne tremble : un mystérieux tueur assassine cinq personnes dans les environs de San Francisco entre décembre 1968 et octobre 1969. S'ensuit un jeu du chat et de la souris avec la police, le tueur envoyant des messages codés aux forces de l'ordre et aux journaux, expliquant que si ces derniers ne sont pas publiés, il fera sauter une bombe, s'attaquera à un bus scolaire... mettra la ville à feu et à sang. Surnommé par la presse le « Tueur du Zodiaque », cet assassin dont on ne découvrira jamais l'identité chamboule le scénario de l'inspecteur Harry de fond en comble : Travis devient Scorpion et subit une influence profonde dans la réécriture de ses actes et motivations (ou de ses absences) : Scorpion envoie des lettres codées à la police, ne possède aucune logique dans le choix de ses victimes... et ira même jusqu'à prendre en otage l'un des fameux bus scolaires jaunes remplis d'enfants. Même Harry subira l'influence de l'affaire, son apparence étant modifiée pour ressembler à l'inspecteur Dave Toschi, le véritable policier qui enquêta sur le Tueur du Zodiaque[5].

Scorpion se retrouve donc au centre d'un important paradoxe qui englobe au passage l'inspecteur qui le traque sans relâche. Une contradiction qui va influer sur la vie des personnages bien au-delà des limites du film, ainsi que sur celles de leurs interprètes. Dans *L'Inspecteur Harry*, Scorpion est un anonyme animé par une volonté ambivalente de sortir de l'ombre, de reconnaissance et à la fois d'anonymat (une influence du Zodiaque) : il veut que l'on parle de lui mais ne donne jamais son nom, il agit la plupart du temps de façon dissimulée et non ostentatoire. La seule fois où le scénario place littéralement Scorpion sous les projecteurs (ceux d'un stade de foot américain), c'est pour lui faire prendre une raclée monumentale par Harry. À l'opposé, l'inspecteur qui voudrait bien vivre et travailler dans l'anonymat est fréquemment nommé dans la presse (là encore, une influence de l'affaire du Zodiaque). On y relate ses arrestations musclées et on l'incrimine pour la raclée précitée.

Au-delà du film, Scorpion est le point de départ de nombreux tueurs en série de cinéma : John Doe[6], Minos (*Peur sur la ville*, 1975, Henri Verneuil), le Joker chez Christopher Nolan... Pourtant, Scorpion est rarement cité dans les ouvrages ou articles traitant de la figure du *serial killer* au cinéma. Il est un oublié de l'histoire de la toile blanche, à l'image de son interprète, Andrew Robinson. L'inspecteur Harry quant à lui influencera tous les flics borderline des décennies suivantes et Clint Eastwood sera accusé de fascisme comme son policier aux méthodes expéditives. À croire que Scorpion aurait dû choisir un autre signe[7] !

François Rey

[2] Voir page 8 pour le portrait d'Alex DeLarge.
[3] Écrite par Harry Julian Fink & Rita M. Fink.
[4] Réalisateur des futurs chefs-d'œuvre *Les Moissons du ciel* (1978), *La Ligne rouge* (1998) et *The Tree of Life* (2011).
[5] Toschi sera aussi une influence pour le personnage de Bullitt, le flic incarné par Steve McQueen dans le film éponyme de 1968 réalisé par Peter Yates.
[6] Voir page 104, l'article sur John Doe de *Se7en*.
[7] L'auteur de ces pages est pourtant né un 14 novembre !

Final Fantasy VII Rebirth.

SEPHIROTH

L'ANGE À UNE AILE

Nom : Sephiroth.
Œuvres : ***Final Fantasy VII* (1997), *Crisis Core: Final Fantasy* (2007), *Final Fantasy VII: Advent Children* (2005), *Final Fantasy VII Remake* (2020), *Kingdom Hearts* (2002).**
Créateur : Tetsuya Nomura.

Pour le créateur de *Final Fantasy VII*, Tetsuya Nomura, il est « l'antagoniste ultime de la saga *Final Fantasy VII* ». Symbole de la destruction, ancien soldat, il est cet ange à l'aile unique dont l'ombre plane sur Cloud et son passé…

Visuel promotionnel de Square Enix.

Nombre d'entre vous se souviennent de la musique emblématique de Sephiroth avant même de se rappeler l'histoire du personnage. Pour beaucoup, il est avant tout le « One-Winged Angel » (en français, Ange à une aile), du titre de la musique épique composée par Nobuo Uematsu. Si cette mélodie caractérise avant tout la version « Safer Sephiroth », soit la version déifiée du personnage, n'apparaissant qu'à la toute fin de *Final Fantasy VII*, elle est emblématique de Sephiroth pour son impact sur la *pop culture* et sur la conception musicale vidéoludique. En effet, du fait des limitations techniques des cartouches de jeu, il était compliqué de créer des musiques instrumentales grandioses. Avec l'arrivée de la toute première PlayStation et des CD pour les jeux, permettant d'augmenter drastiquement la taille de stockage d'un titre (il est totalement possible de mettre un jeu sur plusieurs CD et donc d'y inclure plus d'éléments), la musique prend une autre tournure. Ainsi, le thème de Sephiroth devient *One-Winged Angel*, piste aux sonorités de musique classique, avec un orchestre et même des chœurs chantés, scandant le nom du personnage. Dans une interview présente sur le DVD du film *Advent Children*, Nobuo Uematsu raconte que ses inspirations piochent aussi bien dans l'opéra avec son texte en latin que dans *Purple Haze* de Jimi Hendrix.

Au-delà de son thème musical particulièrement reconnaissable, Sephiroth se construit en miroir de Cloud Strife,

le héros de *Final Fantasy VII*. Il est grand aux cheveux longs et gris quand Cloud est plus petit aux cheveux courts et blonds (il devait à l'origine avoir les cheveux courts et noirs). Sephiroth manie une arme légère, un *ôdachi*, type de sabre japonais utilisé par les samouraïs du Japon féodal. Cloud, lui, préfère une grande épée broyeuse. Mais tous deux sont intimement liés : surgi du passé de Cloud, Sephiroth reste, pendant toute la première partie du jeu, une présence à la lisière de la mémoire de Cloud, un souvenir dont le héros questionne la réalité, issu de son passé. Car avant de devenir l'antagoniste à la soif de pouvoir, Sephiroth était le mentor de Cloud. Le modèle à atteindre et à dépasser. La quête de Cloud prend alors une autre dimension : le maître est devenu l'ennemi, l'élève doit l'abattre.

Au-delà de la métaphore du passage à l'âge adulte et de la mémoire (qui revient progressivement à Cloud au fur et à mesure du jeu), Sephiroth possède une *origin story* aussi tragique qu'essentielle. Soldat d'élite de la Shinra, une puissante compagnie qui exerce une forme d'autorité sur le monde par l'exploitation de l'énergie Mako, Sephiroth est un symbole : un héros de guerre dont la puissance, la force et le charisme le caractérisent. Mais rapidement, Sephiroth apprend son passé sombre. Il est le fruit d'une expérience visant à lui implanter des cellules d'une entité extraterrestre nommée Jenova. L'univers de *Final Fantasy VII* est complexe : en mettant en avant la Shinra comme une méga-corpo exploitant l'énergie de la planète jusqu'à la tuer, Sephiroth, qui lutte lui aussi contre la Shinra, apparaît par moments comme un ange destructeur qui a la même mission que Cloud. Certains passages cultivent l'ambiguïté, même si la violence avec laquelle Sephiroth incendie des villages tend à le faire voir comme un antagoniste puissant.

Final Fantasy VII Remake.

Mais le véritable but de Sephiroth est bien de devenir une entité divine utilisant l'énergie de la planète à sa propre gloire et puissance. Il tient d'ailleurs son nom de la kabbale, « Sephiroth » désignant dans le texte hébreu une «puissance créatrice censée émaner d'une énergie universelle» selon les explications de Wikipedia. Cette énergie, c'est la Mako, bien entendu. Mais pour parvenir à ses fins, Sephiroth a l'intention d'invoquer le Météore, un immense astéroïde qui doit s'écraser sur la planète pour libérer la Rivière de la Vie, source d'énergie nécessaire à Sephiroth pour devenir divin.

Son charisme, sa silhouette s'éloignant au milieu des flammes de l'incendie qu'il cause, la force des cinématiques, premières du genre à apparaître dans le jeu vidéo, renforcent l'aura du personnage. Son omniprésence, jouant sur l'évocation de ce qu'il a fait, sur quelques images et mentions apparaissant à certains moments clés, fait monter le suspense et la crainte tant des joueurs que des personnages : il est là, mais a toujours une longueur d'avance, manipule l'esprit de Cloud. La duplicité froide avec laquelle il évolue et met en place ses plans est d'autant plus glaçante qu'elle fonctionne aussi sur les joueurs : ne sommes-nous pas, nous aussi, en train de nous faire duper ?

Bénédicte Coudière

Masters of the Universe: Revelations.

SKELETOR

LE JOUET MÉCHANT ICONIQUE DES ANNÉES 1980

Noms : Skeletor, Keldor, seigneur de la destruction.
Œuvres : *Les Maîtres de l'univers* (1983-85), *She-Ra, la princesse du pouvoir* (1985-1986), *Les Maîtres de l'univers* (1987, Gary Goddard), *Masters of the Universe: Revelations* (depuis 2021).
Doubleurs et interprètes principaux : Alan Oppenheimer (série de 1983), Mark Hamill (série de 2021), Frank Langella (film de 1987).

Dans la galaxie des méchants de gammes de jouets et des dessins animés inspirés qui ont pullulé au cours des années 1980, Skeletor est l'archétype fondateur du tyran machiavélique. Qui se cache derrière le crâne de l'ennemi juré de Musclor ?

Skeletor est l'antagoniste principal de la franchise *Les Maîtres de l'univers*. Au cours de nombreux dessins animés, *comics* et films, ce démon n'a de cesse de vouloir découvrir le secret renfermé dans le château des ombres, un haut lieu de magie, afin de conquérir la planète Eternia, dirigée par le bon roi Randor. Sur son chemin se dresse Adam, le prince d'Eternia et défenseur du secret du château des ombres qui, lorsqu'il lève son glaive magique et cri « Par le pouvoir du crâne ancestral », se transforme en Musclor[1], un héros à la force fabuleuse.

Les Maîtres de l'univers trouve son origine dans la volonté de la marque Mattel de capitaliser sur la popularité des *comics Conan le Barbare* et dans la mode du « *Sword and Sorcery*[2] » afin de créer une gamme de jouets. Il n'est donc pas surprenant de voir que Skeletor, le méchant principal de la série[3], est inspiré du Thulsa Doom originel comme écrit par Robert E. Howard en 1928 dans *Le Chat et le crâne*, une histoire refusée, avant que le personnage ne revienne affronter Kull le Conquérant[4].

[1] He-Man, dans la version originale.

[2] Littéralement « épée et sorcellerie » : branche de l'*héroic fantasy* dont les aventures sont souvent vécues par des héros musclés et violents, affrontant des forces surnaturelles. La magie y est maléfique et toujours détenue par l'ennemi.
[3] Nous parlons ici de la ligne de jouets originelle sortie entre 1982 et 1988 et de la série qui en fut tirée entre 1983 et 1985 par la compagnie de production Filmations.
[4] Voir le portrait consacré à Thulsa Doom.

Skeletor n'est pas le premier « méchant de dessin animé » des années 1980 à évoluer dans un monde de *fantasy* ou de science-fiction – on pourrait attribuer ce titre à Overlord, antagoniste principal de la très courte série *Blackstar* (1981) –, mais il est le premier à s'imposer. Il laisse une empreinte si indélébile que la majorité des antagonistes issus d'une série animée destinée à faire vendre des jouets vont reprendre ses caractéristiques. Tex Hex (*Bravestarr*, 1987-1988), Mumm-Ra (*Cosmocats*, 1985-1989), Mon-Star (*Silverhawks*, 1986), Mégatrons (*Transformers*, 1984-1987) ou encore Cobra (*G.I. Joe*, 1983-1986) sont les exemples les plus marquants de ses successeurs. Même Shredder, l'ennemi juré des Tortues Ninja, se voit imposer un changement drastique de son caractère lors du passage des comics vers la série animée (1987-1996), afin de ressembler à Skeletor.

Les dessins animés des années 1980 aimaient transmettre une moralité bon enfant à leurs jeunes téléspectateurs. Les plans machiavéliques de Skeletor devenaient alors la perche tendue vers Musclor pour que ce dernier puisse délivrer une gentille morale en fin d'épisode, vantant les valeurs de l'amitié, de la persévérance, de la générosité ou de tout autre sentiment bienveillant. Avec son aspect cadavérique, son appétence pour la magie (et l'humour) noir, un goût prononcé pour la domination et l'humiliation de ses troupes (un vrai manager toxique), Skeletor est un protagoniste tenace et terrifiant. C'est un adepte du bon mot qui rabaissera son entourage et ses ennemis ; soit l'opposé des citations inspirantes et des messages positifs de Musclor.

Cette pratique donnera naissance, quatre décennies plus tard, au fameux meme internet *Skeletor : until we meet again*[5], qui voit le squelette délivrer une *punchline* destructrice avant de s'enfuir en courant en nous donnant rendez-vous. Devenir un meme internet est la preuve qu'au fil des années, Skeletor est devenu une icône de la *pop culture* et lui permet d'appuyer son impact collectif alors que la franchise a disparu du premier plan à la suite de plusieurs choix artistiques malheureux.

[5] Skeletor : À la prochaine.

Les Maîtres de l'univers, la série de 1983.

Frank Langella dans *Les Maîtres de l'univers.*

Vers la fin de la première série *Les Maîtres de l'univers*, Skeletor devient la victime de la surenchère propre à la décennie qui l'a vu naître. En 1985, Filmations offre aux *Maîtres de l'univer*s une suite avec la série jumelle *She-Ra*, la princesse du pouvoir. Qui dit nouvelle série dit nouveau méchant, en la personne d'Hordak, tyran ayant réussi là où Skeletor a toujours échoué : contrôler une planète entière. Ce nouveau venu installe une hiérarchie (Skeletor devient un ancien apprenti d'Hordak) et un rapport de force dépréciatif pour celui qui voulait devenir « maître de l'univers ». De plus, en offrant des origines à Skeletor, Filmations élimine tout le mystère qui planait sur le sorcier décharné.

Par la suite, plusieurs *comics* et séries tenteront en vain de réhabiliter ce seigneur de la destruction en lui offrant une grandeur shakespearienne : Skeletor serait un ancien éternien du nom de Keldor, oncle d'Adam, devenu victime d'une force maléfique alors qu'il explorait un monde parallèle à la recherche de puissantes magies noires. Revenu sur Eternia, il n'aurait d'autre but que de renverser le trône. L'arrêt de la série ne permet pas d'ancrer cette mise à jour dans la mémoire collective. Le film de cinéma sorti en 1987 est le dernier clou planté dans le cercueil de Skeletor. En déplaçant l'histoire de la magique Eternia vers la Terre des années 1980 par un procédé scénaristique appelé « nous n'avons pas le budget pour faire un vrai film d'aventures », et en réduisant la présence de Skeletor à une poignée de minutes, le tyran est désossé de son ADN terrifiant.

Au cours des décennies suivantes, Mattel tente de faire revivre sa licence mais échoue à chaque tentative, laissant Skeletor dans un abîme sans fond. Il faut attendre 2021 et la reprise de la série par Netflix. Dans *Masters of the Universe: Révélations*, le réalisateur adepte de la *pop culture* Kevin Smith développe une suite directe de la série des années 1980. Doublé par Mark Hamill (Luke Skywalker, le Joker dans les versions animées de *Batman*), son Skeletor devient à nouveau dangereux, machiavélique et psychopathe. Tout ce qu'on pouvait lui souhaiter !

François Rey

Margaret Hamilton.

LA MÉCHANTE SORCIÈRE DE L'OUEST

PETITE SORCIÈRE DEVIENDRA GRANDE

Noms : Méchante sorcière de l'Ouest, Elphaba, Theodora, Evilene, Zelena.
Œuvre : *Le Magicien d'Oz* (1900)
Créateur : L. Frank Baum.

C'est l'histoire d'une ascension fulgurante, la carrière inattendue d'une sorcière anonyme et trouillarde, qui aurait pu rester anecdotique, devenue un des plus grands méchants de la littérature, du cinéma et de la télévision. Voici donc la méchante sorcière de l'Ouest, née en 1900 sous la plume de L. Frank Baum.

À l'origine, l'auteur souhaite écrire un récit joyeux : « Un conte de fées modernisé qui, tout en conservant l'émerveillement et la joie propres au genre, en bannisse les chagrins et les cauchemars ». En effet, son personnage le plus effroyable se révèle assez léger vis-à-vis des quatre héros du *Magicien d'Oz*. De plus, la sorcière n'apparaît réellement qu'au chapitre 12 et s'évapore au bout de quelques pages.

Elle cumule pourtant tous les clichés de la sorcière malfaisante : repoussante, borgne, tyrannique ; sa réputation ombrageuse et ses abominables méfaits la précèdent. Or, dans le roman d'origine, elle endosse le rôle ingrat de faire-valoir. Représentant l'antagoniste de Dorothy, que l'angélique enfant est chargée de détruire, on ignore son histoire. On sait juste qu'elle est assez puissante pour asservir son peuple et avoir chassé Oz du pays de l'Ouest. Elle ne représente qu'une des épreuves qui jalonnent le parcours de l'héroïne, même si elle en est une importante.

Effrayante, avec son unique œil capable de voir toute l'étendue de son royaume, elle possède des attributs aux pouvoirs modérés : un vieux parapluie avec lequel elle frappe ses esclaves (et se protège de la pluie) ; une coiffe dorée qu'elle a dérobée, pouvant exaucer seulement trois vœux ; et un sifflet enchanté qui commande à une volée de corbeaux, un essaim d'abeilles ou une meute de loups, et dont chacun des sorts va permettre aux protagonistes de montrer leur valeur.

Au lieu de les affaiblir, chacune de ses actions agit comme un révélateur de leurs forces cachées.

Ainsi se rend-on compte que sa magie réside dans des objets extérieurs à elle, souvent usurpés, et qu'elle n'a qu'une portée réduite : loups, abeilles et corbeaux échouent piteusement; c'est par la force des singes volants, exauçant les vœux du propriétaire de la coiffe d'or, qu'elle est devenue autocrate en son pays et a fait fuir Oz, lui-même bien peu puissant. La légende ainsi créée et la peur qu'elle inspire lui assurent l'obéissance des Ouinkiz.

Mais ce qui restreint le plus sa puissance, c'est sa propre peur. Aucun lecteur ne saurait rester effrayé par une sorcière qui sursaute devant la marque du baiser sur le front d'une enfant, frémit devant des souliers magiques, s'enfuit devant un lion qui rugit, qui a peur du noir et... de l'eau! Bien que toutes les régions du pays d'Oz et le magicien lui-même tremblent devant son nom, la sorcière de l'Ouest a un point faible improbable : un élément aussi commun et inoffensif que l'eau suffit à causer sa perte.

Mais pourquoi l'eau, alors que les sorcières ont plutôt la réputation de périr par le feu? On pense d'abord au symbole de la pureté, l'eau bénite détruisant le mal. Et puis le feu est dangereux pour n'importe qui, alors qu'un seau d'eau n'a jamais tué personne. On peut y voir aussi l'écho du supplice de l'eau réservé aux sorcières dans certains cas au XVe siècle. Une autre explication donnée dans le livre est que son corps est tellement sec que même son sang s'est asséché. L'eau devient alors son plus grand ennemi.

La carrière de l'horrible souveraine décolle en 1939 à la sortie de la comédie musicale de Victor Fleming[1]. Le conte avait déjà connu un joli succès, s'offrant même le luxe d'être censuré à deux reprises. Le film s'écarte un peu du livre en offrant une place beaucoup plus importante à la sorcière qui apparaît cette

[1] *Le Magicien d'Oz*, film de Victor Fleming, 1939, avec Judy Garland, Margaret Hamilton...

Une version modernisée dans la série *Once Upon a Time* (Rebecca Mader).

fois dès le début de l'histoire, dans la tornade, comme un avatar de Miss Gulch, cette vieille mégère hostile à Dorothy. Elle gagne un visage aiguisé à la peau verte, un rire démoniaque, des tours qui ne manquent pas leur cible et elle affronte Dorothy à de multiples reprises.

Par la suite, le personnage n'a cessé d'intriguer et de prendre de l'épaisseur. En 2003, *Wicked*, la comédie musicale[2] tirée du livre du même non de Gregory Maguire[3], lui donne un nom et un passé, contant le chemin qui conduit une talentueuse enfant mal-aimée à basculer du mauvais côté de la magie, faisant d'elle une sorte d'Anakin Skywalker.

La saison 3 de *Once Upon a Time*[4] centre son intrigue sur cette sorcière abandonnée, recueillie par une famille adoptive, son tempérament jaloux et une noire prophétie. Idem dans le film *Le Monde fantastique d'Oz*[5], où elle est présentée sous le nom de Théodora, comme une jeune femme au cœur tendre, trahie par un goujat. Quand son cœur se brise, les larmes brûlent son doux visage. C'est alors que sa propre sœur, la sorcière de l'Est, la piège sous prétexte d'alléger sa souffrance. Elle se transforme en horrible sorcière hurlante et vengeresse.

De personnage secondaire méritant une vingtaine de pages, la méchante sorcière de l'Ouest est progressivement passée au rang de personnage principal à la psychologie complexe et torturée, bien souvent liée à la jalousie ou à une déception amoureuse.

Hélène Alméras

[2] *Wicked*, comédie musicale de Stephen Schwartz, 2003, mise en scène de Joe Mantello, chorégraphie de Wayne Cilento, avec Idina Menzel, Kristin Chenoweth, Joel Grey.
[3] *Wicked : la véritable histoire de la méchante sorcière de l'Ouest*, de Grégory Maguire, 1996.
[4] *Once Upon a Time*, série créée par Edward Kitsis et Adam Horowitz, avec Ginnifer Goodwin, Lana Parrilla, Rebec-ca Mader, Robert Carlyle...
[5] *Le Monde fantastique d'Oz*, 2013, film de Sam Raimi, avec James Franco, Mila Kunis, Rachel Weisz...

STRELNIKOV

LE GRIZZLI DE SIBÉRIE

Nom : Strelnikov, Pavel « Pacha » Antipov.
Œuvres : *Le Docteur Jivago* (roman, 1957, Boris Pasternak), *Le Docteur Jivago* (film, 1965, David Lean).
Interprète : Tom Courtenay.

Dans *Le Docteur Jivago*, la Russie se déchire et plusieurs hommes vont se disputer le cœur d'une femme : Lara. Parmi eux, Pacha Antipov, un idéaliste que le conflit aura transformé en une machine de guerre : Strelnikov.

Pacha Antipov/Strelnikov est l'un des personnages les plus intéressants de *Docteur Jivago*, le roman de Boris Pasternak publié en 1957, puis du film que réalisera David Lean sorti en 1965. Tout comme son pays d'origine au tournant de la révolution russe (1917-1923), Pacha Antipov va voir sa vie chamboulée, perdre ses illusions et devoir effectuer une révolution, au sens propre du terme, afin d'écrire son histoire. Pour cela, le jeune homme va devoir se créer une nouvelle identité.

Alors qu'il n'est qu'un adolescent idéaliste amoureux de sa voisine Lara, Pacha doit faire face à deux terribles événements. Lors d'une manifestation pacifique menchévique[1], Pacha est victime de la répression violente des soldats du tsar qui tirent et chargent la foule. Il vole un pistolet perdu par un soldat et demande à Lara de le cacher pour lui. Pacha fait son premier pas dans le monde de la violence et promet à sa fiancée que le pacifisme ne mènera à rien ; qu'il est derrière lui. Peu de temps après, alors qu'il est sur le point d'épouser Lara, Pacha apprend que Victor Komarovsky, un riche avocat ami de la famille, a violé la jeune fille, jaloux de son futur mariage. Lors d'un rassemblement mondain, auquel assiste le docteur Jivago, Lara tire et blesse Komarovsky avec le pistolet qu'elle dissimulait pour Pacha. Pacha épouse Lara mais ne peut se contenter d'un amour inconditionnel. Lui qui n'a pas su défendre l'honneur de sa

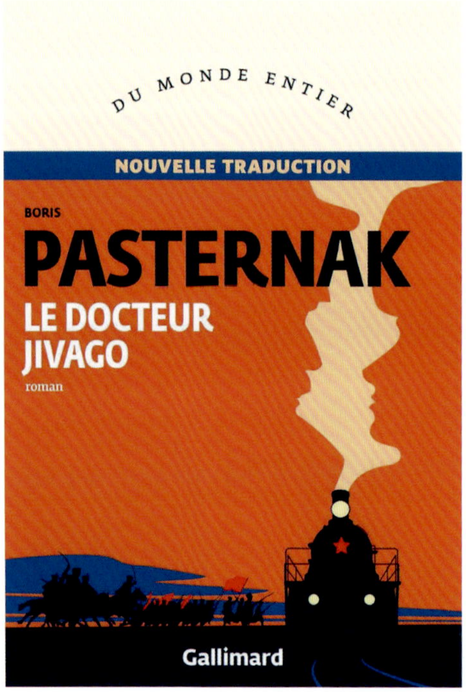

[1] Courant socialiste minoritaire en opposition aux bolchéviques de Lénine majoritaire. Les menchéviques prônent un parti ouvert à tous, là où les bolchéviques restent plus élitistes dans le choix de leurs révolutionnaires. Les deux courants sont contre le tsar et le pouvoir en place.

femme rejoint l'armée russe afin d'affronter l'Allemagne lors de la Première Guerre mondiale et disparaît. Alors que tout le monde le croit mort, il décide de se créer une nouvelle identité.

Quelques années plus tard, un terrible général bolchévique parcourt le front à bord d'un train blindé dont la locomotive est ornée de peinture rouge, le redouté Strelnikov[2]. Le jeune garçon idéaliste est devenu un homme d'action qui n'hésite pas à se salir les mains. Obnubilé par la création d'une Russie épurée de ses vices, Strelkinov participe à la mise à feu et à sang du pays. Un village est reconnu comme aidant le camp ennemi? Strelnikov réduit en cendres le premier village sur son chemin. Lorsque, après avoir recroisé le chemin du docteur Jivago, ce dernier lui fait remarquer qu'il massacre des innocents, Strelnikov lui rétorque que seul le résultat compte. Un massacre servira toujours d'exemple. Que les victimes soient coupables ou non n'est qu'un détail. Alliés comme ennemis le surnomme «Rasstrelnikov», le «bourreau» et il s'en réjouit. Au fond de lui, Strelnikov n'a jamais cessé d'aimer Lara et de se sentir rabaissé par les forces lui faisant face : les divers mouvements politiques qu'il a dû affronter et les hommes plus riches et puissants que lui, personnifiés par Komarovsky. Par un puissant complexe d'infériorité, Strelnikov s'est persuadé qu'il ne pourra revenir chez lui et mériter l'amour de Lara qu'une fois qu'il sera couvert de gloire.

Dans l'œuvre de Boris Pasternak, Lara est métaphore de la Russie qui se déchire entre plusieurs partis. Objet de désir et d'amour (de Jivago à Antipov/Strelnikov ou même son agresseur, tout le monde l'aime), c'est une force qui doit lutter et accepter des compromis pour survivre. Strelnikov est lui le symbole de la révolution qui n'a d'autre choix que d'abandonner son pacifisme pour embrasser l'impitoyabilité, enfouissant ses dilemmes, ses contradictions sous un tapis de neige afin de ressortir victorieux et d'offrir le meilleur avenir possible à Lara/la Russie. Dans le film de David Lean, la révélation de l'identité de Strelnikov est terrifiante : Pacha, le jeune idéaliste aimé par son entourage, est devenu un bourreau sanguinaire, dont la peur précède l'arrivée. Dans une scène saisissante, le train abritant Strelnikov coupe l'écran et le paysage en deux, comme la révolution et la guerre le font avec le pays. À son bord, Strelnikov, alors dans le wagon de queue, est tourné vers l'arrière. Ce redoutable général ne peut que regarder le passé de la Russie disparaître sous ses yeux, sans savoir où sa quête l'emmène. Pour écrire le personnage de Strelnikov, Boris Pasternak va s'inspirer de grands leaders politiques de la révolution russe, dont Léon Trotsky, qui, avant de se faire bannir de Russie en 1928 et assassiné sur ordre de Staline en 1940, parcourut le front russe dans un train blindé.

[2] Un nom qu'il invente d'après le mot *«strelok»*, soit le «tireur» en russe.

Personnage de cinéma marquant à travers le film de David Lean, Strelnikov est une influence pour ces grands méchants qui ont trahi leurs convictions et construit des empires pour l'amour d'une femme et la peur de ne plus la revoir, tel Anakin Skywalker/ Dark Vador dans les épisodes 2 et 3 de *Star Wars*[3]. Dans *L'Aube rouge* (1984), qui voit une bande d'adolescents du Colorado former un groupe de résistants à la suite d'une invasion russe, John Milius, le réalisateur, appelle l'un de ses méchants principaux le «colonel Strelnikov».

En accomplissant sa révolution personnelle évoquée dans le premier paragraphe, Strelnikov se détache finalement du parti bolchévique qui l'a vu naître. Sous son pseudonyme guerrier, Pacha Antipov est devenu une individualité forte qui n'a plus sa place dans un pays qui se reconstruit par l'appartenance de masse et l'unité prônée par les Soviétiques. Comme il le dit à Jivago lors de leur ultime rencontre : «La vie personnelle est morte en Russie, tuée par l'Histoire.» Strelnikov sait qu'il est devenu une gêne pour ses camarades. Antipov décide d'effacer Strelnikov de l'Histoire en se tirant une balle dans la tête. Un geste aux apparences de désespoir qui en réalité est une triste rédemption : la légende meurt et ressuscite le temps de quelques secondes l'homme qui vivait d'un amour pur pour Lara.

François Rey

[3] Voir le portrait de Dark Vador, page 50.

Robert Patrick dans *Terminator 2 : Le Jugement dernier*.

T-1000
LA MÉCANIQUE DES FLUIDES

Nom : T-1000.
Œuvres : *Terminator 2 : Le Jugement dernier* (1991, James Cameron), *T2-3D : Battle Across Time* (court métrage accompagnant une attraction, 1996-2020), *Terminator Genisys* (2015, Alan Taylor).
Interprète : Robert Patrick (1991, 1996-2020), Lee Byung-hun (2015).

Androïde pouvant changer de forme, de voix et se régénérer, le T-1000 est le plus puissant des Terminator. Un bijou de technologie qui rend obsolète son prédécesseur le T-800 et incarne, en coulisses, la naissance d'une révolution des effets spéciaux.

Nouveau prototype d'androïde créé par l'intelligence artificielle Skynet, le T-1000 est le plus sophistiqué des Terminator. Il est envoyé dans le passé, en 1995, afin de tuer le jeune John Connor (Edward Furlong), futur chef de la résistance humaine dans la guerre qui oppose les derniers survivants aux machines après l'holocauste nucléaire de 1997.

Impossible d'aborder le T-1000 sans parler de son prédécesseur, le T-800, incarné par Arnold Schwarzenegger dans le film précédent, *Terminator*[1]. Dans ce premier opus, le T-800 voyageait lui-même dans le passé afin d'arriver en 1984, cette fois, pour éliminer Sarah Connor (Linda Hamilton), future mère de John Connor. Dans *Terminator 2 : Le Jugement dernier*, un T-800 reconfiguré est à nouveau envoyé dans le passé pour protéger John face au T-1000, passant ainsi d'antagoniste à héros.

Deux générations d'androïdes et deux technologies s'affrontent donc dans *Terminator 2*. Le premier Terminator, mécanique, profitait de la solide silhouette bodybuildée d'Arnold Schwarzenegger pour représenter un homme-machine indestructible au squelette de fer. Ce puissant cyborg est pourtant presque rendu obsolète par son successeur le T-1000, incarné par Robert Patrick, un acteur à la stature bien moins imposante.

[1] Réalisé par James Cameron et sorti en 1984.

Lee Byung-hun dans *Terminator Genisys*.

Prouesse technologique, le T-1000 n'a pas besoin d'une carrure et d'une force physique impressionnantes pour être un adversaire aussi redoutable qu'effrayant. Son corps de métal liquide, constitué d'un alliage polymimétique, lui permet de prendre l'apparence de n'importe quel objet ou être vivant de la même taille que lui. Contrairement au T-800, le T-1000 n'utilise jamais d'arme à feu. Son propre corps est son arme : il peut transformer sa main ou son doigt en lame tranchante. Et comme son prédécesseur, il peut imiter n'importe quelle voix, ce qui fait de lui une menace pernicieuse qui peut s'infiltrer partout pour attaquer sans être reconnue. Sa forme liquide n'offre pas de résistance aux balles qui le traversent, le déchirent et éclatent sa chair avant que celle-ci ne se reforme. Même criblé d'impacts de balles, le T-1000 peut courir aussi vite qu'une voiture lancée à pleine vitesse. Il peut également se liquéfier pour passer sous une porte ou traverser une grille. Rien ne l'arrête.

Ancien antagoniste, le T-800 est reprogrammé pour sauver John Connor et l'humanité tout entière. L'androïde incarné par Schwarzenegger passe ainsi du rôle d'implacable machine à tuer à celui de figure paternelle pour le jeune John face au T-1000. Tout au long du film, et au contact de John, le T-800 va peu à peu se découvrir une certaine humanité et comprendre la valeur d'une vie humaine. À l'inverse, le T-1000 apparaît en contrepoint totalement inhumain, froid, implacable, usurpant l'apparence de différents humains pour mieux tuer tous ceux qui se trouvent sur son chemin.

Ses caractéristiques sans précédent en font un ennemi impossible à tuer – ou presque. Aspergé d'azote liquide et congelé, il reçoit une balle tirée par le T-800. Son corps explose en fragments métalliques, qui se recomposent quelques instants plus tard. Une chute dans la cuve de métal en fusion finira par venir à bout de cet antagoniste increvable.

Si *Terminator 2* met en scène l'affrontement de deux technologies via deux générations de Terminator, le film oppose également, dans sa fabrication, deux types d'effets spéciaux. Créature mécanique, le T-800 représente les effets physiques tandis que le T-1000, version plus évoluée, incarne l'avenir du cinéma : les effets numériques.

L'idée d'un T-1000 surpassant le T-800 étant déjà présente dans l'esprit de James Cameron dès la réalisation de Terminator en 1984. Mais le budget restreint du premier vrai long métrage[2] du réalisateur canadien ne lui permettait pas de réaliser un film à la hauteur de ses ambitions. Le succès au box-office de *Terminator* – plus de 78 millions de dollars de recettes pour un budget de 6,4 millions – lui permet de mettre sa vision en images sept ans plus tard, avec une suite qui égale, voire surpasse, l'original. Entre-temps, James Cameron réalise *Aliens* et surtout *Abyss*, qui lui sert notamment de base pour expérimenter la technique du morphing avec le pseudopode, la créature en forme de colonne d'eau qui reproduit les visages et les expressions. Un galop d'essai concluant le temps d'une scène, qui lui permet d'utiliser cette nouvelle technologie pour le T-1000 tout au long du film, grâce au budget colossal de *Terminator 2* – premier film à dépasser les 100 millions de dollars de budget à l'époque, avec 102 millions. Si les métamorphoses du T-1000 sont spectaculaires pour 1991, Cameron n'abuse pas des effets spéciaux numériques naissants, supervisés par Dennis Muren. Seulement 47 plans en contiennent. L'équipe du studio Stan Winston a recours à de nombreux effets physiques à l'ancienne, comme l'utilisation de jumeaux pour jouer les doubles. Leslie Hamilton, la sœur de Linda, apparaît ainsi à plusieurs reprises dans le film, de même que Don et Dan Stanton, dans le rôle du gardien de l'hôpital qui meurt près de la machine à café et de son double.

Cet équilibre vaut à *Terminator 2* d'être nommé dans les plus prestigieuses cérémonies et de recevoir plusieurs dizaines de prix, dont l'Oscar des meilleurs effets et celui des meilleurs maquillages.

En véritable pionnier, James Cameron utilise une technologie de pointe, expérimente et met en scène une dystopie dont l'antagoniste fait une nouvelle fois figure de mise en garde contre les dérives de la technologie et la militarisation de l'intelligence artificielle. Si le T-1000 cristallise déjà en 1991 des craintes encore pertinentes aujourd'hui, il n'est cependant que le révélateur des abus commis par l'homme – un thème récurrent dans l'œuvre du réalisateur –, rappelant encore une fois qu'il n'y a de destin que ce que nous faisons.

Marie Casabonne

[2] Avant *Terminator* (1984), James Cameron a réalisé *Piranha 2 : Les Tueurs volants* (1981), suite du *Piranhas* de Joe Dante (1978). Le producteur Ovidio G. Assonitis s'appropria cependant la mise en scène et le montage du film, qui fut malgré tout signé par Cameron, mis à l'écart de la production.

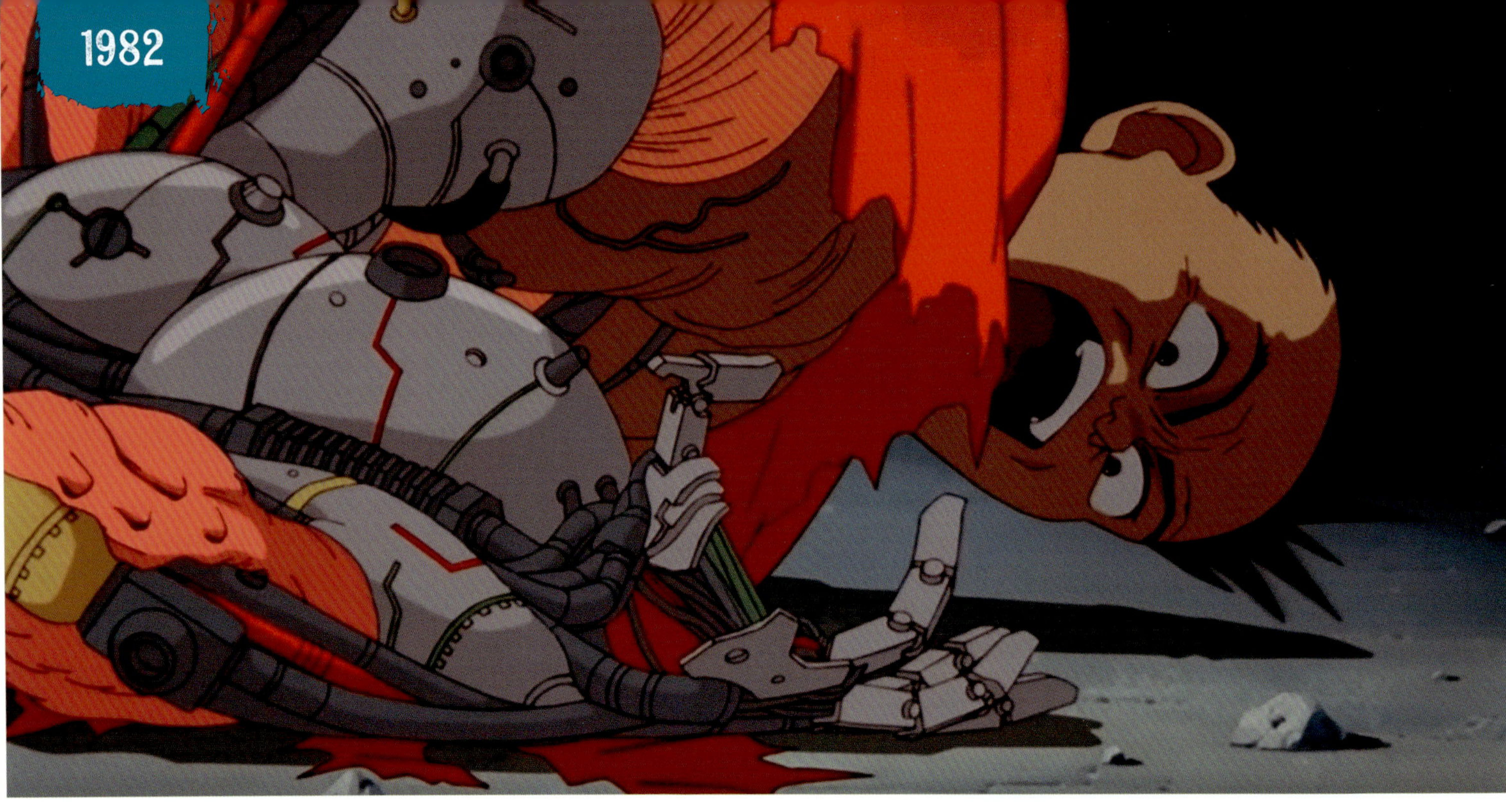

TETSUO

GÉNÉRATION PERDUE

Noms : Tetsuo Shima, Numéro 41.
Œuvres : *Akira* (manga, 1982-1990), *Akira* (film, 1988).
Créateur : Katsuhiro Ôtomo.

Chef-d'œuvre de la science-fiction, *Akira* de Katsuhiro Ôtomo va voir se détacher deux figures emblématiques de la culture japonaise : Kaneda, le protagoniste au blouson rouge iconique, et Tetsuo, adolescent torturé et grand méchant du récit.

Akira est l'une des œuvres les plus dantesques de la culture manga. C'est une fresque dramatique qui mêle le destin de dizaines de personnages qui se termine par un affrontement aux allures homériques. L'opposition entre Kaneda et Tetsuo, le méchant de l'histoire, au cours des 2 200 planches qui composent *Akira*, est un sommet d'action et d'émotions. Katsuhiro Ôtomo en réalise un film en 1988, qui devient l'étendard à travers le monde d'une vision plus « adulte » de la culture *anime* contemporaine. Dans celui-ci, le récit se recentre sur l'antagonisme entre Kaneda et Testuo et expose la rage d'un adolescent devenu l'un des plus grands méchants du cinéma japonais.

En 2019, Neo-Tokyo[1] est devenue une mégalopole gangrenée par des gangs violents et par un pouvoir corrompu dominé par une omniprésence de l'armée. Les habitants survivent tant bien que mal, ouvrant la voie à une résistance contestataire et armée. Kaneda, un lycéen rebelle et chef d'un gang de motards, passe ses nuits accompagné de son groupe, dont son meilleur ami Tetsuo, à foncer sur les grands axes neo-tokyoïtes et à affronter les bandes rivales. Au cours de l'une de ces expéditions, Tetsuo décide de prendre la tête du cortège et est victime d'un accident en voulant éviter de justesse un mystérieux enfant poursuivi par l'armée. Blessé, Tetsuo

[1] Dans la dystopie imaginée par Ôtomo, Tokyo est détruite en 1988 par l'explosion d'une bombe d'un nouveau genre dans la région du Kanto, qui déclenche la troisième guerre mondiale.

est enlevé par les militaires qui vont l'utiliser pour leurs expérimentations et le renommer « Numéro 41 ». Petit à petit, l'adolescent se découvre des pouvoirs de psychokinésie, de télépathie et d'autoguérison. Sa puissance grandissante, Tetsuo va apprendre également à se téléporter.

Comme la majorité des adolescents qui peuplent les pages d'*Akira*, Tetsuo est un orphelin livré à lui-même dans un monde qui ne le comprend plus. Il est la cristallisation d'une métaphore de la jeunesse abandonnée par le Japon qui fait face à toute forme d'autorité avec parfois une grande violence. Une fois ses pouvoirs acquis, Tetsuo rejette l'armée, qui a fait de lui une bête de foire, et ses amis ; particulièrement Kaneda.

Ancien enfant brimé, battu et harcelé, Tetsuo a dû compter sur Kaneda depuis l'école maternelle pour le protéger et le sortir de situations compliquées. Cet adolescent introverti, frustré d'être toujours le plus faible que les autres doivent protéger, va briser ses chaînes, s'émanciper de ses frustrations à la découverte de ses pouvoirs. Mais cette confiance et cette force acquises artificiellement vont inverser le paradigme et Testuo devient un tyran qui agresse avec violence ses ennemis et ses anciens amis. Tetsuo n'est bienveillant qu'avec les autres enfants ayant subi des expérimentations – dont le mystérieux Akira – tant que ces derniers ne rejoignent pas les rangs de ses opposants. Car aussi puissant qu'il soit devenu, Tetsuo reste un être dont le besoin des autres est indéniable. La corruption par ses nouveaux pouvoirs alimente une nouvelle arrogance qui cohabite avec son sentiment d'infériorité et dévore l'adolescent à petit feu.

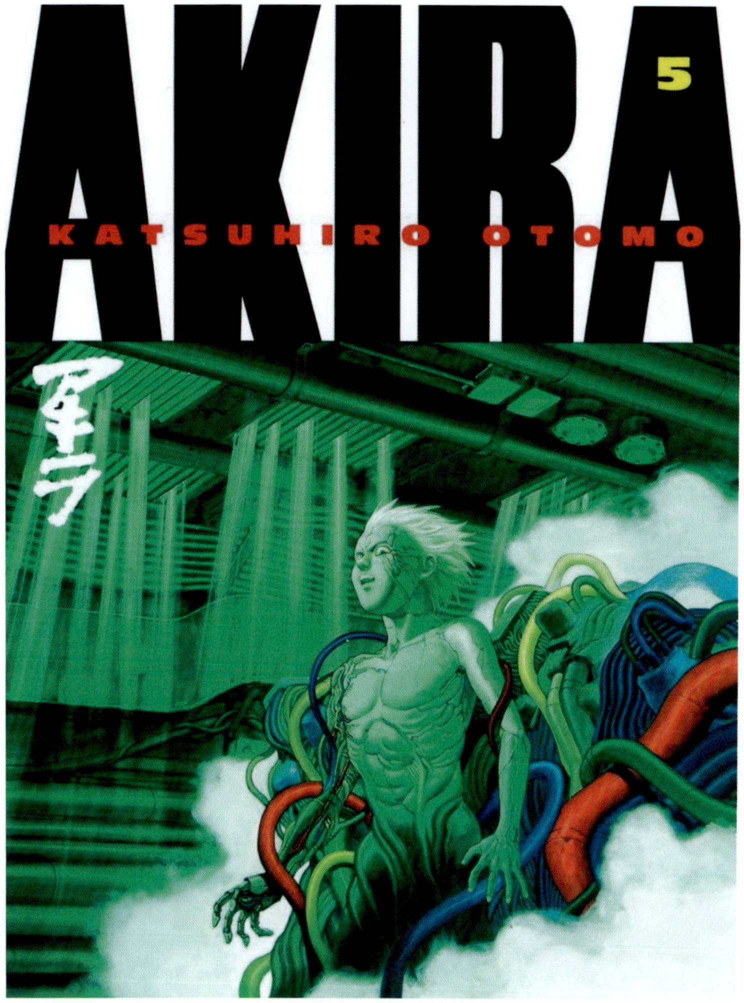

Kaneda est le protagoniste d'*Akira*. C'est à lui que l'on pense lorsque le manga ou le film sont évoqués. Tetsuo, plus ambivalent, reste dans son ombre. Leurs popularités différentes dans le récit se retrouvent à l'identique dans la vie réelle. Bien entendu, Tetsuo est le méchant qui domine et influe sur l'ensemble de l'histoire, et il est aussi l'un des deux points d'entrée pour le lecteur/spectateur. Kaneda est cool, drôle, fort et charismatique. C'est l'adolescent que nous rêvons tous d'être lors de la découverte de l'œuvre d'Ôtomo, alors que la majorité des ados tiennent plus de Tetsuo et de son mal-être, de ses frustrations et de sa rage – les pouvoirs en moins.

Si Kaneda représente l'identité visuelle d'*Akira* depuis la sortie du film en 1988, au point d'être confondu parfois par méconnaissance avec l'enfant-titre, Tetsuo n'est pas moins iconisé par Katsuhiro Ôtomo. Tel Superman, Ôtomo affuble Tetsuo d'une cape rouge flamboyante dans un hommage au super-héros de chez DC Comics. Le lien entre les deux personnages tombe comme une évidence : tous les deux doivent faire avec le monde qui les entoure alors qu'ils ont la capacité de le détruire. Si le réfugié de Krypton fait le choix de la bienveillance, Tetsuo se dirige vers le côté obscur. L'adolescent devient aussi une icône du mouvement *cyberpunk*[2] lorsqu'après avoir perdu son bras, Ôtomo le lui remplace par une version mécanique. Tetsuo devient une influence majeure pour le cinéma, la bande dessinée et les jeux vidéo. Lorsque le chef de file du *cyberpunk* japonais Shin'ya Tsukamoto réalisera l'histoire d'un homme dont la chair se transforme peu à peu en métal, il nommera son film… *Tetsuo*[3].

Si dans l'œuvre d'Ôtomo les adolescents représentaient l'avenir avec une issue incertaine, ses personnages, dont Tetsuo, sont devenus les bases de la culture populaire qui allait leur succéder.

François Rey

[2] Genre de science-fiction qui met en scène un futur proche où la cybernétique est au centre du récit et qui fait place à des univers pessimistes et des héros désabusés.
[3] Pour en savoir plus : *100 films d'horreur à voir avant trépas*, 2023, Ynnis Éditions, Rey-Wullsch-Delecroix.

Avengers Endgame (2019).

THANOS

LE TITAN AMOUREUX DE LA MORT

Noms : Thanos, Le Titan fou.
Œuvres *comics* : ***La Quête de Thanos*** **(1990),** ***Le Gant de l'Infini*** **(1991),** ***The Magus Saga*** **(1974-1977),** ***Annihilation*** **(2005-2007),** ***The Thanos Imperative*** **(2010-2011),** ***Thanos Rising*** **(2013).**
Œuvres films : ***Avengers*** **(2012, Joss Whedon),** ***Avengers: Infinity War*** **et** ***Avengers Endgame*** **(2018 et 2019, Joe et Anthony Russo).**

Être éperdu d'amour pour la Mort tout en élevant des enfants ? Vouloir sauver l'univers avec un plan génocidaire ? Thanos le philosophe, le Titan fou, le Conquérant destructeur, fascine car il est la contradiction même.

Son moment de gloire sera tardif, mais il sera immense. Dès le début des années 1970, Thanos apparaît par petites touches dans de multiples séries de *comics* (*Iron Man*, *Captain Marvel*, *Warlock*...) jusqu'à s'imposer comme l'un des méchants les plus emblématiques de l'univers Marvel. Né sous le coup de crayon (et de génie !) du scénariste et dessinateur américain James Patrick (dit « Jim ») Starlin, le « Titan fou » est d'abord introduit en tant que modeste antagoniste de Tony Stark[1]. Thanos est alors le résultat d'inspirations diverses tout droit issues de... DC Comics, le concurrent de Marvel ! Pour faire naître Thanos, Starlin emprunte les traits imposants et violacés de Darkseid, qu'il croise avec la psychologie de dieu stratège Métron, voyageant entre les mondes sur son trône volant. Au fil des *comics*, la caractérisation et l'histoire des origines de Thanos se développent. Le futur méchant naît sur Titan avec une apparence difforme, bien loin de celles des autres habitants, au point que sa mère Sui-San, effrayée par ce qu'il pourrait devenir, cherche à se débarrasser de lui. Écarté du pouvoir au profit de son frère Éros, banni ensuite par son père pour avoir fabriqué une arme (chose interdite sur Titan), Thanos l'exilé explore les contrées éloignées de l'espace, sème des dizaines d'enfants à travers la galaxie et devient le chef d'une bande de pillards.

Dans le *Thanos Rising* de 2013, Jason Aaron et Simone Bianchi lui tissent une nouvelle origine qui marquera les esprits, lui imaginant une histoire d'amour hallucinante

[1] *Iron Man* (vol. 1) #55, février 1973.

avec la Mort elle-même. Sauvé de la tentative d'assassinat de sa mère par un père pacifiste, Thanos grandit dans une société profondément tolérante qui lui fait oublier ses différences physiques... Mais un jour, seul rescapé d'un éboulement qui causera la mort de ses amis, Thanos est accusé puis chassé, tandis que sa soif de connaissances se fait de plus en plus dévorante. Poussé par cette amoureuse qui ne dit pas encore son nom, le jeune Titan multiplie les expériences morbides : il tue pour étudier, pour comprendre ce vide en lui, à la recherche du savoir ultime, allant jusqu'à éradiquer son peuple afin de satisfaire la Mort.

Selon les numéros et les séries, les chemins empruntés par Thanos varient, mais leur issue reste la même : plusieurs années après son exil, Thanos revient sur Titan, tel un dieu ivre de colère venu châtier sa planète natale au nom de la vengeance, ou bien d'une vaine recherche de l'amour.

Mais c'est dans les années 1990 et la série du *Surfer d'Argent* que les prémices du Thanos tel qu'il sera développé dans le MCU apparaissent enfin. Dans ces comics, un Titan fou plus imposant que jamais annonce la couleur : il a l'intention de rétablir l'équilibre de l'univers en s'attaquant à la surpopulation planétaire. Son plan est aussi effrayant qu'il est simple : faire disparaître la moitié des êtres vivants de la galaxie, satisfaisant du même coup sa compagne, la Mort personnifiée. Pour ce génocide, Thanos aura besoin d'un pouvoir incommensurable, et c'est dans cette optique qu'il se met en quête des fameuses Pierres d'Infinité, destinées à être enchâssées dans le non moins fameux Gant de l'Infini. La saga éponyme, crossover mythique, assoit définitivement la réputation de l'antagoniste : Thanos devient dès lors le plus grand méchant que l'univers Marvel ait connu !

De ce fait, il n'est pas étonnant que la préparation de *Avengers: Infinity War*, long métrage sorti en 2018 pour la célébration des dix ans du MCU et dans lequel Thanos s'oppose à l'ensemble des héros Marvel, ait requis plusieurs années de *teasing*, à coup de scènes postgénérique, de références multiples aux Pierres d'Infinité ou autres apparitions plus appuyées. Le Titan fou fait un premier passage éclair à la toute fin de *Avengers* (2012, Joss Whedon), avant de courir après l'Orbe dans le premier opus des *Gardiens de la Galaxie* au cinéma (2014, par James Gunn), Orbe orné de la Pierre de Pouvoir, l'une des six Pierres d'Infinité que Thanos convoite. Au détour des aventures des Gardiens, on apprend alors que Thanos a des filles adoptives, Nebula et Gamora. Surnommée « la femme la plus dangereuse de l'univers », cette dernière est d'ailleurs un autre personnage créé par Starlin dès 1975, que Thanos recueille après l'extermination totale de son espèce. Comme quoi, le Titan fou est aussi capable d'éprouver de l'attachement pour un autre être vivant... Mais ce sentiment d'amour paternel ne suffira pas à le détourner de sa quête des Pierres d'Infinité, obsessionnelle. Dans *Avengers: Infinity War*, Thanos n'a pas d'autre choix que de « sacrifier ce qu'il aime le plus dans l'univers » afin d'obtenir la Pierre de l'Âme. Expédiant Gamora dans le vide, c'est finalement un Titan, le cœur détruit mais à la volonté inflexible, qui agit une nouvelle fois pour contenter sa maîtresse de toujours : la Mort. Une constance épatante dans l'écriture de ce personnage, pourtant réinventé et ressuscité à maintes reprises depuis près de 40 ans, et dont l'interprétation convaincante de Josh Brolin (*Les Goonies*, *Dune*) souligne toute la complexité[2].

Lilie Bagage

[2] Pour approfondir : *Héros #1 : Avengers*, 2019, Ynnis Éditions.

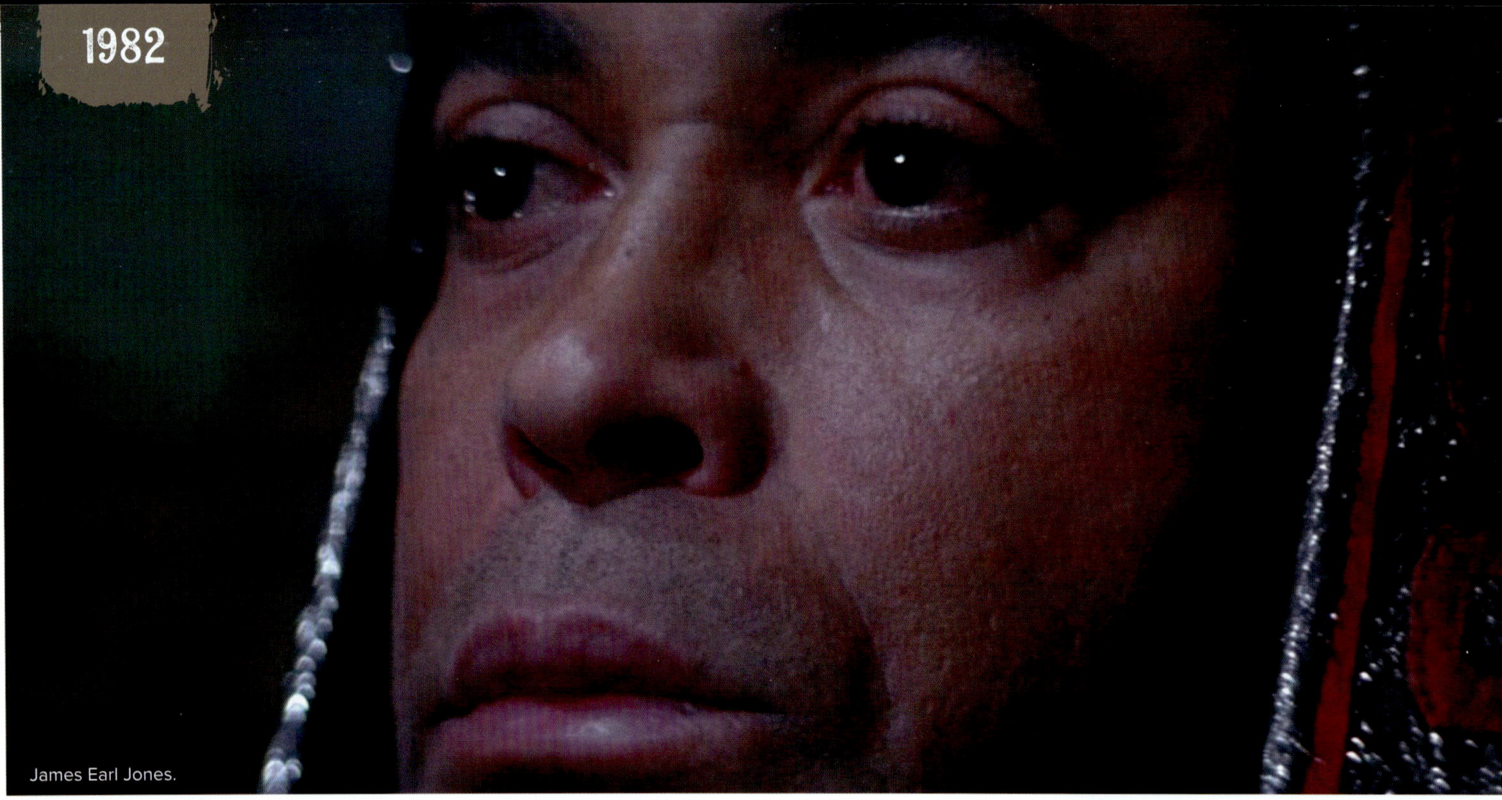
James Earl Jones.

THULSA DOOM
SERPENTARD ORIGINEL

Nom : Thulsa Doom.
Œuvres : *Conan le Barbare* (1982) d'après les romans de Robert E. Howard.
Créateurs : Oliver Stone (coscénariste), John Milius (coscénariste et réalisateur).

Savant mélange de plusieurs ennemis qui peuplent les récits de Robert E. Howard, le Thulsa Doom de *Conan le Barbare* de John Milius est l'un des plus grands méchants d'*heroic fantasy* au cinéma. Laissez-nous vous narrer l'époque de ses grandes aventures.

Aborder Thulsa Doom nécessite dans un premier temps de lever le voile sur ses origines diverses et éparses. Comme le sera leur Conan, le Thulsa Doom écrit par Oliver Stone et John Milius pour le film de 1982 est assez éloigné des écrits de Robert E. Howard. Avant que « les océans engloutissent Atlantis », Kull le Conquérant, l'un des premiers héros écrits par Howard, affronta un sorcler nécromancien arborant un crâne à la place de la tête. S'il ne croise pas Conan dans les romans d'Howard, il l'affrontera à de multiples reprises dans les divers *comics* édités par Marvel[1]. De ce personnage, Milius et Stone ne vont principalement garder que le nom et aller puiser chez un autre grand méchant howardien pour habiller leur antagoniste : Toth-Amon, un prêtre stygien adorateur du dieu-serpent Set… dont ils ne conserveront là aussi qu'une exuvie avant de recycler son nom dans la suite réalisée par Richard Fleischer et sortie en 1984.

Réalisateur reconnu pour son amour des armes, de *Magnum Force* (1973) à *L'Aube rouge* (1984), John Milius indique dès la première scène de *Conan le Barbare* que l'épée est la seule chose à laquelle nous pouvons nous fier à 100 % dans la vie. Thulsa Doom est introduit comme le chef d'un groupe de guerriers désireux de s'emparer de « l'énigme de l'acier », qui lui permettrait de posséder, selon ses croyances, les armes les plus puissantes. Personnage raccord avec son temps, Thulsa Doom finit par se rendre compte que le véritable pouvoir ne se situe pas dans l'accumulation d'un arsenal offensif, mais dans le contrôle des esprits.

[1] À travers leur label Curtis Magazines, dans un premier temps.

Ne portant pas la communauté hippie dans son cœur (il titrera son scripte pour Coppola *Apocalypse Now* par opposition au slogan « *Peace Now* » arboré par les membres du flower power), John Milius fait de Thulsa Doom un leader d'un culte adorateur du dieu-serpent. Dernier survivant d'une race ancestrale, reptile tentateur qui peut prendre forme humaine, Thulsa Doom est un croisement entre Kaa, le python du *Livre de la jungle*, pour sa capacité d'hypnose et sa perfidie, et Charles Manson. Car tout comme le gourou hippie devenu tristement célèbre pour avoir ordonné le meurtre de Sharon Tate et ses amis, Thulsa Doom envoûte ses adeptes et les pousse à réaliser ses moindres désirs. Il le prouve à Conan en demandant à l'une de ses jeunes fidèles de se suicider devant eux ; ce qu'accomplit cette dernière sans une once d'hésitation.

John Milius n'en oublie pas pour autant le credo assené en ouverture : ne faire confiance qu'à l'épée. L'accumulation de richesses, de femmes, de membres d'une communauté nous idolâtrant... Thulsa Doom représente une succession de vices que chacun d'entre nous peut rechercher dans ses moments sombres ou de doute. Conan lui-même est tenté un court instant de rejoindre les rangs du gourou avant que son regard ne se porte sur l'acier de son épée... et décapite l'homme-serpent. Milius clôt par ces coups d'épée deux décennies de libertés parfois décadentes et insidieuses et invoque les années 1980 par une solution réactionnaire, passéiste, individualiste et guerrière, mais authentique dans sa définition la plus pure. Avec Thulsa Doom, il n'oublie pas que notre côté obscur[2] reste lié à nos aspects les plus nobles. Une idée représentée par le symbole arboré par Doom : un serpent bicéphale dont les deux têtes se font face, rejoignant le symbolisme de certains ouroboros[3], comme l'union de deux principes opposés : la vie, la terre, la lumière et l'authenticité pour Conan contre la mort, le ciel (en tant qu'allégorie religieuse), l'obscurité et le mensonge pour Thulsa Doom.

Depuis son apparition dans l'incroyable séquence d'ouverture digne d'un opéra jusqu'à la conclusion nihiliste et désabusée du film, Thulsa Doom est un moteur dans l'existence de Conan. La soif de vengeance du meurtre de ses parents et de son peuple est la force enfouie au plus profond de son âme qui le fait vivre, lui permet d'avancer et de porter son fardeau (dont la séquence de la roue est la parabole). Cette relation entre Thulsa Doom et Conan inspirera d'autres confrontations au cinéma. Elle préfigure par exemple l'approche de Katheryn Bigelow pour traiter de façon fictionnelle fictionnelle la traque bien réelle d'Oussama Ben Laden avec *Zero Dark Thirty*. Dans ce film de 2012, Maya[4] est une agente de la CIA chargée de traquer le leader terroriste au lendemain du 11 Septembre. Bien qu'il n'apparaisse jamais à l'écran, le parallèle entre Thulsa Doom et Ben Laden est saisissant : le premier domine ses adeptes depuis le balcon de son repaire alors que le second étend son ombre corruptrice depuis sa villa forteresse d'Abbottabad au Pakistan. Par leur cruauté, les deux vont donner vie à leurs opposants les plus tenaces (Conan/Maya) puis les laisser s'éteindre une fois que ces derniers auront réussi à les terrasser : la décapitation pour Doom, une fin plus obscure pour OBL. C'est là que l'emprise sur Conan, et quelque part la victoire par-delà la mort, de Thulsa Doom atteint son paroxysme : être capable de lui ôter sa force motrice (la roue, toujours) une fois sa liberté retrouvée en l'empoisonnant d'une question : « Et maintenant que j'ai accompli ma vengeance, que vais-je donc faire ? »

François Rey

[2] Thulsa Doom est interprété par James Earl Jones, également voix de Darth Vader, autre célèbre adepte du côté obscur.
[3] Serpent ou dragon enroulé mordant sa propre queue et ayant plusieurs significations selon les cultures, dont celle d'un éternel recommencement.

[4] Interprétée avec brio par Jessica Chastain.

Andrew Scott.

TOM RIPLEY

L'IMPOSTEUR

Noms : Thomas « Tom » Ripley.
Œuvres : Cinq romans de Patricia Highsmith à partir de *Monsieur Ripley* (1955), *Plein soleil* (1955, R. Clément), *L'Ami américain* (1977, W. Wenders), *Le Talentueux M. Ripley* (1999, A. Minghella), *Ripley's Game* (2002, L. Cavani), *M. Ripley et les ombres* (2005, R. Spottiswoode).
Interprètes : Alain Delon (1955), Dennis Hopper (1977), Matt Damon (1999), John Malkovich (2002), Barry Pepper (2005).

Figure de papier portée une nouvelle fois à l'écran par Netflix dans *Ripley* en 2024, Tom Ripley est un personnage qui a su dépasser son autrice, Patricia Highsmith, au fil des années. Alain Delon, Matt Damon et maintenant Andrew Scott, ils ont été nombreux à incarner l'imposteur imaginé par la romancière américaine.

L'orphelin fait son apparition très tôt dans les romans de Patricia Highsmith, dès 1955, dans *The Talented Mr. Ripley*, traduit à partir de 1956 en France sous le titre *Monsieur Ripley*. Son portrait est assez léger, le jeune homme semblant avenant, aimable, au profil qui passe partout mais dont la personnalité et la psychologie sont faites pour marquer les autres. Traumatisé dès l'enfance par sa tante qui l'élève en le rabaissant et l'humiliant, Tom commence en bas de l'échelle sociale. Il se déteste, malgré une intelligence affûtée. Il veut changer, s'extraire de ce carcan social qui le tire par le bas.

Dès le second ouvrage où on le voit apparaître, sa situation change. Symbole de l'ascension sociale, il est marié, vit dans le luxe, a su se façonner une carapace et une apparence de respectabilité. Il a trouvé dans les escroqueries un moyen d'atteindre son but. Il incarne une forme de parasite dont on ne perçoit pas immédiatement les intentions : il se fait aimer des uns et des autres, entre et s'installe comme si de rien n'était, joue de son assurance pour obtenir les faveurs de son entourage.

D'une certaine façon, Tom Ripley cristallise l'ensemble des caractéristiques criminelles. Grand manipulateur, avec un talent pour les chiffres, pour la comédie, il se grime tel un Arsène Lupin sans scrupule ; manipule autant les comptes que les banquiers ; se coule avec aisance dans les rôles et les personnalités qui lui permettront de réussir. Le mensonge devient rapidement une seconde nature, si ce n'est

Alain Delon.

la première : dit-il la vérité ? Peut-être qu'il en existe encore des soupçons dans tout ce qu'il raconte, explique, modèle pour arriver à ses fins. Les autres ne sont que des moyens, des outils dont il s'éloigne rapidement, tant par besoin de solitude que par nécessité d'entretenir celle-ci pour se tenir à l'écart de tout soupçon.

Existe-t-il un antagoniste parfait ? Par bien des aspects, Tom Ripley pourrait l'incarner. Il sait parfaitement répondre à toutes les situations : planifie quand il le faut, sait faire preuve d'initiative et d'improvisation lorsque cela est nécessaire. Il a réponse à tout, sait mettre dans ses mots toute la crédibilité nécessaire pour être cru. Même s'il en vient à tuer, ce n'est que parce que les circonstances l'y poussent, du moins dans les premiers romans. Le tueur devient l'objet d'attraction et de répulsion du lecteur. Répulsion par la somme de ses actes, de ses manipulations, de ses meurtres. Attraction par son ingéniosité qui pousse à s'interroger sur comment il parviendra encore à s'en sortir, sur son ambiguïté née de son jeu d'acteur, de cette facette attirante, magnétique, qui pousse le lecteur à trouver certains de ses aspects sympathiques. Cela se fait d'ailleurs écho dans le choix de ses incarnations à l'écran. Dans la toute dernière en date, sur Netflix, c'est le tout aussi magnétique et ambigu Andrew Scott qui l'incarne, lui donnant une ambivalence terrible. On comprend le personnage, l'envie d'ascension sociale, la volonté de vivre dans le luxe, de ne plus se laisser faire tant par la vie que par les autres. Il renvoie à certaines de nos pulsions d'ascension, à une volonté de dépasser notre condition pour la gloire et la lumière.

Matt Damon.

À travers son personnage, Patricia Highsmith pose aussi la question de l'homosexualité. Si Tom Ripley refuse totalement l'idée, l'autrice joue sur l'ambivalence de ses affections. Cela donne lieu à des scènes remplies de propos homophobes, d'une forme de détestation de lui-même encore bien présente, assortie d'un déni qui le pousse à renoncer progressivement à toute forme de relation physique, que ce soit avec sa femme ou avec n'importe qui d'autre.

Mais plus les romans avancent, plus la personnalité de Ripley se durcit, devient plus froide, plus meurtrière, comme si, après s'être débarrassé de son statut social originel, il continuait d'enlever une à une les couches de son humanité. Malgré la vision qu'il a de lui-même, dépréciant ses origines mais louant la force de son esprit et la pureté de celui-ci en dépit de ses actes, Tom Ripley est cet antagoniste dont les motivations et certains actes le rendent sympathique aux yeux des lecteurs. L'autrice cultive son ambiguïté, jusqu'à le placer en face de son double encore plus démoniaque que lui, poussant son imposteur sociopathe à l'introspection dans Ripley entre deux eaux. Un roman singulier, plus profond que les autres, mais achevant de planter le décor d'un personnage prêt à tout pour s'accomplir.

Bénédicte Coudière

Michel Simon et Madeleine Sologne dans *Vautrin* (1943).

VAUTRIN

LE CRIME AUX 1000 VISAGES

Noms : Vautrin, Jacques Collin, Trompe-la-Mort, Carlos Herrera.
Œuvres : Dans les romans du cycle de *La Comédie humaine* (1829-1850) : *Le Père Goriot* (1835), *Illusions perdues* (1837-1943), *Splendeurs et misères des courtisanes* (1838-47), *Le Député d'Arcis* (1854, posthume).
Créateur : Honoré de Balzac.

Son créateur dira de lui qu'il est le crime, « le type de toute une nation dégénérée, d'un peuple sauvage et logique, brutal et souple ». Place à Vautrin, grande ombre de *La Comédie humaine*.

Vautrin n'est qu'un pseudonyme. Jacques Collin de son vrai nom, mais encore Trompe-la-Mort ou bien le prêtre jésuite Carlos Herrera, est un personnage ambigu créé par Honoré de Balzac à l'occasion de sa *Comédie humaine*, grand ensemble de 90 textes aux ambitions naturalistes écrits entre 1829 et 1850. Figure de l'ombre, Vautrin n'est jamais mis en avant par son auteur, ce qui le rend d'autant plus énigmatique et passionnant à étudier. Il se raconte que Balzac se serait inspiré d'un certain Coignard, forçat évadé devenu gendarme tout en restant à la tête d'une bande de malfrats (et découvert en 1818), pour construire son Vautrin. Mais aussi et surtout de Vidocq (que Balzac a connu de son vivant), ancien malfaiteur ayant rejoint les forces de police en débutant comme indicateur. Vidocq excellait notamment dans l'art du déguisement, tout comme Vautrin chez qui la tromperie et l'imposture se révèlent être une seconde nature.

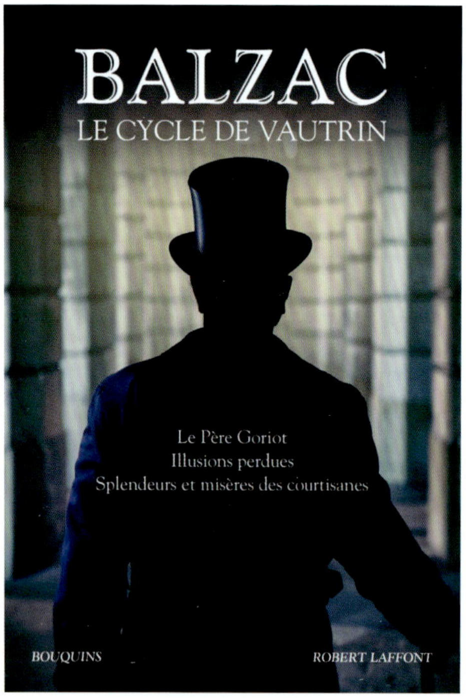

L'homme maquille son nom et son allure. En plus de nombreux alias et identités multiples, Vautrin, dont la carrure est imposante (« Voilà un fameux gaillard ! »), cherche toujours à dissimuler ses intentions (qu'il s'agisse d'échapper à la police ou à la pègre, de manipuler ou d'influencer le monde qui gravite autour de lui) en se grimant et en se travestissant. Ses favoris sont même « peints » et son visage aux traits durs, façonnés au vitriol, contrastant avec ses manières agréables et polies, sont une preuve de plus de sa duplicité.

Vautrin cultive donc le mystère sur sa personne. Dès la première description servie par Balzac, on sent combien le secret est central chez ce personnage, une manière de se protéger… ou de nuire. Sa chevelure touffue d'un « roux ardent » pourrait même être vue comme un signe de son tempérament sous-jacent, une brutalité, un feu qui couve sous la surface et finit par incendier ceux qui s'en approchent de trop près.

Du *Père Goriot* (1835) à *Splendeurs et misères des courtisanes* (entre 1838 et 1847), en passant par les *Illusions perdues* (entre 1838 et 1847), le portrait de Vautrin prend forme à l'image d'un puzzle aux innombrables pièces. Si on en sait peu sur son origine sociale, on suppose qu'il est assez cultivé et lettré pour se faire passer pour un prêtre jésuite. Car oui, il ira même jusqu'à tuer un homme d'Église pour lui voler son identité et poursuivre ses activités délictueuses, qui feront de lui un homme riche. Vautrin a une volonté de puissance incommensurable, mais comme tout bon personnage de fiction, il possède aussi une « faiblesse ». Il s'attache un peu trop aux hommes, surtout aux jeunes, ce qui le conduira d'ailleurs au bagne une première fois (on l'apprend dans *Le Père Goriot* : Vautrin s'est laissé condamner à la place d'un bellâtre qu'il aimait trop). À travers ce personnage ambivalent, Balzac aborde donc l'homosexualité, sujet peu traité dans la littérature de son époque, mais aussi celui de l'angoisse de la solitude, un thème qui traverse son œuvre tout entière.

Car Vautrin est seul, désespérément. Alors il aime, échoue et récidive. Encore et encore. D'abord avec Eugène de Rastignac, jeune ambitieux qu'il repère à la Maison-Vauquer et dont il tente d'attiser les mauvais penchants (en vain). Puis avec Théodore Calvi, dont il s'éprend lors d'un second séjour au bagne. Et enfin, avec Lucien de Rubempré, un nouvel arriviste qui deviendra son véritable amour, peut-être parce qu'il est le plus sensible et le plus malléable. Sous l'identité du prêtre Carlos Herrera, Vautrin empêche Rubempré de se suicider. Se disant diplomate, il lui promet une vie de luxe et la fortune en forme de marché. Le prêtre est en effet un diable déguisé et la scène qui se joue est faustienne. Vautrin fera de Rubempré un homme riche, à condition qu'il accepte sans broncher de se laisser diriger, dominer aveuglément, « pétrir à son usage ». Et Rubembré signe ! Vautrin, ombre démoniaque dans le sillage du jeune homme, laisse alors s'exprimer toute sa possessivité durant les événements de *Splendeurs et misères des courtisanes*. Monstre de perversité, il sauvera Esther (jeune femme dont Rubempré s'est épris) avant de tenter de la manipuler, soufflant le chaud puis le froid, alternant menaces et mots d'apaisement afin qu'elle entre dans les ordres et se détourne de son amour pour Lucien. Peine perdue.

Mais Vautrin le multiforme sait s'adapter. Il accepte qu'Esther vive près de Lucien, seulement recluse. Quand un baron s'éprend de la jeune femme, Vautrin, sous les traits de Carlos Herrera, cueille une opportunité de le faire chanter. Criminel jusqu'au bout, il ira jusqu'à assassiner des agents lancés à ses trousses pour protéger ses intérêts. Esther et Lucien finiront tous deux par se suicider, un gâchis dont seul Vautrin est responsable. Écroué une fois de plus, le monstre parvient derechef à se libérer, non pas par la fuite, mais par la négociation. La police remarque alors ses « talents » pour lui proposer une collaboration (énième référence à Vidocq), que Vautrin accepte et qui durera pendant 15 longues années.

L'homme aux multiples identités et aux innombrables félonies finira sa vie sans être inquiété. Le crime incarné l'emporte donc, dernier pied de nez de cette *Comédie humaine* dénuée d'espoir.

Lilie Bagage

VECNA

CAUCHEMAR DES RÔLISTES, ENFER D'HAWKINS

Noms : Vecna, Henry Creel.
Œuvre : *Stranger Things* (2016-2025).
Interprète : Jamie Campbell Bower.

Explorateur puis empereur du Monde à l'envers, le puissant Vecna de *Stranger Things* a jadis été un humain au cœur sombre. Portrait d'un monstre à la croisée de l'horreur et de la *fantasy*.

Henry Creel, alias Vecna, est l'immense méchant de la quatrième saison de *Stranger Things*, série américaine produite par Netflix qui se trouve être une véritable ode aux *eighties* et plus particulièrement à la *pop culture* de cette décennie. Tout, de la direction artistique à la photographie en passant par le montage, les références visuelles ou sonores et bien entendu le scénario, célèbre les années 1980 et s'appuie avec force sur la fibre nostalgique des spectateurs pour les immerger dans un univers fantastique original. Le nom de « Vecna » lui-même, comme de nombreux autres monstres issus du Monde à l'envers, est une référence pour les protagonistes adolescents de *Stranger Things*, férus de jeux de rôle et plongés depuis

le premier épisode de la série dans une campagne de *Donjons & Dragons*, le plus mémorable (et probablement le plus adapté) des jeux de rôle de l'Histoire.

Le Vecna du jeu était un puissant sorcier qui dirigeait un royaume perdu dans les brumes du Flanaess. Son pouvoir était si grand qu'il a réchappé à la mort en devenant une infâme liche (entendez : un mort-vivant avec des pouvoirs de sorcier dévastateurs) et a poursuivi sous cette forme son entreprise de terreur. Bien que Vecna ait été ensuite trahi et détruit par son propre lieutenant, son pouvoir a survécu à travers sa main et son œil, qui sont devenus des artefacts mythiques (et maudits) de cet univers et ont fait trembler nombre de joueurs.

Les parallèles avec la version *Stranger Things* de Vecna sont à peine déguisés, car le jeune Henry Creel démontre lui-même des pouvoirs immenses de psychokinésie proches de la sorcellerie, avec lesquels il torture ses proches, massacre mère et sœur avant de faire sombrer son père dans la folie et de le faire inculper pour ses crimes. Ces « hauts faits » morbides attirent l'attention puisque le Dr Brenner, alors à la tête du laboratoire d'Hawkins, en fait d'abord son premier sujet d'expérience, puis l'un des aides-soignants de l'organisation qu'il maintient sous contrôle avec une puce implantée dans son cou. Plus tard, Henry fait la connaissance d'Eleven (incarnée par Millie Bobby Brown) et manipule le jeune cobaye pour en faire son alliée. Une fois ses pouvoirs libérés grâce à l'intervention d'Eleven, Henry déchaîne sa haine sur le laboratoire mais, tout comme le lieutenant du Vecna de *D&D*, Eleven trahit son maître. C'est elle qui le bannit d'Hawkins et le fait basculer dans le Monde à l'envers, où Henry deviendra progressivement le monstre aux pouvoirs débridés que les protagonistes affronteront durant la quatrième saison de la série.

L'apparence de Vecna n'est pas sans rappeler un certain Roi de la Nuit (antagoniste effrayant à la tête de l'Armée des Morts dans la série *Game of Thrones*) ou le tueur *« so eighties »* Freddy Krueger. Rien d'étonnant à cela, quand on sait que c'est Barrie Gower qui a officié sur le maquillage de la série *Game of Thrones* : à l'époque, l'artiste avait déjà en tête l'esthétique de Freddy comme source d'inspiration et a déclaré à la presse avoir été approché pour « créer la version du Roi de la Nuit de *Stranger Things* ».

Vecna quand il n'était encore que Henry Creel.

Sadique et cruel, Vecna se délecte à torturer mentalement ses victimes qu'il choisit précisément pour leur vulnérabilité psychologique. Elles partagent toutes le même désir de masquer un regret, un remords ou une facette de leur personnalité aux yeux des autres. Un rejet de soi que l'ancien Henry Creel a toujours dénigré et que Vecna abhorre. Imposant des hallucinations douloureuses à ses cibles, il utilise sa connexion psychique avec elles afin d'ouvrir des passages entre le Monde à l'envers et Hawkins, avec pour but de détruire l'univers connu. Ce pouvoir de manipulation et ce mépris sans limites pour la faiblesse d'autrui rappellent la caractérisation d'autres méchants aux allures de divinité, tels que Sauron (*Le Seigneur des Anneaux*) et son œil « qui voit tout ». Vecna pense en outre que les humains sont « un type unique de parasite, multipliant et empoisonnant notre monde, tout en imposant une structure [...] qui leur est propre ». Et, tout comme Sauron, le méchant de *Stranger Things* est d'une noirceur qui semble ne jamais pouvoir être vaincue.

Si on se penche de nouveau sur le couple formé par Vecna et Eleven dans la série, on comprend très vite que Vecna est son miroir inversé. Il est ce que la jeune fille aurait pu devenir si elle avait renié son humanité, rejeté son empathie et son amour pour les autres au lieu de prendre appui sur eux. Vecna, comme beaucoup d'autres monstres, est une version en négatif du héros (ou en l'occurrence, de l'héroïne). Et il fallait bien un méchant de cet acabit en face d'une Eleven aux capacités surpuissantes retrouvées, une héroïne que sa part humaine renforce, pour obtenir le rendu épique nécessaire à l'ultime affrontement. Adepte de séries ou rôliste, on n'aurait pu rêver mieux en guise de conclusion pour cette quatrième saison... en attendant la prochaine avec impatience.

Lilie Bagage

Harry Potter et les Reliques de la Mort : partie 2.

VOLDEMORT

CELUI DONT ON NE DOIT PAS PRONONCER LE NOM

Noms : Lord Voldemort, Tom Elvis Jedusor, Celui-dont-on-ne-doit-pas-prononcer-le-nom, Tu-sais-qui.
Œuvres : *Harry Potter à l'école des sorciers* (roman, 1997/film, 2001) et ses suites.
Créatrice : J. K. Rowling.

Au tournant du millénaire, le monde avait besoin d'un méchant à la hauteur du changement d'époque. Lord Voldemort n'aura pas déçu. Dans les films, pourtant parfois éloignés des romans, son personnage reste fidèle à son modèle de papier.

Pour créer Lord Voldemort, anagramme de Tom Marvolo Riddle (Tom Elvis Jedusor en français), son réel patronyme, J. K. Rowling reconnaît s'être inspirée des despotes historiques du XXe siècle : Hitler, Mussolini, Staline.

Onze ans avant le début de la saga, Voldemort, garçon à l'origine anonyme mais brillant, est parvenu au pouvoir par la force de sa détermination, devenu dictateur tout puissant et sans pitié, exterminateur prônant la supériorité de la race des sorciers de pur sang dont la lignée vient d'une généalogie séculaire. La résistance s'est organisée pour s'opposer à son oppression. Mais contre toute attente, c'est le petit Harry Potter âgé de quelques mois qui va provoquer sa chute.

Au commencement du récit, Voldemort n'est donc pas assez ancien pour appartenir au passé et la menace d'un possible retour plane. Personne n'ose prononcer son nom[1] même s'il n'est plus là. Cet interdit continue d'alimenter la peur de sa réapparition. Au fur et à mesure des épisodes, ce qui va permettre le réveil et la venue de Voldemort est autant le fait de ses partisans que la responsabilité de ceux qui se sont voilé la face et ont attendu le dernier moment pour réagir ; ceux qui ont laissé faire.

[1] Alors que ses fidèles l'appellent le « seigneur des Ténèbres » », « Maître » ou « Mon Seigneur », et que ses opposants usent de subterfuges pour ne pas prononcer son nom, seul Harry l'appelle « Voldemort », et Dumbledore, Tom. Peeves, le fantôme facétieux, se permet un irrévérencieux « Voldy ».

À la fin du premier roman, il vivote à l'état d'embryon, un parasite obligé de s'accrocher à un corps étranger pour survivre. Comme le mal qui prend corps étape par étape et qu'on ne voit pas venir, Voldemort grandit volume après volume, se nourrissant de la mort de ses ennemis jusqu'à son incarnation (en l'an 2000) au cours d'une séance digne des plus grands sabbats de sorcellerie lors du Tournoi des Trois Sorciers[2]. Dès lors, sa cruauté et son sadisme sont sans limites, même envers ses adeptes.

Tout comme ses pouvoirs qui se développent petit à petit, son histoire et sa psychologie nous sont révélées par bribes, à travers de multiples témoignages qui en brossent un portrait éclaté et complexe.

Issu d'une lignée d'ancêtres prestigieux à l'histoire ombrageuse, Tom Riddle est à l'origine un beau garçon, intelligent et renfermé. Or, son hérédité lui donne un penchant inné pour le mal. Sa mère, Merope Gaunt, descend de Salazar Serpentard, grand sorcier fondateur de la quatrième maison de Poudlard; tandis que son père, Tom Jedusor, est un Moldu; ce qui fait de leur fils un sorcier de sang-mêlé. Le petit ne naît pas d'une union amoureuse : Merope a séduit son amant avec un philtre d'amour. Celui-ci l'ayant abandonnée enceinte lorsque l'effet du philtre cesse et Merope ayant perdu la vie le jour où elle la donne, Tom est orphelin. Lorsqu'il découvre la vérité sur ses origines, il en nourrit une haine des Moldus comme son lâche de père, mais aussi des sorciers faibles comme sa mère. C'est ainsi que se développe en lui l'ambition de prendre le pouvoir afin de mener l'épuration de la race des sorciers.

Il transgresse petit à petit tous les interdits, toutes les limites de la sorcellerie, se tourne définitivement vers les forces du mal à la recherche de l'immortalité, pour laquelle il est prêt à franchir les frontières de la morale, de la nature et de la vie elle-même. Il se persuade de pouvoir vaincre la mort elle-même en multipliant à l'excès les Horcruxes[3].

Son corps subit de multiples transformations, sa forme physique s'altère au fur et à mesure de ses crimes jusqu'à atteindre le profil saurien qu'on lui connaît. Ajoutons que Voldemort est un Fourchelangue, c'est-à-dire qu'il connaît le langage des serpents. Nagini, son compagnon et ultime horcruxe, est également un immense serpent vert. Dans la symbolique, ce reptile est un emblème ambivalent à la fois image de la force de vie, du changement et des transformations par ses mues, mais également mauvais génie, menteur, insensible et fatal.

Certains raillent la façon dont il disparaît à la fin du dernier volume : un simple sort appris en deuxième année à Poudlard suffit à le défaire alors qu'il s'apprête à lancer le sortilège le plus puissant de la magie noire. Pendant sept années, les lecteurs se sont préparés à l'affrontement final entre Harry et lui. Qui aura le dessus? Quel pouvoir l'emportera sur l'autre? Qui sera le plus puissant? Et nous nous sommes retrouvés face à une joute verbale, forte en idées, mais peu spectaculaire. Rowling nous fait comprendre ainsi que depuis le début, il ne s'agissait pas d'un combat de force mais d'un combat idéologique. Pour Voldemort, les émotions humaines sont une faiblesse et rendent vulnérables. Incapable de compassion, insensible à la souffrance d'autrui, il se montre sans pitié pour ses ennemis et sans amitié pour ses partisans. Il souhaite vaincre la mort mais ne respecte pas la vie, au contraire de Harry dont le parcours est construit en symétrie inversée : orphelin né de l'amour de ses parents, il s'accroche à l'amitié et à la vie, mais accepte l'idée de sa propre mort.

Harry Potter et la Chambre des secrets.

En outre, cette fin était annoncée puisque la première fois, ce n'était bien qu'un nourrisson qui avait causé la perte du seigneur des Ténèbres. Il n'est pas rare que les plus grands héros ou les plus grands méchants périssent bêtement : rappelez-vous le seau d'eau qui fit fondre la sorcière de l'Ouest...

Hélène Alméras

[2] J. K. Rowling, *Harry Potter et la Coupe de Feu*, 2000.
[3] J. K. Rowling, *Harry Potter et le prince de sang-mêlé*, 2005 : Un horcruxe est un objet dans lequel un sorcier a déposé un fragment de son âme, à la suite d'un crime, afin que celle-ci survive si son corps vient à disparaître.

Resident Evil 0.

ALBERT WESKER
LE DESTRUCTEUR DE L'HUMANITÉ

Nom : Albert Wesker.
Œuvres notables : La saga vidéoludique *Resident Evil*, depuis *Resident Evil* (1996), les films, depuis *Resident Evil: Extinction* (2007), la série Netflix depuis 2022.
Créateur : Shinji Mikami.

L'apocalypse zombie a fait des ravages dans le monde entier. Un virus se propage, fait muter les êtres pour les transformer en abominations. Dans ce monde en ruine, il est un homme dont la cupidité n'a d'égal que sa haine de l'humanité. Un certain Albert Wesker.

La série *Resident Evil* met en scène de nombreux personnages au fil de ses épisodes. Manipulations génétiques, virus transformant les humains en zombies et luttes intestines sont les grandes lignes de ces aventures horrifiques. Mais parmi les menaces qui jalonnent le parcours du héros, il s'en trouve une qui surpasse les autres : Albert Wesker.

C'est parce qu'il voue une haine profonde à l'humanité dès son plus jeune âge qu'Albert a suscité l'intérêt des fondateurs de la future Umbrella Corporation. L'enfant intègre le projet des Enfants Wesker, du nom du scientifique chargé de l'expérience, qui donnera ensuite son nom à Albert. Les Enfants Wesker est une expérience visant à tester sur les enfants

le virus Progenitor, les transformant en super-humains, une espèce plus adaptée et plus forte.

Devenu scientifique à son tour, Albert Wesker se retrouve chargé de plusieurs projets, en lien avec différents virus, dont celui responsable de l'apocalypse zombie, le virus-t. Rapidement, Albert devient agent double : de scientifique à militaire, il infiltre l'armée américaine et les STARS, une équipe d'élite basée à Raccoon City, ville où siège aussi la Umbrella Corporation. Son but est de rapporter des informations et de suivre l'évolution des événements liés à la diffusion du virus, que ce soit sa propagation ou ses effets sur les populations. Le parcours de Wesker est jalonné de trahisons et d'obstacles. Sa duplicité révélée, il finit par tourner le dos

à Umbrella pour plonger dans la clandestinité et devenir trafiquant d'armes biologiques. Les informations volées aux différents organismes qu'il a fréquentés en font une personne puissante et ses connaissances scientifiques lui permettent de mettre au point d'autres armes biologiques dangereuses. À l'apogée de sa carrière, Wesker dispose d'un véritable arsenal composé d'un échantillon de chaque virus et arme biologique jamais répertoriés.

Sa haine pour l'humanité est son moteur principal. Elle le pousse à s'associer à Tricell, une autre société pharmaceutique. Entre nouvelles découvertes biologiques et formations d'armes, Wesker reste une personne froide, utilisant les autres à son propre profit, allant jusqu'à jouer avec les sentiments des autres pour parvenir à ses objectifs. Au fil de sa carrière, le plan de Wesker s'affine : de la destruction totale de l'humanité, il veut désormais la faire passer au stade suivant de son évolution et tant pis si cela signifie en détruire une grande partie au passage. Wesker finit par développer le virus Uroboros, composé d'un mélange de toutes les souches virales existantes et créées, mais aussi en se basant sur des anticorps du virus-t (qui transforme les humains en monstres) pour perfectionner sa création.

Tout au long des jeux *Resident Evil*, il incombe au joueur d'arrêter Wesker, directement ou indirectement (que ce soit via l'arrêt de la Umbrella Corporation ou de Wesker lui-même). Personnage emblématique de la série, Albert Wesker regroupe à lui seul à la fois la haine de l'humanité et la volonté d'évolution. Il cherche par tous les moyens à détruire ce qui l'entoure, tout en cherchant à se placer à la tête de cette nouvelle race, lui-même ne se considérant pas comme un simple humain, principalement à cause des expériences faites sur lui lorsqu'il était enfant.

Menace réelle, qu'il agisse dans l'ombre de la clandestinité ou en lien avec d'autres entreprises pharmaceutiques, Albert Wesker conserve des ambitions pour l'humanité ou plutôt pour ce qu'il veut qu'elle devienne. Pour lui, seuls les plus forts (que ce soit au niveau de la force, de l'intelligence ou de la génétique) méritent de rester en vie, à la différence de Carla Radames, dont le seul but est de tout détruire et de gouverner sur les cendres de ce que fut l'humanité.

Lance Reddick dans *Resident Evil* (2022).

Wesker finit par devenir un véritable monstre, s'injectant Uroboros, mais en subissant les effets. Son corps mute, gorgé par les différents virus et expériences biologiques subis au cours de son existence. Il se transforme en une créature gigantesque, dotée d'un appendice mortel et d'une puissance qui dépasse de loin tout ce qu'il a pu imaginer. C'est cette forme, affranchie de l'humanité qu'il déteste tant et en même temps correspondant à la vision que Wesker a de l'évolution de l'espèce, que le joueur doit détruire à la fin de la série de jeux.

Jouant avec la génétique, haïssant profondément l'humain bien que faisant partie de l'espèce, Albert Wesker met tout à profit pour dépasser sa condition et forcer une sélection naturelle enclenchée par la propagation des différents virus.

Bénédicte Coudière

François Rey remercie :

Ses incroyables coautrices sans qui ce livre n'aurait pas vu le jour :

Hélène Almeras, enseignante de lettres et français, formatrice français langue étrangère et facilitatrice d'apprentissage auprès de personnes en situation de handicap, critique littéraire sur le compte Instagram @tourne_page.

Lilie Bagage, autrice des romans *Un jeu dangereux*, *Les Larmes de Yada* et de la série des *Mélo-Méli*, scénariste de BD et de fictions interactives. Instagram : @liliebagage

Marie Casabonne, responsable éditoriale de la plateforme UniversCiné, coautrice de *Slashers, attention ça va couper* et créatrice & animatrice de l'émission *Monster Squad* chez Capture Mag.

Bénédicte Coudière, journaliste BD et jeux, autrice de *La Truelle et le phylactère*, *Ce que le destin nous refuse* et lauréate du prix Rosny Aîné 2002 pour sa nouvelle *Mécanique en apesanteur.*

Les réalisateurs Alexandre Poncet, pour ses conseils avisés lors de la genèse de cet ouvrage, et Christopher Griffith, pour ses encouragements et la mise en relation avec un grand nom du cinéma pour la préface... qui n'a pas abouti ; mais le geste fut très apprécié.

Et vous, lectrices et lecteurs. Sans vous, rien n'est possible. N'oubliez pas, c'est en achetant des livres, des films, en allant au cinéma que l'on permet à l'art et à la culture de continuer d'exister.

Ce livre est dédié à la mémoire d'Akira Toriyama (1955-2024).